역동적 한국인의 탄생
- 한국인의 5가지 에너지를 분석한다

피어나

역동적 한국인 총서
1

역동적 한국인의 탄생

한국인의 5가지 에너지를 분석한다

김동춘 구자혁 오유석 정태석 김정훈 이창언 지음

피어나

서문

2000년대에 들어서면서 '한국인의 역동성'에 대한 세계적 관심은 점점 더 증폭되어 왔다. 민주주의, 평화, 주권, 안전 등을 요구해온 다양한 촛불집회와 사회운동들은 물론이고, 아이돌 가수, 영화배우, 드라마연기자 등 세계적 한류 현상을 이끌어온 대중연예인들이나, 인터넷과 모바일 통신의 높은 보급률에 기초해 정보화를 이끌어온 정보기업들까지 한국인의 역동성은 곳곳에서 빛을 발하는 듯하다.

그런데 한국인들이 스스로를 역동적 존재로 인식하고 또 그 역동성을 적극적으로 긍정하기 시작한 것은 그리 오래된 일이 아니다. 한동안 후진국 병으로 취급받았던 '빨리빨리' 문화가 어느새 역동성의 상징이 되어버렸고, 지금 세계적인 코로나 전염병 확산 사태에 직면하여 오히려 '빨리빨리' 문화의 위력이 유감없이 발휘되고 있다는 평가도 나온다.

이처럼 한국인의 역동성은 큰 관심거리가 되었지만, 그 뿌리가 어디에 있는지를 밝히는 것은 그리 쉬운 일이 아니다. 역동성이란 것이 그동안 한국인들에게 없었다가 최근에 와서 갑자기 생긴 것인가? 예전에는 그렇게 비하하고 조롱하던 행동들에 왜 갑자기 역동성이라는 이름을 붙이며 긍정하게 되었는가? 게다가 한국 사회의 이러한 역동성이 어디서 나온 것인지를 한국인 스스로는 과연 잘 알고 있는가? 이런 궁금증들이 바로 2015년에 시작된, '다이내믹 코리안(dynamic Korean)', 즉 '역동적 한국인'을 주제로 한 우리 연구의 출발점이었다. 그래서 이 연구 작업은 근현대 한국 사회의 역동성(dynamic)의 기원을 추적하고 설명해보자는 취지로 시작되었다.

처음에 '다이내믹 코리안'을 연구과제로 발주했을 때, 한국학중앙연구원의 입장은 무엇보다도 한국의 경제적 성공, 혹은 한국 사회 발전의 역동성에 대한 긍정을 당연히 전제하는 것이었다. 그런데 연구팀은 내부 논의 과정에서 한국 사회의 역동성은 반드시 긍정적인 현상만 지칭하는 것은 아니며, 여러 부정적 측면도 무시할 수 없다는 데 의견을 같이 했다. 역동성은 긍정적 결과만큼이나 부정적 결과도 가져왔다는 얘기다. 예를 들면 가족주의와 집단주의가 이기주의를 강화하여 사회적 연대의 형성을 제약하고, 민족주의가 종족적 성격이 강화되어 시민적 민족주의의 발달을 억제하고, 실용주의가 개인적 실리추구 경향을 강화하여 이기적 경쟁을 심화시키고, 평등주의가 개인적인 상향적 평등 지향을 강화하여 공적 평등주의의 확산을 방해한 것들이 대표적이다. 게다가 좀 더 나아가면, 역동적인 것이 항상 좋다고 말하기도 어렵다. 사람들이 서로 평화롭게 공존하면서 불만이 적은 사회라면 늘 역동적일 필요가 없기 때문이다.

한편 연구 방법 차원에서 보면, 기존의 한국인론, 한국인 기질론, 한국인의 사회적 성격론 등은 한국 사회의 역동성을 한국인 개개인의 의식, 심리의 차원에서 접근하는 경우가 많은데, 이렇게 해서는 역동성의 역사적인 형성과 변화, 정치경제적 연관성, 여타의 다른 태도, 성향이나 행동과의 다양하고 복합적인 결합 등을 제대로 설명할 수 없다. 그래서 다양한 사회적 조건과 역사적 배경에 기초하여 역동성에 접근하고자 하였다.

우리는 역동성의 뿌리를 찾기 위하여, 역사를 거슬러 올라가 1880년부터 1980년까지 100년에 걸친 근현대 한국 사회에 어떤 변화가 있었는지를 추적하기로 했다. 특히 외세의 침략 속에 한국적 전통과 서양 현대성이 서로 부딪히며 한국 사회의 특수한 역사를 만들어온 사실에 주목했다. 이를 위해 가족주의, 집단주의, 민족주의, 실용주의, 평등주의 등 다섯 가지를, 근현대의 역사적 변동, 특히 역동성을 해명할 수 있는 중요한 이념 및 행위양식으로 선택하고 세부적인 연구주제로 잡았다.

연구를 시작한 후로 3년여의 숱한 우여곡절의 시간들을 보냈다. 6명의 연구자가 각자의 주제를 맡아서 7권의 책을 내는 작업은 처음부터 만만치 않았다. 각자 하나의 행위양식을 선택해서 독립적으로 연구하기보다는 근현대 한국 사회에서 이들이 서로 얽혀 영향을 주고받아온 역사에 주목해야 했기에, 외부 연구자들을 초청하여 근현대사 속 한국인들의 모습을 이해할 수 있는 강연이나 발표를 함께 듣기도 했고, 주기적으로 만나서 각자의 연구 성과들을 두고 서로 논평을 주고받으며 토론했다. 특히 한국인의 성격에 관해 선행 연구를 한 연구자들을 많이 초청하였는데, 강연이나 세미나에서 토론하며 그들로부터 많은 영감과 시사점을 얻었다.

성공회대 연구소 회의실에서 추위, 더위와 싸우며 발표와 토론을 이어갔고, 가끔 서울에서 제법 떨어져있는 한적한 숙소에 모여 1박2일로 집중적인 토론을 벌이기도 했다. 이런 노력의 결실이 서서히 책으로 나오고 있고, 이제 전체 연구를 아우르는 총론도 세상의 빛을 보게 되었다. 물론 아직 미래에 대한 전망을 제시하는 마무리 책이 나와야 하고 시간이 좀 더 필요한 책도 있지만, 머지않아 '역동적 한국인 총서'는 완결될 것이다.

이 기획 전체의 연구 및 집필 과정에서 총론을 비롯한 연구 성과들이 책으로 나올 수 있도록 지적 상상력과 자료들을 제공해준 많은 연구자들께 감사드린다. 지식은 공유재라는 사실을 새삼 깨닫는다. 그렇다고 해서 총서 집필에 참여한 연구자들의 지적 상상력과 노력이 대단치 않은 것은 결코 아니다. 나름의 방대한 총서가 나올 수 있게 된 데에는 연구책임자 김동춘과 공동연구자 구자혁, 김정훈, 오유석, 이창언, 정태석 등 공동의 노고가 컸다. 우리 스스로의 인내와 노고에도 찬사를 보내고 싶다.

한국학중앙연구원은 '역동적 한국인' 총서를 일반 대중도 쉽게 읽을 수 있는 책으로 집필할 것을 요청하였다. 그런데 연구팀이 각 분야에서 선행 연구들을 정리하고 검토하는 과정에서, 아직 한국 학계에서는 각 분야에서 충분한 학문적 연구가 축적되어 있지 않다는 사실을 확인하였다. 그리하여 1차 자료에 대한 검토를 포함하여 학술적인 접근이 필요함을 깨달았고, 이로 인해 일반 대중이 읽을 수 있는 서적을 집필하는 것이 쉽지 않은 과제가 되었다. 나름대로 학술적 서술과 대중적 서술이 조화를 이루도록 해보려고 노력했지만, 아쉽게도 생각처럼 잘 된 것 같지는 않다.

총서 중에서 총론에 해당되는 이 책은 '역동적 한국인' 전체 연구의 전반적인 문제의식, 접근방법, 그리고 각 영역별 내용을 개관하고 있다. 총론은 개별 연구들의 이론적 길잡이로서 초안이 서술되었고, 또 이에 기초하여 이루어진 개별 연구들의 최종 성과를 개괄하고 종합하면서 총론을 마무리할 수 있게 되었다. 총론의 집필에는 연구진에서 김동춘, 구자혁, 오유석이 주도적인 역할을 하였는데, 김정훈, 이창언, 정태석 등

연구진 각자가 개별 주제에 관해 서술한 개요들도 총론에 포함되었다. 이처럼 총론은 무엇보다도 우리 연구가 공동 작업으로 이루어졌음을 확인해준다.

이런 점에서 총론은 전체 연구의 시작이기도 하지만 끝이기도 하다. 머리 속에서는 시작이지만, 글로는 끝이다. 모든 것을 아우르려면 그럴 수밖에 없는 것이 총론의 운명인 셈이다. 그것도 공동작업의 경우에는 더욱 그러하다. 쉽지 않은 공동 작업의 과정이었음에도 나름의 결실을 내놓을 수 있게 되었다. 그리고 처음에는 어렴풋했던 전체 연구의 윤곽이 오히려 총론을 마무리하고 나서야 비로소 선명하게 드러나게 되었다. 공동연구에 참여한 모두가 나름 뿌듯함을 느끼는 순간이다.

총론에서 내놓은 '역동적 한국인'의 결론은 다음과 같은 것들이다. 근현대 한국 사회에서 역동성의 뿌리를 찾으려면 무엇보다도 외세의 침략을 계기로 유입된 서양의 현대성과, 자생적으로 성장하며 변화해온 한국의 전통이 서로 융합하면서 갈등하고 경합하고 호응해온 과정을 살펴보아야 한다. 다섯 가지 행위양식으로 보면, 가족주의와 집단주의가 전통에 가깝다면, 민족주의는 전통과 현대성의 사이쯤에 있었고, 실용주의와 평등주의는 현대성에 가깝다. 그런데 "시대가 사람을 만든다."는 말처럼 한국인들의 이러한 이념, 성격, 심성, 태도, 행동양식들은 무엇보다도 이러한 시대의 산물이며, 이 시대적 상황을 배경으로 다양한 이념이나 행동양식들이 역동성을 표출하도록 했다. 이것은 또한 이러한 사회적 조건들 속에서 한국인들이 역동성을 표출하며 시대를 만들어왔음을 의미한다. '역동적 한국인'은 결국 한국 사회의 특수한 사회적 조건 속에서 한국인들이 스스로 만들어온 역사의 산물인 것이다.

총론 역시 학술서와 대중서의 중간을 지향했다. 하지만 학자들의 책이란 게 쉽게 말랑말랑하게 써지지 않는 법이다. 그래서 책을 내는 과정에서도 적지 않은 우여곡절이 있었다. 학자들이 사용하는 딱딱한 학술적 용어와 어투를 말랑말랑한 대중적 용어와 어투로 고치는 과정은 많은 다듬이질이 필요했고, 게다가 연구자 각자가 가진 다양한 방식의 글쓰기를 하나로 통일하는 일도 쉽지 않았다. 이 작업에는 정태석의 노고가 있었다. 이처럼 우리 스스로 많은 노력을 한다고 했지만, 독자인 대중의 눈으로 읽어야 하는 출판사 입장에서는 만족스럽지 못한 부분이 많았을 것이다. 책의 전체적인 구성을 포함하여 누군가가 자신의 방식으로 써놓은 글을 고치기란 쉽지 않은 법이며, 그만큼 편집과 교정 과정에서 출판사 실무진들의 고심이 컸으리라 짐작된다. 그 끈기와 인내에 감사드린다.

우리의 연구는 '한국학중앙연구원'의 지원이 있었기에 가능했다. 연구팀의 가능성을 보고 지원을 해주고 또 그 결실이 늦어짐에도 인내해주신 데 대해 감사드린다. 그리고 무엇보다도 연구 성과를 책으로 출간하는 데 동의해준 도서출판 피어나 대표 김명진 선생님과 출판 기획에 참여해준 이건범 선생님을 비롯하여 수고해주신 관계자 모든 분들께 감사드린다. 그리 넉넉하지 않은 작은 출판사 사정에도 불구하고 피어나가 총론을 포함하여 7권이나 되는 학술총서를 출간하겠다고 결심하기까지는 많은 고심이 있었으리라 짐작된다. 부디 그 고심과 노력이 좋은 결실로 이어지기를 기원한다.

총론에서 전개한 논리에 대해 논쟁들이 생겨나고, 또 사실에 관한 오류들이 나타날 수 있을 것이다. 관련분야 전문가나 독자들의 질정을 바

란다. 물론 총론의 내용에 대한 모든 책임은 학자이자 저자들인 우리의 몫일 것이다. 그럼에도 부디 우리의 책들이 한국인의 역동성은 물론, 한국 사회의 역사를 이해하고 바람직한 미래를 만들어나가는 데 조금이나마 도움이 될 수 있기를 기대한다.

2020년 5월
'역동적 한국인' 연구팀

차례

서문 … 5

I. 역동적 한국인(Dynamic Korean)의 출현 … 15
　1. 한국인은 어떻게 자신의 역동성을 긍정하게 되었나? … 17
　2. 왜 우리는 '다이내믹 코리안'에 주목하게 되었나? … 25

II. 한국인을 바라보는 시선의 역사(1880-1980) … 31
　1. 외국인의 눈에 비친 한국인 … 34
　　(1) 구한말 서양인에게 비친 한국인 … 36
　　(2) 일제 강점기 일본인의 한국인론 … 51
　　(3) 해방 후 외국인이 본 한국인 … 57
　　(4) 종합: 외국인이 본 한국과 한국인 … 61

　2. 한국인의 눈에 비친 한국인 … 67
　　(1) 현대적 한국인론의 출발점: 식민지 지배에 대응한 '조선인론' … 69
　　(2) 해방, 한국전쟁, 그리고 이승만 정부 전후 시기의 한국인론 … 74
　　(3) 4.19혁명과 1960년대 산업화 시기 이후의 한국인론 … 79

III. 역동적 한국인의 역사와 이론적 접근 … 87
　1. 역동적 한국인의 역사적 형성 … 90
　　(1) 조선 말, 일제의 억압과 민중의 저항 … 91
　　(2) 일제 강점기와 해방 후 기독교의 확산과 역동성 … 98
　　(3) 해방과 분단, 전쟁의 고통 속에서 피어난 교육 열망 … 102
　　(4) 산업화: '자신감', 헌신 그리고 저항 … 107
　　(5) 권위주의 통치와 민주화를 향한 열망 … 112

2. 사회적 성격에 대한 이론적 접근 … 116
  (1) 사회적 성격이란 무엇인가? … 116
  (2) 지식사회학적 관점으로 보는 사회적 성격 … 120
  (3) 사회적 성격에 대한 비교역사적 접근 … 123
  (4) 사회적 성격 형성의 상호작용적 맥락: 사회적 위치와 정서의 공유 … 124

3. 한국인의 행위양식과 역동성의 개념적 이해 … 131
  (1) 한국인론에 대한 사회학적 성찰 … 131
  (2) '한국인의 역동성'의 개념적 이해 … 141
  (3) 전통과 현대성의 모순적 융합과 다섯 가지 행위양식 … 148
  (4) 다섯 가지 행위양식과 '한국인의 역동성'의 개괄적 이해 … 161

IV. 한국인의 역동성과 그 원천들: 이념과 행위양식 … 169

1. 가족주의: 씨족 가족주의에서 핵가족 가족주의로 … 175
  (1) 가족, 가족주의의 개념적 이해 … 177
  (2) 한국 가족주의의 특수성과 보편성 … 182
  (3) 가족주의와 한국 사회의 역동성 … 185
  (4) 1980년대 이후 가족주의의 전개와 전망 … 192

2. 집단주의: 개인과 전체의 모순적 결합 … 197
  (1) 집단주의의 개념적 이해 … 200
  (2) 집단주의의 보편성과 한국적 특수성 … 207
  (3) 집단주의와 한국인의 역동성 … 214
  (4) 1980년대 이후 집단주의의 전개와 전망 … 217

3. 민족주의: 종족적 민족주의와 시민적 민족주의의 경합 … 222
  (1) 민족주의의 개념적 이해 … 224
  (2) 민족주의의 보편성과 한국적 특수성 … 227
  (3) 민족주의와 한국인의 역동성 … 231
  (4) 1980년대 이후 민족주의의 전개와 전망 … 235

4. 실용주의: 현세주의에서 실리주의로 … 238
  (1) 실용주의의 개념적 이해 … 239
  (2) 실용주의의 보편성과 한국적 특수성 … 244
  (3) 실용주의와 한국인의 역동성 … 251
  (4) 1980년대 이후 실용주의의 전개와 전망 … 257

5. 평등주의: 평등주의와 서열주의의 대결 … 262
  (1) 평등주의의 개념적 이해 … 265
  (2) 평등주의의 보편성과 한국적 특수성 … 273
  (3) 평등주의와 한국인의 역동성 … 281
  (4) 1980년대 이후 평등주의의 전개와 전망 … 284

V. '한국인의 역동성' 연구의 미래 … 289

  참고문헌 … 299

I. 역동적 한국인(Dynamic Korean)의 출현

1. 한국인은 어떻게 자신의 역동성을 긍정하게 되었나?

'다이내믹(dynamic)'이라는 말은 아마도 2000년대에 들어와서 한국과 한국인을 수식할 때 가장 많이 사용되는 표현일 것이다. 그런데 '다이내믹 코리아(Dynamic Korea)' 또는 '다이내믹 코리안(Dynamic Korean)'이라는 표상(representations)과 이미지는 사실 그리 오래된 것이 아니다. 조선 말기, 개항기, 일제 강점기, 해방과 한국전쟁을 거치면서 한국인들이 가졌던 스스로에 대한 지배적인 표상은 게으르고, 의지와 진취성이 부족하고, 무기력하며 사대주의적이라는 등 주로 부정적인 것들이었다. 하지만 산업화, 민주화를 성취했을 뿐만 아니라 국제통화기금(IMF) 경제 위기의 파국을 2년 만에 극복한 후, 2000년대 초반에 와서는 한국과 한국인에 대한 이미지에 근본적인 변화가 일어났다. 한국인의 정체성을 부정적이고 정적(靜的)으로 인식하던 기존의 이미지와는 반대로 긍정적이고 동적(動的)인 이미지가 우리 자신에게서 형성되기 시작했다. 다이내믹 코리안, 즉 역동적 한국인이라는 새로운 표상이 급속히 부상한 것은, 한국의 국제적 위상이 높아지고 또 이러한 위상의 상승을 일군 한국인들의 자존감이 높아진 상황을 반영한 것이었다.

주지하다시피 다이내믹 코리아(역동적인 한국), 그리고 다이내믹 코리안이 정부 주도의 홍보 수단으로 시작되었음에도 국민들이 자발적으로 받아들이고 열렬히 호응할 정도로 대단히 성공적인 국가브랜드가 된 데는 무엇보다 2002년 월드컵의 영향이 컸다. 2002년 월드컵 축제에서 한국인들이 보여준 모습은 우리에게나 세계인에게나 경이로운 '사건'이었다. 서울광장을 비롯한 큰 도시의 광장에 전 세계적으로도 유례를 찾기 힘들 정도로 많은 사람이 모여 벌인 역동적인 거리 응원, 그리고 많은 사람이 모이면 으레 일어나는 불미스러운 사건이나 사고 없이 열정적이지만 타인을 위한 배려가 있는 축제를 즐기는 사람들의 모습은, 우리에게나 세계인에게나 대단히 놀라운 것이었다. 축제를 즐길 줄 아는 사람들, 그것도 대단히 창조적이고 열정적으로 즐길 줄 아는 사람들, 말 그대로 '역동적'이었던 사람들의 모습은 세계인들에게 한국의 이미지를 크게 바꾸게 했고, 우리 스스로에게는 당시의 응원 구호처럼 '대~한~민~국'을 목청껏 외치면서 조국인 '대한민국'을 자랑스럽게 생각하는 계기가 되었다.

이처럼 월드컵을 통해 등장한 '한국' 혹은 '한국인'에 대한 새로운 인식과 자기 정체성(self-identity)은 우리가 지난 100년 동안의 노력과 분투 속에서 쌓아 온 스스로에 대한 자긍심에 근거한 것이었다. 그것은 한편으로 식민지, 분단, 전쟁, 독재로 이어져 온 한국 근현대사의 질곡 속에서 형성된 스스로에 대한 부정적 자의식에서 벗어남을 의미하는 동시에, 다른 한편으로 자신을 세계와 나란히 소통하는 세계시민의 지위에 당당하게 올려놓는 과정이기도 했다. 그것은 2차 세계대전 후 독립한 신생국 중 후진국에서 최초로 선진국 진입에 성공한 대표적인 나라, 국가 브랜드 가치 세계 10위인 나라라는 국제적 위상에 대해 스스로 자부심을 품으며 자기 정체성을 긍정적으로 재정립하는 과정이었다.

애초 '다이내믹 코리아'라는 말은 정부가 먼저 시작했지만, 2002년 월드컵의 붉은악마 응원 등을 계기로 시민사회에서 자발적으로 확산되면서 대중적으로 받아들여질 수 있었다. 그렇다면 왜 하필 2002년이었을까? 왜 2000년대에 이르러서야 우리 자신의 '역동성(dynamism)'을 긍정적으로 바라보게 되었을까? '다이내믹'이라는 수식어가 열정적이라는 긍정적 의미를 띠게 되고, 또 대중이 '다이내믹 코리아'라는 정부의 국가브랜드 전략에 호응하였던 이유는 무엇일까? 그 이유를 알아보려면 무엇보다도 1990년대에 어떤 일이 있었는지를 살펴보아야 할 것이다.

1990년대를 전후하여 서서히 분출되기 시작했던 긍정적 역동성의 잠재력에 주목할 필요가 있다.

1990년대는 정치, 경제, 사회문화적으로 새로운 시대의 출발점이었다. 이 시기는 바로 자신감에 찬 역동성이 분출하는 동시에 풍부한 상상력을 품은 다양성이 꽃피우기 시작한 때였다. 정치적으로 보면 1987년 6월 민주항쟁으로 이룬 민주화가 진전되었고, 경제적으로 보면 포드주의적 대량생산 체제의 발달에 힘입어 소비사회로 전환하고 인터넷의 발달에 힘입어 정보화 사회로 전환하기 시작했다. 또한 사회·문화적으로 보면 뉴미디어가 발달하고 신세대가 등장하면서 대중문화의 다양성에 기반한 문화사회로의 전환이 이루어졌다. 이러한 전환은 이후 국제적으로 '한류(韓流)'[1]라고 불린 세련되고 열정이며 독특한 한국 대중문화의 황금기를 가져다주었다. 탈권위주의와 개인주의를 내세운 신세대 논쟁, 청년과 중산층 소비주의에 바탕을 둔 홍대문화와 강남문화의 부상 등은 새로운 생활양식의 등장을 알리는 신호였다. 이러한 전환은 1960년대 이후의 경제성장과 삶의 질의 향상, 1987년의 민주화와 시민사회의 성장이 일구어낸 풍요와 자유의 산물이었다. 이처럼 1990년대는 풍요의 시대임과 동시에 문화적 개방을 통한 역동적 전환의 시기였다.

전 세계적으로 볼 때 한국은 불과 두 세대 만에 산업화와 민주화를 동시에 이룬 보기 드문 나라 중의 하나이다. 1960년대부터 시작된 산업화는 급속한 경제성장과 높은 물질적 만족을 가져다주었다. 그러나 민주화가 결여된 산업화는 국민적 자긍심을 높이는 데 한계가 있었다. 그

---

1. '한류'는 한국 대중문화에 붙여진 일본식 이름이다. 1990년대 후반 중화권(中華圈)을 중심으로 한국 TV 드라마와 대중가요가 인기를 끌기 시작했는데, 한류라는 이름의 공식적 사용은 1999년 문화관광부가 한국의 대중음악을 해외에 홍보하기 위해 제작, 배포한 음반 제목, <韓流-Song from Korea>에서 처음으로 확인된다(장규수, 2013, 『한류와 아시아류』, 커뮤니케이션북스).

런데 1987년 민주화로 인해 한국은 경제적으로 잘 살면서 정치적으로도 자랑스러운 나라가 되었다. 특히 1997년 대선에서 이루어진 수평적 정권교체는 정치적 민주주의의 공고화를 의미했다. 나아가 2000년 6월 15일에 이루어진 '남북공동선언'은, 구시대의 유물이며 강대국이 강요한 분단체제가 극복될 수도 있다는 희망을 품게 한 의미 있는 역사적 체험이었다. 1990년대에 걸쳐 차곡차곡 이루어진 정치적 민주화는 권위주의적 질서와의 단절을 의미하는 것이며 동시에 민주주의를 우리 사회에 뿌리내리는 진통의 과정이었고, 이러한 과정은 국민들에게 자신감과 자부심을 심어주기에 충분했다.

정치적 민주화는 단순히 국민이 대통령을 직접 뽑는다는 것 이상의 변화를 가져왔다. 그것은 언론의 자유, 사상의 자유, 표현의 자유를 근본적으로 확대함으로써 예술가들의 상상력을 자극했다. 냉전 반공주의와 권위주의 체제의 검열 때문에 표현과 상상력을 제한당했던 예술가들은 1990년대에 들어 당국의 검열이나 자기검열에서 벗어나 풍부한 소재의 창작품을 생산하기 시작했다. 이것이 예술의 발전, 특히 대중문화의 급격한 개화를 이끌었다. 예를 들어 현재 천만 영화 시대의 출발점이 되었던 <쉬리>, <공동경비구역 JSA>, <동막골> 등의 초기 한국형 블록버스터 작품들은 모두 과거 군사정권 시절에는 감히 제기조차 할 수 없었던 분단 문제를 다루었고, 냉전적 대립의식을 새로운 인간주의적 접근 방식으로 풀어 큰 성공을 거둘 수 있었다. 이렇게 민주화가 만들어 낸 창작의 공간, 상상력의 공간을 통해 영화뿐만 아니라 드라마, 대중음악, 패션 등 다양한 장르에서 기존의 금기를 깬 새로운 작품들이 양산되었고, 새로운 트렌드를 반영한 작품들이 대중적 인기를 얻음으로써 한국 대중문화는 소재의 다양성을 확대하면서 급속히 발전할 수 있었다.

이처럼 1990년대 한국에서 나타난 급격한 문화적 전환과 다양화, 새로운 문화 세대의 출현은 지금 아시아를 넘어 전 세계로 확산하고 있는 한류의 내재적 원천이 되었고, 이러한 한류는 세계인들이 한국을 '역동적' 이미지로 받아들이게 하는 데 큰 영향을 미쳤다. 이렇게 1990년대에는 군사력, 경제력, 그리고 '체력'이 국력인 시대를 떠나보내고 문화 콘텐츠 생산능력이 국력인 시대를 준비하게 되었다.

권위주의의 해체와 사상의 다양화도 사회적, 문화적 개방성을 확대하는 데 기여했다. 특히 1990년대에 수입된 다양한 '포스트' 사조들은 권위주의적 가치뿐만 아니라 현대적 가치의 합리성에 대해서도 근본적인 의문을 제기했다. 이러한 문제 제기는 기존의 권위 및 질서에 도전하는 다양한 시도를 낳았을 뿐 아니라 그것을 정당화했다. 신인류, X세대라 불리는 젊은이들은 기성세대와 다른 삶을 추구하는 데에 주저하지 않았고, 다양한 포스트 담론들은 "신세대, 네 멋대로 하라"[2]라며 이들의 삶이 정당하다고 평가했다. '신세대(新世代)'가 탄생했고, 서태지로 상징되는 그들의 문화가 형성되었으며, 그들의 행동을 정당화하는 다양한 이론들이 풍미했다. 그렇게 1990년대는 적어도 문화적으로는 모든 것이 열려 있고 또 새로운 세대와 주체들에 의해 모든 것이 시도된 또 하나의 역동적 전환시대였다.

한편 1988년 서울 올림픽의 성공적인 개최는 국제사회에서 차지했던 한국의 위상을 바꾸고 한국인의 잠재된 자부심을 일깨우는 데 한몫했다. 1989년 이후 국외여행 자유화는 이러한 변화의 징표였다. 이후 많은 국민들, 특히 젊은이들이 자유롭게 해외 경험을 하게 되었다. 이를 통해 세계시민으로서의 자기 정체성을 획득하는 한편, 국제적 비교 속에서 한국인의 높아진 위상을 새롭게 인식하게 되었다.

이렇듯 세계 속에서 '대한민국'이라는 나라의 위상 변화와 그러한 변

---

2. 현실문화연구 편집부 편, 1993, 『신세대: 네 멋대로 해라』, 현실문화연구.

화에 상응하는 자부심의 획득은 한국의 산업화와 민주화의 속도만큼이나 아주 짧은 시간에 빠르게 진행되었다. 비록 1997년에 갑작스레 맞은 IMF 외환위기로 잠시 머뭇거렸지만, 이를 빠르게 극복하면서 또 한 번 새로운 성장을 경험했다.

한편 인터넷으로 상징되는 정보화 사회의 도래는 시민 대중이 이러한 자부심을 공유하고 젊은 층이 새로운 사회적 도전에 나서게 하는 데 중요한 기반이 되었다. 1990년대 말 벤처 열풍은 수많은 청년 부자를 탄생시키며 새로운 경제성장의 동력이 되었다. 게다가 컴퓨터와 인터넷의 보급이 급격히 늘어나면서 시민의 삶, 특히 젊은이의 삶이 급속히 변화했다. 인터넷이라는 새로운 소통의 공간은 한편으로 합리적 토론이 이루어지는 새로운 공론장을 열었고, 다른 한편으로 다양한 상상력을 발현시키는 개성 표현의 장이 되었다. 하버마스는 현대사회의 특징적 면모로 '공론장(public sphere)'을 언급한 바 있는데,[3] '보편적 참여'와 '비판적이고 합리적인 토론'을 특징으로 하는 공론장은 인터넷의 사이버공간을 통해 새로운 단계로 진입하게 되었다. '일(一) 대 다(多)'라는 단방향 소통을 특징으로 하는 산업화 시대의 대중매체와 달리 '다(多) 대 다(多)'라는 쌍방향 소통이 가능한 사회 매체(social media) 또는 사회연결망 서비스(social networking service)가 지배하는 인터넷 커뮤니케이션 시대에는 정보의 일방적 통제가 어렵다. 인터넷이 펼쳐가는 가상공간의 확대는 특정 세력에 의한 정보 및 해석의 독점을 어렵게 하고, 많은 사람이 참여하여 '집단지성'을 발휘할 수 있게 하는 등 이제 지식과 정보 소통의 새로운 '플랫폼(platform)'들을 마련해주고 있다.

인터넷은 또한 일상생활의 변화를 가져오면서 새로운 취향 공동체를 발전시켰다. 대량생산과 대중매체의 영향 속에서 대체로 표준화된 삶을

---

3. 위르겐 하버마스, 2001, 『공론장의 구조변동』(한승완 옮김), 나남.

살아가던 산업화 시대에서 벗어나 소비사회, 개성과 다양성을 추구하는 문화적 개방사회가 도래하면서 다양한 취향을 가진 결사체들이 형성되기 시작했고, 인터넷은 다양한 취향(taste)을 중심으로 사람들을 연결해주는 중요한 매개고리가 되었다. 사람들은 취향을 공유하는 다른 사람들과 폭넓게 소통하고 교류할 수 있게 되면서 개성과 다양성을 발전시켜나가고 또 삶의 만족도를 높여갈 수 있었다. 그래서 이 시기를 거치면서 소위 '덕후'[4] 문화가 급속히 확장되고, 대중스타나 정치가들에 대한 팬덤(fandom) 현상도 크게 확대되어 사회적으로 중요한 대중문화 현상으로 자리를 잡았다.

한편 인터넷과 대중문화의 발달 속에서 1990년대 후반에는 '한류'라는 이름의 한국 대중문화가 동아시아를 기점으로 하여 점차 세계로 퍼져나가기 시작했다. 한류는 중화권(中華圈)을 중심으로 한국의 텔레비전 드라마와 대중가요가 인기를 끌면서 시작되었는데, 1999년 문화관광부가 한국의 대중음악을 해외에 홍보하기 위해 〈韓流-Song from Korea〉라는 음반을 제작하여 배포하면서 점차 다양한 지역으로 확산해갔다. 한류는 드라마, 영화, 대중가요 등 다양한 장르를 포괄하면서 동아시아를 넘어 동남아시아, 남아시아, 중동, 남미, 서유럽, 미국 등 다양한 지역으로 퍼지고 있다. 한류는 점차 동아시아지역을 넘어 다양한 비서구사회에서 중요한 문화적 흐름으로 주목받게 되었고, 그 영향으로 한국 사회에 대한 세계적 관심도 지속해서 증대되었다. 이러한 한류의 생성 및 발전은 한국인들의 자신감 및 문화적 혼종성(cultural hybridity), 그리고 다양성에 대한 감수성을 키우는 동시에 그것을 촉진하고 있다는 점에

---

4. 일본어 御宅(오타쿠)를 한국식으로 발음한 '오덕후'의 준말이다. 특정 분야나 대상에 심취한 사람을 일컫는 말인데, 어떤 분야에 몰두해 마니아 이상의 열정과 흥미를 가진 사람이라는 긍정적인 의미로도 쓰인다.

서 1990년대 이후 역동적 한국인을 형성하는 중요한 요소 중 하나가 되었다.

결론적으로 '다이내믹 코리안', 즉 '역동적 한국인' 현상은 바로 이러한 가능성의 시대, 다양성의 시대를 토대로 형성되어 한국인들이 적극적이고 긍정적인 자기 표상을 만들어낸 결과라고 할 수 있다. 요컨대 1990년대를 거치면서 한국인들은 경제성장과 민주화로 대외적 국가 위상이 높아지고 또 국제교류의 확대와 문화의 개방화, 자유분방한 신세대의 등장 등과 함께 국민적 자존심이 커졌고, 현대로 진입한 이래로 일제 강점기, 해방과 한국전쟁을 거치면서 역경 속에서 산업화와 민주화를 이루어낸 역사에 대해 자부심을 느낄 수 있게 되었다. 이것이 결국 한국인들이 자신의 역동성을 매우 적극적이면서 긍정적으로 받아들이게 하는 기반이 되었다.

2. 왜 우리는 '다이내믹 코리안'에 주목하게 되었나?

앞서 '다이내믹 코리안'이라는 말의 출현 과정을 살펴본 바처럼, 한국의 근현대사에서 한국 혹은 한국인을 '역동적' 존재로 인식하기 시작한 것은 대체로 그 한국과 한국인을 긍정적으로 보기 시작한 것과 거의 동시에 일어난 일이다. 다시 말해서 다이내믹 코리아 혹은 코리안에 대한 긍정적인 인식과 호명은, 한국 사회가 정적인 조용한 아침의 나라, 은둔의 나라에서 동적인 사회, 다이내믹한 '현대'사회로 전환하는 과정에서 한국인들이 자기 정체성을 변화시켜감으로써 가능했던 것이다.

3.1운동과 같은 저항운동, 해방과 분단, 급속한 현대화, 민주화 투쟁 등에서 드러난 것처럼, 사실 근현대 한국사회는 '내내' 역동적이었다. 하지만 이런 의미의 '역동성'이란 말은 학술적인 연구에서나 사용된 개념이었지 대중적으로는 큰 관심거리가 되지 못했다. 더구나 한국 사회와 한국인이 '역동적'이었다고 말하더라도, 그것은 부정적 의미로 쓰는 경우였다. 이를테면 일상의 삶에서 '빨리빨리'와 같이 급한 성정(性情)을 강조하는 표현이 한국인의 일반적 특징, 혹은 '역동성'을 보여주는 현상으로 거론되기도 했다. 좀 더 일반적이고 대중적인 표상은 '한(恨)', '백의민족', '조용한 아침의 나라', '은둔의 나라' 등과 같이 다분히 수동적이고 정적인 용어로 표현되었다. 그래서 '역동적'이라는 말은 그저 한국의 급속한 산업화를 보여주는 중립적 표현이거나 한국인의 급한 성격을 드러내는 부정적인 표현일 뿐이었다.

그러나 2000년대 들어 '빨리빨리'라는 말은 '트렌드 세터(trend setter)'[5]라는 지위를 얻기 시작했고, '정적인' 한국은 '동적인' 한국으로 전환되었으며, '다이내믹'이라는 말은 부정적이거나 중립적인 학술적 의미

---
5. '트렌드 세터'란 유행을 만들고 끌어가는 사람을 말한다.

에서 빠져나와 긍정적이고 대중적인 의미를 획득하기 시작했다. 단적으로 '다이내믹 코리아'라는 말은 '쿨(cool) 코리아'라는 의미로 통용되기 시작했다. 이제 많은 한국인은 한국 사회가 현대로 진입한 이래 처음으로 자신을 긍정적이고 역동적인 사람이라고 인식하게 되었고, 이러한 자기 인식의 변화는 1990년대 이후 한국 사회의 위상 변화에 기인한 것이었다.

이렇듯 한국인들이 '우리'를 역동적이라고 긍정적으로 규정할 수 있도록 한 것은 바로 자신감이었다. 이것은 한국인들이 과거의 식민지적 열등감, 굴절되고 굴욕적인 운명을 겪은 약소국 국민이라는 자기비하와 자학, 피해 의식 등에서 벗어나기 시작했음을 의미한다. 다시 말해 약소국이나 후진국 콤플렉스에서 어느 정도 벗어나면서 우리 사회와 스스로에 대해 자신감과 자부심을 느끼게 되었음을 의미한다.[6]

이제 한국인은 자신을 부정적으로 인식했던 시기를 지나 긍정적으로 인식하는 시기로 진입했다. 한국인의 역동성 역시 부정적 현상을 지칭하기도 했으나 이제는 긍정적 현상을 지칭할 때 사용되는 경우가 더 많아졌다. 그렇다면 한국인의 자기 인식이 이렇게 변한 것은 한국인의 역동성이 갑자기 긍정적인 모습으로 변해서일까? 그래서 과거 한국인의 역동성은 부정적 현상이었고, 지금의 역동성은 긍정적인 현상으로 평가해야 할까?

---

6. 하지만 한국인과 한국 사회가 약소국의 강박에서 완전히 벗어난 것은 아니다. 임마누엘 페스트라이쉬(Emanuel Pastreich) 교수는 그의 책 『한국인만 모르는 다른 대한민국』(2013)에서 "한국의 많은 지식인들은 아직도 한국이 100여 년 전 조선 말의 상황과 다를 게 없다면서 더욱 열심히 일해서 나라를 부강하게 만들지 않으면 언제 나라를 빼앗길지 모른다는 경고를 멈추지 않고 만고불변의 진리나 주문처럼 외고 있다"라고 말한다. 그는 한국인들이 불명예스러운 '새우 콤플렉스'에 시달리고 있다고 말하고 있다. 임마누엘 페스트라이쉬, 2013, 『한국인만 모르는 다른 대한민국』, 21세기북스, 15-37쪽.

한국인의 역동성이 어떤 역사적 뿌리도 없이 갑작스레 생겨난 것도 아니고, 갑자기 부정적인 존재에서 긍정적인 존재로 변화된 것이 아니라면, 우리가 우리 자신을 '다이내믹 코리안'으로서 자긍심을 갖고 새롭게 인식하게 된 지금이야말로 본격적으로 '우리' 혹은 '한국인'에 대해 새롭게 질문을 던질 때다. 도대체 '다이내믹 코리안'이라는 표상(表象)의 뿌리는 어디에 있느냐 하는 질문이다. 지금 우리가 긍정하는 '다이내믹 코리안'에 대해 역사적 경험 속에서 그 뿌리를 찾고 변화의 과정을 추적하는 일이야말로 한국인을 이해하기 위한 중요한 출발점이 될 것이다.

비서구사회, 특히 2차 세계대전 후의 신생 탈식민 국가의 역사적 상황은 대부분 비슷했다. 외세의 개입과 침탈, 식민화, 국가/국민 형성의 어려움, 사회적 분열과 대립, 내전 등의 '고난'은 이들 나라에서 공통적이었다. 한국도 예외가 아니었다. 그런데 한국은 다른 나라에 비해 산업화와 민주화라는 더 큰 성과를 좀 더 이른 시간 내에 이루어낸 편이다. 이것은 국가든, 시민사회든, 개인이든 한국인들이 더 큰 열망과 활력을 가지고 노력한 결과이다. 그렇다면 무엇이 한국인들에게 이러한 열망과 활력을 가져다주었을까?

현대화(modernization)이론에서는 흔히 비서구사회에서 이루어진 산업화나 민주화와 같은 현대화를 비서구사회가 서구선진국들의 발전모델을 수용하여 따라잡으려고 노력한 결과로 설명한다. 말하자면 일종의 '따라잡기 이념(catch-up ideology)'의 결실이라는 것이다. 하지만 한 사회의 고유한 전통이 서구의 현대적 가치나 제도의 수용으로 단순히 대체될 수 있다는 생각은 환상일 뿐이다. 서양 선진국의 제국주의적 침략을 받은 지역들이 대부분 비슷하겠지만, 한국 사회의 현대화 과정도 단순히 현대성의 요소를 일방적으로 수용하는 과정이 아니라, 한국의 전통과 서구의 현대성이 혼합되고 융합되는 과정이었기 때문이다. 따라서 한국인들의 이념 및 행위양식(또는 행동양식)은 한국인들이 서구의 현대적 문물을 받아들이고 이에 적응하는 동시에 전통적 이념 및 행위양식을 변형시켜가는 과정에서 형성되었다고 할 수 있다. 근현대 한국 사회에서 현대적 한국인은 전통과 현대가 만나고 복합적으로 융합되는 과정에서 출현한 것이며, 한국인의 역동성 역시 이러한 과정에서 나타났고 또 여러 번의 변화를 겪어왔다.

이 책은 '다이내믹 코리아' 또는 '다이내믹 코리안(역동적 한국인)'을 주제로 하는 영역별 개별 연구의 전체적 배경을 다루고 그 개요를 보여준다. 그래서 우선 근현대 한국 사회에서 형성된 역동적 한국인의 뿌리에는, 외세의 간섭과 식민화, 해방과 혼돈, 국민국가 형성 과정에서의 폭력과 내전, 군사독재정권의 오랜 반공주의·권위주의 통치, 경제성장의 열망 등의 역사를 헤쳐오는 과정에서 한국인들이 겪은 억압과 차별에 대한 저항, 전통의 부정과 현대적 정체성의 갈망, 모순적인 열망들, 가치관과 세계관에서의 갈등과 분열 등이 자리하고 있다는 시각에서 출발한다. 그리고 지금 '다이내믹 코리안'으로 표현되는 한국인의 행동양식에는 긍정적인 면과 부정적인 면이 서로 교차하고 있다는 점에 주목한다. 이 연구는 바로 오늘날 '다이내믹 코리안'이라고 불리는 한국인들의 이러한 역동성이 4천 년의 역사 중에서 가장 급격한 변화를 겪어왔던 지난 근현대의 100년(1880~1980년)에 걸쳐 어떻게 표출됐는지를 해명하려는 작업이다.

이 작업은 근현대 한국 사회에서 다양한 한국인론이 출현하게 된 사회적, 역사적 배경을 살펴보고 또 기존의 연구 성과들을 검토하면서, 한국인의 정체성 또는 사회적 성격을 해명하기 위한 개념들과 전체적인 설명틀을 제시하는 데서 시작한다. 그리고 나서 연구팀이 한국인의 역동성을 이해하는 데에 중요한 요소로 선택한 다섯 가지 행위양식—가족주의, 집단주의, 민족주의, 실용주의, 평등주의—에 대해 간략히 살펴보려고 한다.[7] 앞으로 이루어지는 다섯 가지 행위양식(또는 행동양식) 각각에 대한 연구는, 각 영역에서 그 사회적, 역사적 배경의 규명을 통해 역동성 형성 및 변화의 특수한 과정을 추적하는 작업이 될 것이다.

한편 본격적인 작업에 앞서 우리는 먼저 전체 연구가 대상으로 삼고 있는 '한국인'이 도대체 누구를 말하는지를 엄밀히 정해놓고자 한다. 이 연구는 한국 근현대사의 100년, 즉 1880년에서 1980년까지의 역사를 대상으로 하는 것인데, 이 시기의 한국인은 일반적으로 한반도라는 공간에서 오랫동안 민족이나 국민을 형성하며 살아온 집단이라고 할 수 있다. 그런데 여기서 해방 이후 분단이 이루어진 상황에서 한국인의 외연을 어떻게 할 것인지가 좀 복잡한 문제가 된다.

1945년 식민지 조선이 해방된 후 38선 이남에서는 미군정의 통치가 이루어졌는데, 이후 1948년에 남한에 국한되어 헌법이 제정되고 '대한민국'이라는 국호가 정해졌다. 그래서 한국인은 일반적으로 현대적 국민국가인 대한민국(남한)의 구성원을 지칭하는 말이 되었다. 그렇다면 조선인으로서 한 민족으로 존재하다가 독립적 국민국가를 선포한 북한(조선민주주의인민공화국) 사람들은 한국인이라고 해야 할까? 그리고 해외에 거

---

7. 여기서 '행위양식'은 사람의 행위가 이루어지는 특정한 규칙적 형식이나 형태를 가리키기 위해 사용하는 사회학적 용어이다. 엄밀히 말하면 '사회적 행위양식'을 말하는 것인데, 베버(M. Weber)의 표현을 빌린다면, 영어로 'Modes of Orientation of Social Action', 즉 사회적 행위의 지향 양식을 말한다고 할 수 있다. 사회적 행위들은 현실의 상호작용 과정에서 다양한 사회적 이념, 관습, 정서, 감정의 영향을 받으면서 어떤 지향성을 드러내게 되는데, 이러한 지향성은 사회마다 유사하면서도 조금씩 다르게 나타날 수 있다. 한편 행위는 일반적으로 행동과 같은 의미로 사용된다. 행위는 주로 의지나 의도를 담고 있다는 점을 보여주기 위해 선택되는 용어라면, 행동은 사람의 움직임에 대한 다소 중립적인 표현이다. 그런데 일상적으로는 별 차이 없이 사용되고 있고, 또 행동이라는 표현이 더 익숙한 면이 있다. 그래서 이 책에서는 둘을 혼용하거나 병기할 것이다.

주하는 한인동포(혈통적 한국인)를 한국인의 범주에 포함해야 할까? 또한 대한민국이 등장하기 이전에 한반도에 살아왔던 조선인들은 어떻게 해야 할까?

연구 작업에서 이러한 혼동을 피하려면 연구대상인 '한국인'의 범위를 명확하게 할 필요가 있다. 그래서 전체 연구에서 한국인은 공통적으로 다음과 같은 사람들로 한정하고자 한다. 시간상으로 '한국인'은 조선 후기 이래로 한반도에 거주해온 사람들을 포괄한다. 하지만 1948년에 한반도 남쪽에서 대한민국 정부가 수립된 이후부터는, 공간적으로 남한에 거주해온 대한민국 국민으로 한정한다. 그리고 법적으로 대한민국 국민은 아니더라도 혈통적으로 한국인에 속한다고 볼 수 있는 사람들은 북한인, 해외한인(동포) 등의 용어로 지칭할 것이다. 또한 근현대 한국인의 역동성을 역사적으로 해명하는 연구의 목적상, 남한에서 단독정부가 구성되기 이전, 특히 조선말 개화기와 일제 강점기에 한반도에 거주했던 사람들도 '한국인'으로 통칭하면서도 서술의 맥락상 필요한 경우에는 '조선인'이란 표현을 쓸 것이다.

II. 한국인을 바라보는 시선의 역사 (1880-1980)

한국인에 대한 시선은 무엇보다도 외국인이 한국인과 접촉하는 과정에서 형성된다. 이것은 한국인을 바라보는 외국인의 시선만이 아니라 한국인이 스스로를 바라보는 시선에서도 마찬가지이다. 개항을 전후하여 한국 사회에 외국인들이 본격적으로 유입된 이래로 한국인에 대한 다양한 시선이 자연스럽게 출현하였고, 이에 따라 한국인에 대한 서로 다른 시선들이 경합을 벌이거나 갈등하는 상황이 나타나게 되었다. 그런데 처음에 이런 시선들이 형성되는 과정은 인상에 의존하는 주관적인 과정일 수밖에 없다. 한국인 전체를 인식하거나 그 내면을 이해하는 일은 좀 더 깊이 있는 통찰 없이는 불가능하기 때문이다. 게다가 침략자, 지배자로 한국 사회에 개입한 서양인들이나 먼저 서양 문물을 받아들여 동아시아의 지배자가 되고자 했던 일본인들의 시선은, 기본적으로 서구중심주의자, 지배자의 시선에서 벗어나기 어려웠다. 그렇지만 이들의 인상적, 주관적 시선이 전혀 잘못되었거나 의미가 없는 것은 아니며, 이러한 시선들을 성찰하는 과정에서 새롭고 좀 더 타당한 시선이 생겨날 수 있다. 따라서 한국인을 바라보는 시선의 역사를 객관적으로 이해하고 해명하려면, 우선 이러한 시선들이 어떤 역사적 배경 속에서 누구에 의해서 형성되었는지를 살펴보지 않으면 안 된다. 그래서 여기서는 개항 이후 한국인을 바라보던 외국인들의 시선과 자신을 바라본 한국인의 시선을 살펴보고자 한다.

1. 외국인의 눈에 비친 한국인

현대 한국인은 과연 어떤 성격과 특성을 가진 존재일까? 한국인은 스스로에 대해 여러 가지 '정체성', 혹은 상(像)을 가지고 있다. 하지만 이들이 진정 어떤 모습과 성격을 지니고 있는지를 객관적이고 심층적으로 이해하려면 이들이 자신에 대해 가진 생각과 인상을 살펴보는 것만으로는 충분치 않다. 왜냐하면, 그러한 생각과 인상은 자기중심적으로 왜곡되거나 편향될 수 있기 때문이다. 따라서 타자인 외국인들의 눈에 한국인이 어떻게 비쳐 왔는지를 참조하는 것이 중요하다. 외국인의 눈으로 특정 나라 사람들을 보거나 다른 나라 사람들과 비교해 보면 각 나라 사람들의 차별적인 특징이 잘 드러날 수 있다.

예를 들어 일본 지식인들은 한국인의 국민성이 라틴인과 비슷하다고 여겨 한국인들을 '아시아의 라틴인'이라고[8] 말하기도 한다. 이는 감성적이고 즉흥적이며, 열정적이고 자기주장이 강한 한국인의 특성에 주목한 것이다. 다른 이들은 한국인을 '아시아의 아일랜드인'[9] 혹은 '아시아의 유대인'[10]이라고 말하기도 했다. 이처럼 현대 이후 한국인에 대해서는 우리의 자기인식이 그러했던 것처럼 타자의 눈으로 본 차별화된 '표상'이 다양하게 존재했고, 이들 중 어떤 것들은 지난 100년 동안 거의 변화되지 않았지만 어떤 것들은 약해지거나 변화하였다.

그런데 한국인의 정체성과 사회적 성격, 그리고 그 속에 담긴 역동성을 이해하려면, 무엇보다도 우리가 역사적 과정에서 어떻게 스스로 '한국인'이라는 정체성을 구성해왔고, 여기에 어떤 의미를 부여해왔는지를

---

8. '동양의 「라틴」인', 『중앙일보』, 1976. 5. 31.
9. 릴리어스 호톤 언더우드, 2008, 『언더우드 부인의 조선 견문록』(김철 옮김), 이숲, 280쪽.
10. S. M. 비노커, '한국인은 극동의 유태인', 『중앙일보』, 1971. 2. 17.

면밀하게 고찰해보아야 한다. 일반적으로 '정체성(正體性, identity)'은 다른 사람과 상호작용하는 과정에서 다른 사람과의 차이 또는 자신만의 고유한 속성을 느끼고 인식하고, 또 스스로 부여하면서 만들어내는 자신에 대한 표상을 말한다. 그래서 개인이나 집단의 정체성의 성격을 이해하려면, 그 형성 과정에서 사람들이 어떠한 사회적, 역사적 배경 속에서 누구와 어떠한 접촉과 교류를 해왔는지를 살펴보는 것이 중요하다.

역사적으로 보면 자본주의에 바탕을 둔 현대 유럽의 제국주의 나라들이 세계 곳곳으로 뻗어나가 식민지를 개척하면서 비유럽지역의 많은 나라들, 민족들과 접촉하게 되었는데, 이 과정에서 제국주의 나라들이 자신들과 다른 이들 나라나 민족의 집합적 속성을 '국민성'으로 규정하면서 이른바 '국민성론'이 등장하고 확산하기 시작했다. 이 과정은 동시에 유럽의 제국주의 나라들이 자신들의 우월한 특성, 고유성에 대한 표상을 구축해가는 과정이기도 했다. 이렇게 등장한 '국민성'론은 서구 문명의 시각에서 다른 문화나 문명에 대해 특정한 편견이나 낙인을 부과한 것으로서, 중심부/지배자/침탈자가 주변부/피지배자/피침탈자를 상대로 펼친 지식정치(knowledge politics)의 일환이었다.

개항은 한국인들이 서유럽 열강이라는 매우 강압적이고 폭력적인 타자와 광범위하게 접촉하는 계기가 되었는데, 이와 동시에 한국인들이 자신을 새롭게 돌아보고 사고하게 한 중요한 시발점이 되었다. 개항 이전 전근대 시기에 한국인들이 비교적 안온하고 자족적인 삶을 살고 있었다면, 개항으로 이제 한국인들은 서양 신흥(新興)열강이라는 강압적 타자의 위력과 마주하면서 스스로에 대한 인식을 새롭고 치열하게 하지 않을 수 없게 되었다.

물론 서양인이나 일본인들에 의한 한국인론이 나오기 이전에도 한국인론은 존재했다. 대표적으로 중국 사신들의 기록에서 한국인의 성격을 규정하는 진술들을 볼 수 있는데, 중국인에게 조선은 형제국이거나 신하국이었기 때문에, 그들의 시선에서 바라보는 조선인 상이라는 것은 비록 중화론에 기초한 상이긴 했지만 그렇게 부정적인 것만은 아니었다.[11] 그렇지만 개항을 전후한 시기에 등장한 한국인론은 침략적 본성을 갖고 있던 서양인과 일본인에 의해 형성된 것으로서 한국과 한국인에 대한 편견이나 부정적 시각이 지배적이었다.

(1) 구한말 서양인에게 비친 한국인

개항 이전 시기에 조선을 동아시아 바깥에 제일 먼저 소개한 서양인의 책으로는 제주에 표류했던 하멜이 1668년에 쓴 『하멜 표류기』를 들 수 있는데 여기서 조선의 모습은 대단히 부정적이다.

"이 나라 사람의 절반은 노비이고 일부 양반은 노비를 2천~3천 명 거느린다. 노비는 자식을 돌보지 않는다. 일할 만한 나이가 되면 주인이 즉시 빼앗아 가기 때문이다. 물건을 훔치고 거짓말을 하며 속이는 경향이 강하다. 전염병이 걸리면 들판의 초막으로 격리해 그냥 죽게 한다. 마음이 여자처럼 여려서 청나라 군대가 침략했을 때 적군에게 살해당한 사람보다

---

11. 중국은 화이론적 관점에서 조선을 오랑캐로 보았지만 그럼에도 조선의 문화 수준이 높다는 점은 인정하였다. "따라서 명나라에서 조선에 사신을 파견할 때는 대체로 학식이 높은 문사(文士)를 선발하였다. 즉, 조선은 중국과 가까워 스스로 제왕(帝王)의 감화를 입었다고 하면서 조정을 예로 섬기기를 부지런히 하여 울타리의 나라(藩邦)와 같이 되었다." 이정란, 2009, 「13세기부터 15세기까지 중원인이 본 우리」, 국사편찬위원회, 『이방인이 본 우리』(한국문화사 30), 두산동아. 다시 말해 명나라 사람은 조선을 단순히 '오랑캐'의 나라로 치부하지 않고 어느 정도 문명을 갖춘 나라로 인식했다. 하지만 문제는 여전히 그것이 명나라의 교화 덕분이라고 생각하였다는 데 있다.

숲속에서 목매달아 스스로 죽은 사람의 수가 더 많았다고 한다. 기생들과 놀기 좋아하는 고관들은 사찰을 주로 이용해 이들과 어울려, 사찰이 도량이라기보다는 매음굴이나 술집으로 인식되기도 했다."[12]

『하멜 표류기』는 조선의 존재를 유럽인에게 최초로 뚜렷하게 알린 귀중한 사료이기는 하지만, 14년 동안 조선에 억류되어 있던 하멜 일행이 자신들의 억울한 상황을 본국에 알리는 것이 목적이었기 때문에 조선과 조선인에 대해 부정적으로 과장한 내용이 많았다.

그 후 조선 후기와 구한말, 그리고 일제 강점기 초기에 한국을 방문한 서양인들은 대개 여행객이나 외교관, 종군 기자나 사업가들이었는데, 이들 중 일부는 한국에 관한 글과 저술을 남겼다. 그들의 서술 속에 담긴 시선에는 19세기 말 서양인이 가지고 있던 전형적 편견인 오리엔탈리즘(Orientalism)이 깔린 경우가 많았다.[13] 그래서 한국인들에 대한 부정적인 언급들이 많았으며, 이러한 모습은 일본 제국주의 침탈에 무너진 한국의 현실을 뒷받침하는 것처럼 보였다.

1904년 러일전쟁 당시 종군 기자로 한국에 와서 전쟁 상황을 취재했

---

12. 헨드릭 하멜, 1999, 『하멜 표류기』(신복룡·정성자 옮김), 집문당, 54-59쪽. 배한철, 2015, 『한국사 스크랩』, 서해문집, 280쪽 재인용.
13. 서영수·장두식, 2013, 「서양인이 본 한국의 세시풍속」, 단국사학회, 『사학지』 46, 274쪽. 한편 오리엔탈리즘은 팔레스타인 출신 미국 영문학자 사이드(E. W. Said)가 동양인에 대한 서양인들의 사고방식을 개념화한 것인데, 『오리엔탈리즘』이라는 제목의 책에서 정의한 '오리엔탈리즘'의 핵심적인 내용은 다음과 같다. 동양(오리엔트)과 서양 사이에는 차이가 존재하는데, 서양이 이성적이고 주체적이며 남성적인 세계라면, 동양은 감성적이고 의존적이고 여성적이다. 동양은 스스로 자신의 운명을 개척할 능력이 없는 유약한 존재이며, 이러한 동양의 계몽을 위해 동양에 대한 서양의 정치적, 경제적, 문화적 통치가 필요하다. 그래서 사이드는 오리엔탈리즘이 동양과 서양의 이분법적 사고에 기초하여 동양에 대한 서양의 지배를 정당화하는, 편향되고 억압적인 사상 또는 지식이라고 비판한다. 에드워드 사이드, 2015, 『오리엔탈리즘』(박홍규 옮김), 교보문고; 비판사회학회 엮음, 2014, 『사회학』, 한울, 708쪽.

던 앞서 언급한 잭 런던은, 그의 저서 『조선사람 엿보기』(1995)에서 조선인을 매우 좋지 않게 평가했다.[14] 서방측 종군 기자로서 그는 직접 일본군을 따라다니며 보았던 조선과 조선인에 대한 인상을 기록으로 남겼는데, 그의 눈에 비친 조선인은 기개가 없고 겁이 많기 때문에 결국 일본인에게 지배를 당하게 된 존재로 그려졌다. 그는 책에서 자신의 단편적인 경험을 소개하면서 '조선인의 특성'을 다음과 같이 묘사하였다.

"황주의 한 숙소에서 말을 덮어 주던 담요 두 장이 없어졌다. 집주인은 '죄송하다'는 말만 되풀이하며 그냥 넘어가려고 했다. '전부 다 평양까지 끌고 가 처벌하겠다'고 위협하자 한 짐꾼이 땅을 파고 훔쳐 간 담요를 꺼냈다. 그 순간 수많은 조선인이 달려들어 그 짐꾼을 사정없이 패기 시작했다."[15]

이 내용만 보면, 잭 런던이 본 조선인의 특성은 '게으르고, 경박하고, 남을 속이는' 사람으로 요약할 수 있다. 그다음으로 잭 런던이 꼽는 조선인의 특성은 '못 말리는 호기심'이다. 그의 표현에 따르면 조선인은 '기웃거리는 것'을 좋아한다.

"… 조선인들의 또 다른 특성은 못 말리는 호기심이다. 구경은 그들에게

---

14. 『조선사람 엿보기』나 그 이외의 다른 많은 러일전쟁 종군기를 읽을 때는 일본군에 의해 조작된 거짓 보도내용이 있던 당시 상황을 고려하여 읽어야 한다. 『조선사람 엿보기』는 그가 『샌프란시스코 이그재미너(San Francisco Examiner)』지(誌)에 연재한 신문기사를 프랑스 출판사가 『La Coree en feu』(1982)라는 제목으로 발간한 것을 번역한 책이다. 잭 런던은 1904년 2월 초부터 5월 1일까지 3개월 정도 한국에 머물렀다. 잭 런던, 1995, 『잭 런던의 조선사람 엿보기: 1904년 러일전쟁 종군기』(윤미기 옮김), 한울.
15. 같은 책, 74-75쪽; 배한철, 앞의 책, 282쪽에서 인용.

최고의 즐거움으로 여겨졌다. … 이것을 조선말로는 '구경'이라고 한다. 조선인들에게 '구경'이란, 서양인들이 하는 일종의 연극 관람이며 회의 참석이며, 강론 경청이며, 경마 구경이며, 동물원 나들이이며, 일종의 산책과도 같은, 그러니까 전반적인 모든 것이라 할 수 있다. 그것의 가장 큰 이점은 값이 싸다는 것이다. 조선인들에게 '구경'은 최고의 즐거움이다. 아주 사소한 사건이라 할지라도 그것은 '구경'에 해당하므로, 그들은 몇 시간이 걸려도 '기웃거리느라고' 서 있거나 구부리고 앉아 있는 것이다."[16]

또한, 그는 조선인이 겁이 많고 행동하는 것에 대한 두려움이 게으름을 낳는다고 보았다.

"조선인은 겁이 무척이나 많다. 행동하는 것에 대한 두려움이 게으름을 낳았다고 볼 수 있다. 한 사회의 언어에서 어떤 단어의 존재는 그 단어에 대한 필요와 상응하는 법이다. 속도를 내야 된다는 필요성에 따라 조선말에는 적어도 스무 개의 단어가 만들어졌는데, 그것들 중 몇 개를 인용한다면 '바삐', '얼른', '속히', '얼핏', '급히', '냉큼', '빨리', '어서' 등이다."[17]

잭 런던이 조선인의 특성 중 하나를 '빨리'라는 단어에서 발견했다는 것은 매우 흥미롭다. 그러나 잭 런던은 그것을 조선인이 원래 '게으르기' 때문에 만들어진 단어라면서 성급하게 일반화하는 오류를 범했고, 이에 따라 조선인을 결국 제국주의의 먹이가 될 수밖에 없는 두려움 많고 게으르고 허약한 사람들이라고 편파적으로 묘사했다. 그런데 조선인에 대한 그의 부정적이고 편파적인 시선은 여기서 그치지 않는다.

---

16. 잭 런던, 앞의 책, 107쪽.
17. 같은 책, 41-42쪽.

"조선인들에게는 기개가 없다. 일본인을 훌륭한 군인으로 만들어주는 그러한 맹렬함이 조선인에게는 없다. 조선인의 용모는 섬세하다. 그러나 중요한 것이 빠져 있는데 그것은 힘이다. 더 씩씩한 인종과 비교해보면 조선인은 매가리가 없고 여성스럽다. 예전에는 용맹을 떨쳤지만, 수세기에 걸친 집권층의 부패로 점차 용맹성을 잃어버리게 된 것이다. 실제로 조선인은 의지와 진취성이 절대적으로 부족한, 지구상의 모든 민족 중에서 가장 비능률적인 민족이다. 하지만 딱 한 가지 뛰어난 점이 있는데 그것은 짐을 지는 능력이다. 그들은 짐 끄는 동물처럼 완벽하게 일을 해낸다."[18]

1904년 러일전쟁 당시 일본군이 허락한 서방 종군 기자였던 잭 런던의 묘사에서는 당시 조선이 처한 환경이나 조선인의 문화에 대한 이해를 찾아보기 어렵다. 그의 눈에 비친 한국과 조선인은 그의 표현 그대로 동양에서 부상하고 있는 일본 제국주의의 먹이가 되어 가는 '무능력하고 무기력하고 비능률적'인 민족이었다. 비록 용모가 섬세하고 육체적 능력이 뛰어나다는 긍정적 언급이 없는 것은 아니지만, 그의 시선은 기본적으로 부정적이었다고 할 수 있다.

한편 당시에 러시아 외교관으로 활동했던 미하일 알렉산드로비치 포지오(Михаил Александрович Поджио)는 『한국개관』(1892)에서 다음과 같은 글을 남겼다.

"가까운 사람들에게 도움을 주고자 하는 한국인의 의지는 천성적이다.… 그들은 대다수의 경우 선량하고 정직하며 외국 사람들에게까지 쉽게 믿음과 정을 준다. 처음 만났을 때는 그들이 엄숙하고 절제하는 것처럼 보이지만, 시간이 조금만 지나면 유쾌하게 변한다. 유감스럽게도 한국

---

18. 같은 책, 60쪽.

인들은 매우 고집이 세고 성을 잘 내며, 복수심이 강하다. 아주 쉽게 모욕감을 느낀다. 용감하고 강직하며 매우 인내심이 많다. 나라가 가난함에도 불구하고 낭비가 매우 심하다. 그들의 무분별함과 절약 정신 결여에 기인하는 것이다. 하지만 그들은 완벽하게 몰락하였을 경우에도 희망을 가지면서 불행을 굳건하게 견뎌낸다."[19]

잭 런던의 시선에 비하면 미하일 알렉산드로비치 포지오의 시선은 좀 더 공정하게 느껴진다. 그는 부정적인 면 못지않게 긍정적인 면도 드러내고자 한 것처럼 보인다. 반면에 한국인을 훨씬 긍정적으로 평가하는 시선도 존재한다. 미국인 헐버트(한국 이름 활보(轄甫), Homer Hulbert)는 1897년 명성황후시해사건의 참극 속에서 고종 곁에서 시종하였고, 을사늑약이 무효임을 호소하는 고종의 친서를 가지고 미국 대통령을 방문했으며, 유럽 여러 도시를 돌면서 한국의 자주독립을 위해 노력하였는데, 그는 한민족의 기질을 다음과 같이 평가했다.

"일본인[은] 다혈질의 민족이다. 그들은 민첩하고 다재하며 이상주의적이며 그들의 명랑한 기질은 변덕스러울 정도이다. … 그 반면에 중국인들은 미신을 좋아하면서도 비교적 냉담한 성격을 가지고 있다. … 된 꿈을 갖지도 않는다. … 그러나 상술 면에서는 중국인을 따를 만한 민족이 이 세상에는 없다. … 일본인들은 이상주의적이며 중국인들은 실리주의적이라고 우리는 말할 수가 있다. 한국인은 그 나라가 중국과 일본의 중간에 위치하고 있다는 것과 마찬가지로 기질도 두 나라의 중간적 성격을 띠고

---

19. 미하일 알렉산드로비치 포지오, 2010, 『러시아 외교관이 바라본 근대 한국』(이재훈 옮김), 동북아역사재단, 291-294쪽. 이 책은 특히, 각 도(8개 도)에 거주하는 주민들의 특징적 성격을 담고 있다.

있다. 이와 같이 두 가지의 성격이 조화됨에 따라서 한국인들은 합리적인 이상주의자가 되었다"[20]

그는 한국인에 대해 좋게 평가했다. 한국인이 중국인처럼 상술에 능하지도 못하며, 일본인처럼 싸움을 잘하는 민족도 아니지만, 한국인의 냉정하면서도 동시에 정열적인 합리주의적 기질이 앵글로 색슨족과 유사하다고 지적하면서 서양인들은 일본이나 중국인을 이해하는 것보다 조선인을 이해하는 것이 더 쉬울 것이라고 덧붙였다.

헐버트가 이렇게 평가한 배경에는 그의 선교 활동 경험이 작용한 것으로 추측된다. 그는 조선인이 다른 민족과 비교해 볼 때 기독교를 쉽게 받아들이는 경향이 있음에 주목했다. 특히 그는 "한국인들이 타락되고 경멸을 받을 민족이며 훌륭한 일을 할 수 있는 능력이 없을 뿐만 아니라 지식수준이 낮기 때문에 독립 국가로 존속하는 것보다 일본의 통치를 받는 편이 좋다고 말하는 것"[21]은 모두 일본의 침략을 정당화할 목적으로 꾸며진 것으로 보았다. 그에 따르면 한국인은 비록 당시는 위기에 빠져 있으나 본성으로 보나 능력으로 보나 고도의 지적 능력이 있는 민족으로서, 교육에 투자된 자본이 더 크고 더 확실하며 더 유익한 결실을 볼 수 있는 곳은 이 세상에서 '한국'밖에 없다고 말했다.[22]

구한말에 조선을 방문한 또 다른 외국인으로 새비지-랜도어(A. Henry Savage-Landor)가 있는데, 그는 한국인이 교육에 대한 열의와 뛰어난 학습능력, 그리고 훌륭하고 착한 품성을 가졌다고 언급하였다. 그는 저서 『고요한 아침의 나라 조선』(1895)에서 다음과 같이 기록했다.

---

20. 호머 헐버트, 1999, 『대한제국 멸망사』(신복룡 옮김), 집문당, 53-54쪽.
21. 같은 책, 31쪽.
22. 같은 책, 535쪽.

"조선 사람들은 미개인들과는 전혀 다르다. 나는 그들의 기질에 관한 한 객관적인 시각에서 그것을 인정한다. 나는 비범한 지성으로 단기간에 지식을 습득하는 그들에게 늘 압도당했다. 그들은 외국어를 매우 쉽게 익혔다. 그들은 무척 투지 있고 열성적으로 공부 거리를 습득했다. 또한 그들은 놀라울 정도의 신속한 이해력과 함께 뛰어나게 현명한 추론 능력을 타고났다. 그러나 외모상으로는 그들의 진면목을 알 수 없다. 언뜻 봐서는 그들은 차라리 흐리멍덩하고 답답한 인상을 주었다. 조선 사람들은 훌륭한 기억력과 빼어난 예술적 소양을 가졌다."[23]

이처럼 구한말에 한국을 방문했거나 한국에서 활동했던 다수의 서양인, 특히 선교사들의 눈에 비친 한국과 한국인은 두 얼굴을 지닌 존재, 즉 긍정과 부정의 상이 공존하는 존재였다. 그런데 중요한 것은 한국인들의 성격을 '긍정적으로 보느냐, 부정적으로 보느냐'라는 점보다 어떤 시각으로 그 성격을 이해하려고 하느냐는 점이다. 그래서 한국인의 성격을 사회적, 역사적 배경 속에서 형성된 것으로 이해하려는 시선들에 주목해볼 필요가 있다.

19세기 말 조선인에 대한 서양인의 객관적 시선을 엿볼 수 있는 책으로는 비숍(Isabella Bird Bishop)의 한국 기행문인 『한국과 그 이웃 나라들』(1898)이 있다.[24] 머리글에서 비숍은 다음과 같이 썼다.

"처음 한국을 방문했을 때 나는 한국이 지금까지 내가 여행한 나라들 중에서 가장 재미없는 나라라는 인상을 받았다. 그러나 곧 '청일전쟁' 동

---

23. A. H. 새비지-랜도어, 1999, 『고요한 아침의 나라 조선』(신복룡·장우영 옮김), 집문당, 251쪽.
24. 비숍은 이 책을 쓰기 위해 한국을 방문해 11개월에 걸쳐 현지답사했다고 한다.

안 한국의 정치적 불안, 급속한 변화, 그리고 어찌 될지 알 수 없는 한국의 운명을 깨달으면서 이 나라에 대해 참으로 강렬한 흥미를 갖게 되었다. 또 시베리아의 러시아 정부 아래 있는 한국인 이주자들의 현황을 보았을 때, 나는 미래에 있을 이 나라의 더욱 큰 가능성에 대해 눈을 크게 뜨게 되었다. 한국에 머무는 사람들은 누구나 예외 없이 이 나라가 처음에 안겨주는 찝찝한 인상들을 잊어버리게 할 만큼 강렬한 매력을 지니고 있음을 알고 있다."[25]

비숍의 눈에 비친 한국은 첫째, 사람들의 생활상이 비참할 정도로 가난하지만 놀랄 만큼 질서가 잡혀있다는 것이었다. 남의 것을 빼앗는 것은 탐관오리들밖에 없어 보였고 일반 백성들은 게으르고 무뚝뚝하게 보이지만 호기심이 강하며 자신의 것을 나누어주는 인정이 있었다. 치안상황도 아주 좋아서 밤에 아녀자들이 밖을 돌아다녀도 될 정도였다. 둘째는 고유의 문화가 있다는 것이다. 중국에 가까운 것 같지만 확연히 다른 문화가 있으며, 자신들만의 문자를 보유하고 쓸 정도의 수준이었다. 비숍은 조선인이 당혹스러움을 느끼게 할 정도로 활기차고, 얼굴 생김새는 힘이나 의지의 강인함보다는 날카로운 지성을 나타낸다고 했고, 조선인들은 확실히 잘생긴 종족이며 체격도 좋은 편이라고 했다. 또한, 조선인이 교육에 대한 열의가 강하며 학습능력이 탁월하다는 점에도 주목하였다.

"한국인들은 대단히 명민하고 똑똑하다. 외국인 선교사들은 한결같이 입을 모아 한국인들의 능숙하고 기민한 인지능력과 외국어를 빨리 습득

---

25. 비숍, 1994, 『한국과 그 이웃 나라-백 년 전 한국의 모든 것』(이인화 옮김), 살림, 11쪽.

하는 탁월한 재능, 나아가 중국인과 일본인보다 조선인들이 훨씬 좋은 억양으로 더 유창하게 말한다는 사실을 증언한다."[26]

그렇지만 비숍의 글에도 서양인의 우월감이 드러나는 부분이 있는데, 대표적인 것은 무속신앙에 대한 것이었다. 비숍은 굿 현장을 직접 찾아가서 관찰하고 다양한 정보를 수집하여 기록하였는데, 거기에는 조선인들이 무당의 푸닥거리로 귀신을 퇴치하여 정신병을 치료하는 야만적이고 저질적인 미신에 속박된 사람들이고 현대화에 뒤처져 있다는 묘사가 등장한다.[27]

한편 잭 런던과 마찬가지로 러일전쟁을 취재하러 왔으나 일본의 공식 취재허가를 받지 못하고, 한국으로의 여행만 간신히 허락받은 독일의 저널리스트 루돌프 차벨(Rudolf Zabel)의 시선도 훨씬 객관적이다. 그는 한국에서 신혼여행을 한 경험을 1904년에 『독일인 부부의 한국 신혼여행』이라는 책으로 남겼는데, 여행 중 길에서 마주친 조선인에 대한 인상을 다음과 같이 썼다.

"[한국인의] 생활신조가 다름 아닌 '되도록 돈은 많이, 일은 적게, 말은 많게, 담배도 많이, 잠은 오래오래'였다. 때로는 거기에 주벽과 바람기가 추가되었다. 술 취한 한국인이 길거리에 누워 있는 모습은 흔한 구경거리였고, 여자 문제로 살인이 나는 것도 드문 일이 아니라고 했다. … 이런 모습은 결국 수천 년간 이어져 온 노예 상태와 압제에서 비롯된 것이리라."[28]

---

26. 같은 책, 20쪽.
27. 같은 책, 452-484쪽.
28. 루돌프 차벨, 2009, 『독일인 부부의 한국 신혼여행 1904: 저널리스트 차벨, 러일전쟁과 한국을 기록하다』(이상희 옮김), 살림출판사, 241-242쪽.

"[여성이 가슴을 드러내고 다니는 것에 대하여] 맨살을 드러내는 일이
—사실 이 경향은 일본이 훨씬 심했는데—무조건 예절 감각에 어긋난다
고 역설하기도 곤란한 노릇이었다. 예절 감각이란 것도 일차적으로는 풍
습과 유행의 산물인 만큼 전 세계 사람들에게 똑같은 예절 감각을 기대
할 수는 없기 때문이다."29

"개울물을 이용해 논에 물을 대는 이 마을 주민들의 솜씨는 실로 대단
했다. 감탄할 만한 관개시설이 아닐 수 없었으니 한국 농부들의 부지런함
이 엿보이는 대목이다. 솔직히 해안 지역의 조선인들은 유약하고 게으르
며 미덥지 못한 인상을 주었지만, 이곳 내륙 지방에서는 그 같은 판단을
여러모로 수정하지 않을 수 없었다."30

차벨의 글들은 상대적으로 객관적이면서도 문화상대주의의 시선을 포함하고 있다고 할 수 있다. 한국인의 부정적인 생활 태도를 노예 상태와 압제의 산물로 본다거나, 나라마다 예절 감각이 다르다고 한 언급에서 그 근거를 찾을 수 있다. 그래서 그는 점차 자신의 판단을 수정하면서 조선인의 부지런함과 우수성을 인정하기도 했다.

사실 구한말부터 일제 강점기에 이르기까지 중국이나 일본을 거쳐서 조선을 알게 된 선교사의 눈에 비친 한국과 한국인의 첫인상은 야만적인 동시에 비사교적인 이교도라는 것이었다. 그 후 여러 종파의 선교사들이 독자적으로 한국으로 몰려들어 오기 시작했는데, 개신교 선교사들은 명성황후시해사건이나 을사늑약 등을 계기로 일본 정책을 비판하기도 하였으나 근본적으로 친일적인 태도를 지니고 있었다. 선교사들은

---

29. 같은 책, 202-203쪽.
30. 같의 책, 388-389쪽.

'종교적'인 일에만 관심을 둘 뿐 조선의 정치 상황은 관심 밖의 일이었다. 그렇지만 모든 외국인이 완전히 무관심하거나 외면하는 태도를 보인 것은 아니었다. 그래서 당시 시대 상황을 이해하면서 한국인들을 좀 더 객관적으로 바라보려는 시선들이 생겨났다.

당시 한국 사회를 배경으로 쓴 소설로 *An American Girl in Korea* (『한국의 미국 소녀』)(1905)[31]와 『이화』가 있는데, 이 중 『이화』는 1906년 뉴욕의 이튼 출판사에서 펴낸 선교사 노블(William Arthur Noble)의 작품이다.[32] 이 작품은 1882년부터 1886년까지 구한말 격동기에 청일전쟁, 명성황후 시해, 독립협회 활동 등 비극적인 시대 배경 속에 펼쳐진 주인공들(김승요, 김동식, 이화)의 신념과 용기 있는 행동을 담았다. 『한국의 미국 소녀』가 한국이라는 낯선 이국땅에서 살아가는 미국인(서양인) 주인공(마가렛)의 눈에 비친 조선과 조선인을 다룬 기록이었다면, 『이화』는 19세기 말 격동하는 조선과 조선인의 모습에 초점을 맞추고 있다.[33]

노블은 책 서문에서, "이 책은 조선인의 시각에서 그들의 이야기를 쓴 것이다. 나는 조선인의 눈으로 그들의 행동을 보려고 노력했을 뿐 아니라 조선인의 관점에서 그들을 이해하고 그들의 관습과 사상을 제시하려 노력했다. 나는 서구인이 행하듯 사랑하고, 증오하며, 두려워하고, 희망하며, 이상을 위해 희생하는 동양인의 모습을 그리고자 했다. 그리고

---

31. Annie M. Barnes, 1905, *An American Girl in Korea*, The Penn Pulishing Company. 미국 필라델피아 펜 출판사에서 1905년 간행했다.
32. 윌리엄 아서 노블, 2011, 『이화』(이현주 옮김), 넥서스CROSS. 아서 노블은 1866년 미국 펜실베이니아에서 출생하였고, 1892년 10월 미국 감리회 한국 선교사로 부인과 함께 처음 한국 땅을 밟았다. 이후 1933년 선교사직에서 은퇴하고 1934년 12월 한국을 떠나기까지 42년간 교회를 개척하고 교육 사업을 전개하며 한국감리교회의 조직과 성장에 중추적 역할을 감당하였다.
33. 윤승준, 2002, 「20세기 초 한국을 소재로 한 영문소설-한국의 미국 소녀』와 『이화』에 비친 한국과 서양의 상호 이해를 중심으로」, 『대동문화연구』 41권, 394쪽.

보다 나은 삶을 이루는 과정에서 발생하는 조선의 큰 갈등을 나타내고자 했다. 뿐만 아니라 사람들을 개혁으로 이끌고 가는 남성의 전형적인 모습을 예증함으로써 외세의 힘에 의해 부당하게 착취당하는 희생자가 되어버린 조선인에 대한 연민을 일깨우고자 했다."[34]고 말한다. 42년 동안 한국에 살면서 노블 자신이 직접 경험한 것을 바탕으로 한 소설 『이화』에서는, 조선인이 자신의 역사와 문화를 받아들이면서 주체적으로 사고하고 행동하는 인물로 묘사되고 있다. 이처럼 조선인을 객관적으로 바라보는 시각은 다른 서양인의 기록에서는 찾아보기 어렵다.

조선인에 대하여 노블과 비슷한 기록을 남긴 서양인으로 매켄지(Frederick Arthur McKenzie)가 있다. 그는 스코틀랜드계 캐나다인 언론인이자 저술가로,[35] 1919년 일본 군대가 저지른 경기도 수원군 제암리 학살 사건의 진상을 폭로한 것으로 잘 알려져 있다[36]. 매켄지는 1908년 『대한제국의 비극』(The Tragedy of Korea)이라는 책을 통해서 대한제국 군복 차림 장교의 지휘 아래 십여 명의 의병이 당당히 총을 겨누는 모습의 사진을 게재하였다. 당시 일본군은 양민을 무차별 학살하고 부녀자들을 겁탈하는 등 비인도적 만행을[37] 서슴지 않았다. 의병을 만났던 매켄지는, "수주일 동안 일본군에 항거해 온 바로 그 사람들임을 생각해 보라. 심지어는 지금 이 시간까지도 일본의 정규군은 이들과 그 동지들을 무찌르기 위해 책동하고 있다.… 그들은 전혀 희망 없는 전쟁에서 이미 죽음이 확실해진 사람들이었다. … 영롱한 눈초리와 얼굴에 감도는 자신

---

34. 윌리엄 아서 노블, 앞의 책, 서문.
35. 매켄지는 1904년에는 러일전쟁의 취재를 위해 대한제국을 방문하였고, 당시 그는 일본 제국 육군의 종군 기자로 활동하였다. F. A. 매켄지, 1999a, 『대한제국의 비극』(신복룡 옮김), 집문당.
36. F. A. 매켄지, 1999b, 『한국의 독립운동』(신복룡 옮김), 집문당.
37. F. A. 매켄지, 1999a, 앞의 책, 193쪽.

만만한 미소를 보았을 때 나는 확연히 깨달은 바가 있었다. 가엾게만 생각했던 나의 생각은 아마 잘못된 생각이었는지도 모른다. 그들이 보여주고 있는 표현 방법이 잘못된 것이었다고 하더라도 적어도 그들은 자기의 동포들에게 애국심이 무엇인가를 보여주고 있다"고 썼다.[38]

한국에 우호적이었던 여성 언더우드(L.H Underwood)가 1904년에 썼던 『상투의 나라』를 보면, 여성의 섬세한 시선으로 관찰된 한국인을 볼 수 있다.[39] 특히 그녀는 한국 여성들이 정숙하며 잘 순종하는 것을 미덕으로 여기고 있다고 했다. 그러나 한국 여성들의 비애, 절망, 힘든 노동, 병, 사랑 부족, 무지, 그리고 너무나 빈번한 부끄러움 등은 그들의 눈을 흐리게 했으며, 그들의 얼굴을 무감각하고 상처투성이가 되게 했다고도 기록했다. 그리고 조선 사람들에 대해서는 소박하고 착하며, 낙천적이고 태평스럽고 감정적이고 인정이 많고 친절하고 너그럽다고 하면서 '아일랜드' 사람과 비슷한 점이 많은 것 같다고 했다.

"흔히 조선 사람은 게으르고, 무디고, 어리석고, 느리고, 열등한 민족이라고 말들을 한다. 그러나 짐작건대 이런 말은 그들을 잘 모르는 여행자들이나 세상 사람들로 하여금 그들을 쓸모없는 사람들로 생각하게 하려는 목적이 있는 그들의 적이나, 그들을 잘 알아보려는 생각이 없이 겉모습만 본 사람들이 하는 말이다. 항구에 떠돌아다니는 거친 짐꾼들이나 서울 거리에서 빈들거리며 잘 사는 친척들 집에 얹혀 식객 노릇을 하며 사는 게으른 쓸모없는 '건달들'만 본다면 이런 견해는 얼마만큼 옳은 것인지

---

38. 같은 책, 188쪽. 매켄지의 한국 독립운동에 대한 공헌은 최기영, 2004, 「매켄지-한국인의 독립의지를 세계에 알린 서양인」, 『한국사 시민강좌』 34권, 일조각을 참고하시오.
39. 릴리어스 호톤 언더우드, 1999, 『상투의 나라』(신복룡·최순근 옮김), 집문당, 34-36쪽.

도 모른다. 그러나 그런 계층들은 어디에나 있으며, 가장 선진국인 유럽에서도 볼 수 있다. 내 생각으로는 아일랜드 사람들과 조선 사람은 매우 비슷한 점이 많은 것 같다. 이 두 나라 사람은 모두 낙천적이고 태평스럽고 감정적이고 인정이 많고 친절하고 너그럽다."40

한편 윌리엄 엘리어트 그리피스(William Elliot Griffis)는 1907년에 써서 번역된 『은자의 나라, 한국』이라는 책 첫머리에 다음과 같은 헌사를 남겼다.

"과학과 진리와 순수 종교를 통해 자신과 동족을 개명시키고, 그들의 나라로부터 미신과 완고와 전제와 토착적·이질적 교권을 몰아내고, 또 조국의 단결과 독립과 명예를 유지하기 위해 애쓰는 한국의 모든 애국자들에게 그들의 역사와 현실을 그린 이 보잘것없는 책을 드립니다."41

위의 헌사는 한편으로는 한국 전통문화의 부정적 측면을 언급하면서 계몽을 향한 한국인들의 노력을 서양의 시각에서 평가하고 있지만, 다른 한편으로는 독립을 위해 애쓰는 한국인들에게 찬사를 보내는 나름의 공정한 시각을 보여준다. 사실 19세기 말 서양인이 느낀 한국과 한국인의 모습에서 볼 수 있듯이 사람에 대한 평가는 기본적으로 양면성을 띠기 마련이다.42 그렇지만 중요한 것은 한 나라의 사람들을 평가할 때 그 사회의 사회적, 역사적 배경과 현실 상황을 얼마나 객관적이며 공정하게 고려하느냐 하는 점이다.

---

40. 릴리어스 호톤 언더우드, 2008, 앞의 책, 280쪽.
41. W. E. 그리피스, 1999, 『은자의 나라 한국』(신복룡 옮김), 평민사, 9쪽(헌사).
42. 윤승준, 앞의 글, 406쪽.

구한말부터 식민지 강점 시기에 널리 유포된 서양인들의 한국인론을 보면, 한국의 오랜 문화와 전통을 이해하고 한국의 현실 상황을 고려하면서 긍정적인 묘사를 하는 시각이 존재하기는 하지만, 대다수는 한국과 한국인을 계몽과 문명화의 대상으로 바라보는, 문화적·종교적 편견으로 가득 찬 것이었다.[43] 게다가 일본이 한국의 식민지화를 정당화하기 위해 서양인들의 그런 편견을 객관성으로 포장하여 선전에 활용하고자 한 것도, 한국에 대한 긍정적 담론보다 부정적 담론이 지배적으로 된 또 다른 이유였다. 일제와 일본인에 의해 왜곡된 한국인 상은 한국인들에게 우울한 자아상과 자기 모멸감의 원천으로 자리 잡게 되었고, 서양인들에게 부정적인 한국인론이 확산된 중요한 원인이었다. 따라서 우리는 서양인들의 한국인론 뿐만 아니라 한국인들의 한국인론에도 결정적인 영향을 미친 일본인의 한국인론을 따로 살펴보지 않으면 안 된다.

(2) 일제 강점기 일본인의 한국인론

일제 강점기에 한국인의 '역사·문화적' 특성에 관한 관심과 연구가 확산되었는데, 식민지 지배 세력인 일본인들의 관심이 높아진 것이 큰 계기가 되었다. 그런데 식민지 지배 세력 중심의 관점은 피지배국 역사·문화의 자생성을 과소평가하고 깊이를 제대로 이해할 수 없게 만든다는 점에 결정적인 문제를 안고 있었다.[44]

정한론(征韓論)—한국을 정벌하자는 주장—이 대두된 1870년을 전후

---

43. 김용구, 1985, 「국제화시대의 민족의식 정립을 위한 연구: 서양 선교사들이 본 한국인상」, 서울대학교 국제문제연구소, 『국제문제연구』 9권 1호. 35-49쪽 참조.
44. 김광억, 1998, 「문화 다원화와 한국문화 정체성 확립을 위한 연구: 일제시기 토착 지식인의 민족문화 인식의 틀」, 서울대학교 비교문화연구소, 『비교문화연구』 4권, 79-120쪽 참조.

로 일본에서는 조선인론이 나오기 시작했는데, 이를 통해 조선을 식민지화할 야욕을 본격적으로 드러내고 조선 민족을 체계적으로 담론화하면서 일본과의 구별짓기(distinction)를 수행하였다. 이 논의들은 조선과 조선 정부의 무능을 '민족성'의 본질에 따른 필연적 결과로 규정하면서 이것을 역사적으로 입증하려고 하였다. 이것은 결국 식민사학자들이 제시한 조선사의 정체성론이나 타율성론과 일맥상통하는 것으로서, 조선민족성을 고정불변의 것으로 못 박고 한일 간의 차이를[45] 입증하려는 것이었다.

일본의 '조선민족성' 담론은 특히 조선의 민족성에서 '현대적인' 민족성을 전혀 발견할 수 없다는 논리를 부각하면서, 조선이 일본 식민지로 전락한 원인이 근본적으로 '조선인 안'에 있다고 주장했다. 이러한 주장은 시간이 흐를수록 조선인들의 자기인식에도 적지 않은 영향을 끼쳤다. 한편에서 일본 제국이 획책하는 식민주의의 부당성을 주장하고 그들의 조선민족성 담론에 맞설 우리의 주체적인 저항 담론을 형성하는 동안, 다른 한편에서는 일본이 형성한 부정적인 조선민족성 상이 자연스럽게 조선인의 정체성 안으로 흘러들어 왔던 것이다. 그리고 이 와중에 3.1운동이 발발하자 일본은 식민주의적 시선에서[46] 조선민족성을 확고하게 부정적인 것으로 담론화하고 또 강화하려고 했다.

3.1운동의 저항에 큰 충격을 받은 일본인들은 한국의 지배를 더 효율

---

45. 이선이, 2012, 「근대 한국과 일본의 조선민족성 논의」, 이선이 외 지음, 『동아시아 근대 한국인론의 지형』, 소명출판, 17쪽에서 인용.
46. 조선총독부 자료로 『조선인의 사상과 성격』(1927년)이라는 비밀조사자료집이 대표적이다. 이 자료집에는 조선인에 의한 조선민족성 담론과 일본인에 의한 조선민족성 담론이 함께 수록되어 있지만 실제 내용은 식민주의적 시선이 깊이 투영된 것으로, 이러한 의도를 노골적으로 드러내지 않기 위해 당시 서양인의 조선인에 대한 인상도 함께 수록함으로써 자신들의 논리를 객관적으로 가공하는 여유도 보였다. 이선이, 앞의 글, 18쪽에서 인용.

적으로 하기 위해서 한국인들의 성격과 기질, 혹은 한국의 문화적인 특성을 이해할 필요를 느끼고 이에 대해 본격적인 조사 연구를 시행했다. 이는 대부분 역사학자나 조선총독부의[47] 식민지 관료들이 민속학적, 문화인류학적 접근을 통해 시행한 연구였다. 역사학에서는 한국인들의 '반도(半島)기질', 무속신앙, 귀신, 풍속 등에 대한 조사 연구를 수행하였고, 이를 통해 한국인들의 오랜 당파주의, 형식주의, 무속신앙 등을 주로 비판하였다. 요컨대 당시 일본인들의 한국 이해는 학문적 목적을 가진 것이라기보다는 식민지 통치술의 일환으로서,[48] 일본 상인의 진출을 위한 지원이었거나 혹은 식민지인 한국을 완전히 정복하기 위한 무(武)의 임무를 문(文)의 방식으로 지원하는 것이었다.[49] 이들은 역사적 연구를 통해 한민족의 열등성을 부각하여 한국인들이 식민지 체제를 받아들이게 만들고, 문화인류학적 연구를 통해 한국인의 심성을 이해한 후 이것을 식민 통치에 활용하려 하였다.

이렇듯 주로 식민지 통치기구인 조선총독부가 위탁하여 광범위하고 체계적으로 이루어진 연구에 기초하여 형성된, 한국인에 대한 일본의 시선은 제국주의자의 식민주의적 시선이 중심을 이루고 있어서 상당한 편견과 정치적 의도가 내포되어 있었다.

---

47. 조선총독부는 식민지 조선을 통치할 목적으로 조선의 다양한 측면에 대한 조사 연구를 조직, 후원, 장려하였다. 조선총독부는 약 35년간의 통치기간에 약 28,000여 책의 공문서를 남겼을 뿐만 아니라 특히 경성제국대학을 중심으로 한 조선사회 조사연구를 적극적으로 지원하였다. 송석원, 2012, 「제국의 시선이 포섭한 조선민족성」, 이선이 외 지음, 앞의 책, 90쪽에서 인용.
48. 전경수, 2004, 「식민지주의에서 점령지주의로」, 한국문화인류학회, 『한국문화인류학』, 105-149쪽 참조.
49. 박현수, 1998, 「한국문화에 대한 일제의 시각」, 서울대학교 비교문화연구소, 『비교문화연구』 4호, 35-77쪽 참조. 이는 사회나 문화에 대한 조사를 통해서 식민통치의 토대를 마련한다는 주장을 골자로 하는 문장적무비론(文裝的武備論)으로 불리는 입장이다.

일본인의 한국인론에 관한 가장 체계적인 논의는 경성제국대학 조선어문학과 교수로 재직했던 다카하시 도루(高橋亨)의 『식민지 조선인을 논하다』에서 이루어졌는데, 이것은 한국인들의 특성을 지식인의 사상을 중심으로 살펴본 대표적 저작이었다. 그는 서구 현대 제국주의의 식민지 침략과 지배의 기본 논리였던 '문명' 대 '야만'의 도식을 조선(인) 연구에 그대로 적용했는데, 주로 조선 유학 연구에 기초하여 제기된 그의 주장은 기본적으로 '조선정체성(停滯性)론'에 입각해 있었다. 이것은 '사상의 고착성과 종속성'을 조선의 대표적 심성으로 들면서, 조선 유학의 이러한 특징은 바로 한국인 특유의 민족성에 기인한다고 주장했다.

그 외에도 형식주의, 당파심, 문약함, 심미 관념의 결핍, 공사구별 없음, 관대함, 너그러움, 순종적임, 낙천적임 등을 한국민족성의 특징으로 제시하였다. 한마디로 조선민족성의 본질은 비주체성과 사대주의라고 본 것이다. 이것은 조선의 가치를 순응적, 소극적, 현실 긍정적인 것으로만 규정함으로써 저항적, 능동적, 현실 비판적인 요소를 배제하려는 의도를 깔고 있다. 그 논리의 골자는, 조선은 고유성과 유구함을 지닌 민족이기는 하나 국민성은 부족하여 현대적인 국민성 개조 작업이 필요하며, 조선인이 매우 순응적이기 때문에 개조 또한 가능하다는 것이었다. 결론적으로 그는 일본인이 동정심을 갖고서 조선인을 지도하여 일본인에게 동화시키고 향상시켜야 한다고 생각했다.[50]

한편 일반 한국인들의 습속은 주로 민속학의 연구 대상이 되었다. 아키바 다카시(秋葉隆)와 아무라 도모(今村鞆)의 조선 무속 연구, 무라야마 지준(村山智順)의 조선 귀신 연구, 에이타로 스즈끼(鈴木榮太郎) 등의 한국 마을 연구 등이 대표적이다. 이들은 민간신앙이나 무속 연구를 통해 운명론, 숙명론적 태도, 비이성적인 태도, 관료 선망적 태도, 의타주의

---

50. 다카하시 도루, 2010, 『식민지 조선인을 논하다』(구인모 옮김), 동국대학교 출판부.

등이 한국인들의 특징적 태도라고 요약했다. 무라야마 지준은 일본과 달리 역사적으로 봉건사회를 거치지 않아서 조선이 정체되었다는 역사관을 내세우면서, 한국인들이 유사 이래 불안한 생활을 계속해 왔기 때문에 의타주의적인 태도를 갖거나 귀신과 같은 불가사의한 존재에 의탁하려는 숙명적 태도를 갖게 되었다고 주장했다.[51]

이들은 한국인이 식민지 백성이 될 수밖에 없었던 이유를 일본 제국주의보다는 주로 조선(인)의 내적 요인에서 찾았다. 그들은 서구 제국주의의 시선을 그대로 받아들여 한국과 주변 아시아 국가에 적용하였는데, 여기서 조선은 일본의 지도하에 문명개화 혹은 현대화의 길을 걸어야 할 대상으로 묘사되었다. 특히 야나기 무네요시(柳宗悅)는 조선의 선(線)의 미에 대해 극찬을 아끼지 않았지만, 이것은 '암울하고 비참하고 공포에 찬 역사'가 사랑을 갈구하게 했기 때문이었다고 주장했다. 그는 "조선 미학은 <슬픔과 한(恨)>, <비애미(悲愛美)>, <선(線)>의 그것이다. 형(形)도 색(色)도 아닌 바로 이 선(線)이다. 해서 <그 선의 비사(秘史)>를 모르고선 조선인을 알 수 없다"고 보았다.[52] 야나기와 같은 일본 학자들은 겉으로는 한(恨)의 문화 등을 강조하면서 중립적인 시각에서 조선의 문화를 바라보거나 또 그 장점을 칭찬하는 것처럼 보였으나, 속으로는 서양과 동양이라는 서양의 이분법적 사고를 그대로 차용하여 단점을

---

51. 남근우, 2013, 「일본인의 조선민속학과 식민주의」, 윤해동·이소마에 준이치, 『종교와 식민지 근대: 한국 종교의 내면화 정치화는 어떻게 진행되었나』, 책과함께, 321쪽.
52. 야나기 무네요시, 1985, 『조선과 예술』, 범우사; 아끼바 다까시, 1987, 『조선무속의 현지연구』, 계명대학교출판부. 야나기는 일본제국주의를 다소의 과오는 있으나 근본적으로 선진(先進)이고 선(善)이라고 보았다. 그는 일제의 무단통치는 비판했으나 식민지배 자체는 긍정했다. 다만 총칼이 아니라 정(情)과 예술, 종교를 통해 부드러운 방법으로 피식민자들을 어루만져 그들이 자발적으로 일본통치를 받아들이게 만들어야 한다고 역설했다. 한승동, '야나기는 진정 조선 예술을 사랑했을까?', 『한겨레』, 2007. 9. 28.

부각시키고자 하였다. 이런 점에서 그의 시각은 '번역된 하위 오리엔탈리즘'—오리엔탈리즘의 아류—에서 벗어나지 못하였다.[53] 말하자면 화가 고갱이 타히티의 풍경을 그리면서 '원시', '순수', '자연'을 찬양한 것은, 서양의 문명이나 이성을 동양의 원시나 자연과 대비시키는 서양의 관점에서 보는, 외부인으로서의 '놀이'에 불과하다는 것이다. 이런 맥락에서 야나기와 같은 일본 학자들의 시각은 서구 지향적 사고의 차용일 뿐이며 정치적 맥락을 철저히 지워버린다고 비판받는다.[54]

종합해 보면, 일제 강점기 일본의 '한국인론'은 주로 한국이 왜 일본의 식민지 지배를 받아들일 수밖에 없는지를 입증하기 위해, 한국 문화나 습속의 부정적 특징을 집중적으로 부각시킨 것임을 알 수 있다.[55] 일본인들이 한국인들에게 이러한 부정적 특징을 부과하려고 한 것은 황성모가 '정신적 토벌'이라고 불렀던 과정이었다.[56] 현대화 초기의 대다수 일본 지식인들의 사고는 주로 스펜서나 다윈의 진화론에 기초해 있었는데, 진화론적 관점에서 보면 조선이 일본의 식민지가 된 것은 자연적인 도태이다. 이러한 관점에서 일본은 조선을 왜곡·비하하여 침략을 정당화하려고 하였고, 이러한 태도는 일제의 식민지배 기간 내내 일관되게 지속되었다. 그리고 이것은 이후 다양한 한국인론, 심지어 한국인들의 한국인론에도 깊은 부정적 흔적을 남겼다.

---

53. 이해영, "'동아시아론'과 진보: 몇 가지 테제', 『프레시안』, 2013. 12. 28.
54. 전대호, 2016, 『철학은 뿔이다: 어느 헤겔주의자의 우리 철학 뒤집어 읽기』, 북인더갭, 230-237쪽.
55. 야나기를 비판한 정일성은 "오늘날까지도 야나기가 우리 민족에게 씌운 한의 명에를 떨쳐버리지 못하고 있다"고 비판하였다. 정일성, 2007, 『야나기 무네요시의 두 얼굴』, 지식산업사.
56. 황성모, 1990, 「일제하 지식인의 사회사」, 『일제 식민통치와 사회구조의 변화』, 정신문화연구원.

(3) 해방 후 외국인이 본 한국인

1945년 해방이 되었지만, 한국과 한국인을 바라보는 외국인의 시선은 크게 달라지지 않았다. 그들에게 한국은 여전히 낯설고 세계에서 가장 가난한 나라로 특별한 호기심의 대상이 아니었다. 한국은 세계대전 후 출현한 수많은 신생국가 중 하나였고 경제적으로나 정치적으로나 어려움을 겪던 불안한 나라였는데, 특히 한국전쟁으로 인해 한국을 보는 외국인들의 시선은 더욱 불안으로 가득 찼다.

1951년 미국 학자 오스굿(Cornelius Osgood)이 강화도에서 연구한 인류학적 보고서인 *The Koreans and their Culture*에는 한국인의 성격이 이렇게 기술되어 있다.[57]

"한국인은 극동에서 가장 종교적인(무속적인) 민족으로 태어난 것 같다. 한국인은 천성상 몸에 사무치는 폭력성을 지닌 국민이다. 특히 주위 환경과의 끊임없는 투쟁 속에서 살아남기 위해서도 그러했으리라고 본다. … (중략)… 한국인의 성격의 원형은 상당한 정서적 불안정감을 가진 내향적 개인들이다. 마치 동면하는 곰의 침묵과도 같고, 화난 호랑이의 분노가 잠잠히 참고 있는 것 같은 무서운 면을 가지고 있기도 하다. 한국인들은 가끔 이 지구상에서 가장 게으른 사람으로 다루어지기도 하고, 또 다음 순간 놀라운 정도로 부지런한 노동자요, 달리기 선수요, 운반자로 초인적 힘을 과시하는 사람으로 칭송받기도 한다. 이런 특징은 양자택일적인 특징이기보다는 양면성이라고 할 수 있는 보상적인 특징이라 할 수 있다. 한국

---

57. C. Osgood, 1951, *The Koreans and Their Culture*, The Ronald Press. 김재은, 1987, 『한국인의 의식과 행동양식』(한국문화연구원 한국문화총서 12), 이화여자대학교 출판부, 155쪽에서 재인용.

인은 형식을 무척 좋아한다. 선천적으로 정서적인 한국인은 폭발지점까지 억압당하기도 하지만, 기어이 폭발하면 효과보다는 소리가 더 요란한 경우가 많다. 정신분석학적인 분석으로 말한다면, 한국인의 성격은 구강단계의[58] 특성을 가지고 있다. 그리고 분명히 개척적인 특징을 가진 성격의 소유자이다."

오스굿의 아주 자세하고 정밀한 진술을 보면, 현대화된 외국인들에게는 산업화 이전 시기 한국인들이, 공격성과 내향성, 게으름과 부지런함, 안일과 나태, 낙관주의와 폭발성 등과 같이 대단히 양면적인 모습을 지닌 존재로 비추어졌음을 확인할 수 있다.

한편 1960년대 이후 산업화가 본격화된 시기에 한국 땅을 밟은 외국인들에게 한국인은 '마치 실성한 사람처럼' 일하는 사람들이었다. 그들은 "바쁘다 바빠"를 한국인의 특징적 모습으로 기억하였다. 대표적으로 메이(Jeffrey May)는 1960년대 한국에서 일어난 급속한 발전이 매우 미국적인 방식에 치우쳐있다고 비판하지만 그 성과는 높이 평가하고 있다. 그는 "미국에서 5년간 걸리는 개발이 한국에서는 6개월 만에 이루어졌다."라고 언급하면서 "한국 계획가와 학도들은 이상적이며, 유식하며, 열심히 일하는 사람들"이라고 호평했다.[59] 한국인 자신도 1960년대가 되

---

58. 프로이드의 정신분석학적 성격 이론에 의하면, 성격 발달은 유아기부터 청소년까지 5단계를 거치는 동안 성적 본능이 어떻게 충족되느냐에 따라 결정되는데, 이 단계 중 초기의 세 단계 즉, 구강기, 항문기, 남근기 단계가 성격 형성에 결정적인 역할을 한다. 구강 단계는 생후 18개월(혹은 1년)까지에 해당한다. '구강적 성격'은 지나치게 많은 시간 젖을 물고 자라난 아이들이 안정감을 갖게 되지만, 그 대신 의존적인 태도를 버릴 수 없게 된다는 것이 특징이다. 이처럼 유아기 수유의 과잉 충족은 천하태평인 우유부단과 중상모략, 밀고, 잔소리 그리고 길에서 소리 지르며 싸우는 것 등 구강 성격의 악습을 형성시키는 것으로 요약할 수 있다. 장명수, '어린이개발(4) 성격·태도 형성', 『중앙일보』, 1969. 05. 08.
59. 제프리 메이, 1971, 「외국인이 본 한국의 도시문제 시리즈 (3): 한국 계획가의 가치

면 이전 시기보다 체념을 덜 하기 시작했고, 자신들을 다각적으로 인식하기 시작했다.

하지만 이 시기의 외국인들의 글을 보면, 그들의 눈에 비친 한국과 한국인의 모습은 이전 시기와 비교해서 크게 달라지지는 않았다. 이를테면 러트(Richard Rutt)는 그의 저서 『풍류한국』(1965)에서 한국인을 다음과 같이 묘사했는데, 그 뉘앙스는 앞서 보았던 일본에 의해 주조된 한국인론과 매우 흡사하다.

"한국 사람들은 자기 민족을 비판하면서 분쟁을 좋아한다. … 한국 사람들은 이해심이 많고 따뜻하게 대한다. 특히 다른 나라 사람에 대해 한국 사람들은 친절하고 융숭한 대접을 한다. … 한국인은 고전문학이나 현대영화, 가요 곡 등에서 대개 슬픈 것들을 좋아한다. 한국의 비극은 슬픈 상태를 봄으로써 얻는 느낌을 하나의 흐뭇한 취미로 삼는 경향이 있는데, 이 모든 것은 곤란한 상태에서 계속된 역사에서 기인한다. 한국 사람은 선물 주는 일을 매우 좋아한다. 크리스마스나 종교 축제일을 영적 차원에서 즐기는 것이 아니라 순간의 즐거움과 쾌락을 위해서 즐긴다."[60]

이처럼 외국인들이 본 한국인의 성격이나 태도에 대해 여동찬은 『외국인이 본 한국과 한국인』(1979)에서 다음과 같이 7가지로 요약하였다. "체질화된 자기비하, 말에도 서열이 있다, 배만 부르면 만사태평, 계절에 매인 생활, 울고 웃는 정서, 슬픔 속의 삶, 법규는 많아도 잘 지켜지지 않는다."[61]

관과 기법」, 한국도시행정협회, 『도시문제』 6권 3호, 61쪽.
60. 리처드 러트, 1965, 『風流韓國』, 신태양사. 김재은, 앞의 책, 151쪽에서 재인용.
61. 여동찬, 1979, 『외국인이 본 한국과 한국인』, 文理社. 김재은, 같은 책, 156-158쪽 참조하여 재인용.

그렇다면 이전에 한국을 강점했던 일본인들의 눈에는 산업화 이후 한국인들이 어떻게 비쳤을까? 일본 교토 통신 서울주재 특파원 기자 구로다 가쓰히로(黑田勝弘)는 『한국인 당신은 누구인가』(1983)에서 일본인의 한국관이 여전히 변화되지 않고 이어지고 있음을 보여준다. 그가 본 한국인은 다음과 같았다.

"한국인은 유목계의 고산족(高山族)성 문화를 가지고 있다. 직함을 중시하고, 감투 의식이 높고, 배경 의식이 강하다. 기후 탓인지는 몰라도 극단에서 극단으로 치닫고, 친족 호칭이 너무 복잡하다. 또 한국인은 인사에 인색하고, 억지춘향식의 무리한 논리를 내세우며, 흥분하기를 잘하며, 강렬한 개성을 가지고 있다. 강렬한 자기주장을 하고 실증적인 총괄 같은 것이 없다. 장기적 준비를 안 한다든가 변화에 대한 예측을 잘 하지 않는다. 한국인은 지연, 혈연, 학연이 판을 친다. 한국인은 눈치가 발달되어 있다. 면전복배(面前 腹背)의 이중성을 가지고 있다. 독단적인 데가 많다. 끈기가 있다. 너무 대(大)자를 좋아하는 과장성이 있다. 부적을 좋아하며 자녀의 대학 입시나 입사 시험에는 그 부적에 주문까지 곁들인다."[62]

한편 일제 패망, 즉 해방 직후 한국에 들어온 미국인들은 80년대 초까지도 한국과 한국인에 단편적인 인상만을 가지고 있었을 뿐 잘 모르고 있었다. 와트(William Watts)는 아시아인에 대한 미국인들의 인상을 여러 번 조사해서 발표했는데, 그중 「한국에 관한 연구 결과」(1979)[63]를 살펴보면, 한국에 대한 인상을 묻는 말에 미국인의 47%가 "정치적인 불안

---

62. 구로다 가쓰히로, 1983, 『한국인 당신은 누구인가』(조양욱 옮김), 모음사. 김재은, 같은 책, 159쪽에서 재인용.
63. William Watts et al., 1979, *Japan, Korea, and China: American Perceptions and Policies*, Lexington, MA: D. C. Heath and Company.

정성이 가장 인상에 남아 있다"고 말했고, 33%는 "한국은 지저분하다"고 생각하고 있었다. 70%가 한국인은 열심히 일하는 사람들이라고 보았고, 60%는 한국인이 흉내를 잘 내는 사람이라고 보았으며, 53%는 한국인이 검소하다고 보았다. 50%가 한국인은 평화적이라고 보았고, 41%는 호전적이라고 보았다. 특이한 점은 응답자의 46%가 한국인은 솔직하다고 보았고, 43%가 엉큼하다고 보았다는 점이다.[64]

(4) 종합: 외국인이 본 한국과 한국인

개항기 이후 100년여의 세월 동안 외국인이 본 한국과 한국인에 대한 인상의 기록들을 종합해 보면, 시기와 관점에 따라 한국인에 대한 긍정적 시선과 부정적 시선이 서로 교차하며 혼재되어 있음을 확인할 수 있다. 그런데 이러한 시선들은 대체로 자신들의 관점에서 벗어나지 못한 채 한국인의 성격이나 태도에 대해 과도한 일반화와 단순화를 하고 있다는 점에서 문제가 있지만, 다른 면에서 보면 한국인들이 스스로 생각하기 어려운 자신의 모습들을 객관적으로 되돌아보게 한다는 점에서 '스스로를 비춰보는 거울'을 제공했다고 생각할 수도 있다.

외국인의 시선에서 한국과 한국인에 대해 묘사한 다양한 사례들을 정리해보면 <표 2-1>과 같다.

<표 2-1>을 보면, 한국이나 한국인에 대한 외국인들의 인상이나 평가가 서로 상반되고 모순되는 경우들이 많음을 알 수 있다. 그래서 이러한 인상이나 평가들로는 다수의 한국인이 공유하는 성격이나 태도가 무엇인지를 확정하기가 쉽지 않다. 심지어 동일한 성격을 두고도 어떤 사람은 긍정적으로 평가하고 또 어떤 사람은 부정적으로 평가하기도 한다.

---

64. 같은 책, p.154

<표 2-1> 외국인의 한국과 한국인에 대한 긍정적, 부정적 묘사들

외국인의 시선으로 본 한국인의 긍정적 특성		외국인의 시선으로 본 한국인의 부정적 특성	
긍정적 특성	긍정적 언급 사례	부정적 언급 사례	부정적 특성
친절함	친절하다 낯선 사람 환대	무뚝뚝하다	무뚝뚝함
온순함, 정중함	온순하고 관대하다 선량하다 따뜻하다 정중하다	유약하다 여성처럼 여리다 매가리가 없고 여성스럽다	유약함
평화적, 정서적	평화적이다 잔인성이 덜하다 선천적으로 정서적이다	호전적이다 천성상 폭력적 분노를 참고 있는 것 같은 무서운 면이 있다	호전적, 폭력적
인정 많음	인정이 있다 자기 것을 나누는 인정 이웃을 잘 돕는다	동정을 잘 하지 않는다 은혜를 잘 잊는다	인정 없음
낙천적	낙천적이다	순간의 즐거움과 쾌락 추구 배만 부르면 만사태평 놀기 좋아한다	태만함
활동적	활기차다	원기가 없다 기개 없다 슬픈 것을 좋아한다	무기력함
호기심 강함	호기심 강하다	호기심(구경하기 좋아한다), 기웃거리기 소리가 요란하고 말이 많다	참견하기 좋아함, 요란함
흉내 잘 냄	흉내를 잘 낸다	모방성 강하다	모방적임
신속함	빠르다	'빨리' 등 속도를 재촉하는 단어가 20개나 된다	성급함
부지런함, 개척적	놀랄 정도로 부지런함 개척적이다	게으르다 의지와 진취성이 부족하다	게으름, 의지부족
유능함, 근면함	짐을 지는 능력, 짐 끄는 일을 동물처럼 완벽하게 해낸다 열심히 일 한다	흐리멍텅하고 답답한 인상이다 실성한 사람처럼 일한다 비능률적이다	우둔함, 비능률적임
검소함	검소하다	사치성이 강하다 허영심이 강하다	사치스러움
솔직함	솔직하다 음흉하지 않다 남 험담을 잘 안 한다	거짓말한다 속이는 경향 있다 엉큼하다 도둑질에 능하다	거짓말함, 엉큼함
도덕적 지조	도덕적 힘이 강하다	무저항주의	예속적

외국인의 시선으로 본 한국인의 긍정적 특성		외국인의 시선으로 본 한국인의 부정적 특성	
긍정적 특성	긍정적 언급 사례	부정적 언급 사례	부정적 특성
당당함	비겁하지 않다	겁쟁이-겁이 많다 비겁하다/용기가 없다 정서적 불안감을 가진 내향적 행동하는 것에 두려움	비겁함, 정서적 불안감, 두려움
자주적	자기 운명에 무심하지 않다	의존적이다 독립심 결여 부화뇌동 눈치를 잘 본다 체질화된 자기비하	의존적, 독립심 결여
똑똑함, 우수함	명민하고 똑똑하다 날카로운 지성, 비범한 지성 능숙하고 기민한 인지능력이 있다 현명한 추론 능력 놀랄 정도로 신속한 이해력 학습능력 탁월 외국어 습득능력 높다 어학 습득력이 좋고 빠르다 훌륭한 기억력 투지 있고 열성적으로 공부 거리를 습득한다 교육열이 강하다	우매하다 열등하다 우둔하다	우매함, 열등함
잘생김, 건강함	섬세한 용모 잘생김 체격이 좋다 근력이 좋다 질병 저항력이 좋다	더럽다. 지저분하다 비참하다	지저분함
질서 있음	질서 있다 치안 상황이 좋다	무질서하다 법규는 많아도 잘 지키지 않는다	무질서함
집안 존중	조상숭배 집안을 존중한다	지연, 학연, 혈연이 판을 친다 공사구별을 안 한다 부탁을 많이 한다 뇌물을 잘 준다	집단이기주의, 공공성 결여
애국적	애국적이다	자기민족 비판, 분쟁 좋아 한다 당파적이다	사대적, 당파적
종교적	종교적이다	무속신앙이 강하다	무속적
고유한 문화	고유문화가 있다 문자를 사용한다 빼어난 예술적 소양	남존여비 강하다 형식주의, 서열주의 사대적이다(사대주의)	가부장적, 권위주의적 문화

예를 들어 많은 외국인들은 한국인들이 '호기심 많다'고 평가하였다. 그런데 어떤 외국인은 이것을 긍정적으로 평가한 반면에, 또 다른 외국인은 구경에 관한 한 둘째가라면 서러울 정도로 기를 쓰고 달려든다고 하면서 한국인의 호기심을 '엿보기' 혹은 '기웃거리기'라고 부정적으로 평가한다. '창피당하는 것은 참을 수 있어도 궁금한 건 못 참는' 한국인의 지독한 호기심은 근래까지도 해외여행에서 흔히 보는 '어글리 코리안'(ugly Korean)의 행태를 낳은 주요한 요인으로 꼽히기도 했다.[65]

그런데 호기심이 다양한 아이디어로 나타나는 점은 긍정적이라고 할 수 있다. 1990년대 중반 이후 인터넷이 급속도로 확산하고 디지털문화가 보편화하면서 호기심 많은 '얼리 어댑터'(early adopter)라는 새로운 집단 또는 사회현상이 생겨났는데, 이러한 현상이 한국 소비자들에게서 특히 두드러지게 나타나면서 한국인의 호기심은 긍정적으로 조명받기도 하였다. 이른바 남보다 빨리 신제품을 사서 써봐야 직성이 풀리는 소비자집단을 지칭하는 '얼리 어댑터'들로 인해 소비자의 수요에 맞춘 발빠른 신제품 개발이 이뤄졌고, 이것이 한국에서 세계 최초의 카메라 폰, TV폰, 가로화면 폰 등을 만들어내도록 추동했다는 것이다. 요컨대 '호기심'이라는 한국인의 특성을 이어받은 이들의 행동과 참여가 인터넷과 디지털 산업의 비약적인 성장에 크게 이바지했다는 것이다.

이러한 해석을 뒷받침해주듯, 프랑스 소설가 베르나르 베르베르는 2004년 경향신문 인터뷰에서 "한국인은 '호기심'에 가득 차 있다. 어린 아이 같은 열린 눈과 열린 마음으로 새로움을 추구한다."라고 말했다.[66] 한국인의 호기심은 이제 구차하고 무례한 악취미에서 창조를 자극하는 역동적 에너지로 평가되기 시작했으며, 이것은 한국인 스스로에게도 그

---

65. 경향신문 특별취재팀, 2006, 『우리도 몰랐던 한국의 힘』, 한스미디어, 24-28쪽 참조.
66. 같은 책, 27쪽.

렇게 비치도록 했다.

한국인의 '모방성' 역시 양가적인 의미로 지적되었다. 외국인들의 눈에 비친 한국인들의 모방성은 재미나 흉내 내기라는 긍정적인 의미로 평가되기도 하지만, 주로 '남의 것을 베낀다(슬쩍한다)'는 강한 부정적 뉘앙스를 지녔다. 그런데 오늘날 한국인의 모방성은, 비록 남의 것을 베끼는 것으로 시작했지만, 새로운 것을 만드는 융합과 창조의 밑바탕이자 역동성의 원천으로 평가되고 있다.[67] 20세기 말부터 세계적 경쟁력을 가진 주력 산업으로 평가받는 조선, 철강, 자동차 등의 산업들은 이러한 한국인의 모방을 통한 재창조 과정이 있었기에 가능했다.

한편 부정적 의미에서 긍정적 의미로 평가가 전환된 성격이나 태도로는 '빨리빨리'가 있다. '빨리빨리'는 한국인에게 붙어 다니는 세계적인 부정적 꼬리표였다. 1900년대 초에 잭 런던은 "한국인은 몹시 게으르다. (그래서) 빨리, 냉큼, 얼른, 속히 등 속도를 재촉하는 단어가 무려 스무 개나 된다."고 하면서, 한국인의 게으름과 느린 근성에 대해서 개탄했다. 그런데 100년 지난 뒤에 세계는 한국인이 괄목할만한 성장을 가능하게 한 긍정적 요인들 중 하나가 한국인의 '빨리빨리' 근성이라고 말하고 있다.[68]

지금까지 살펴본 몇 가지 예는 1900년대 전후부터 100년여가 지나는 동안 한국인 특성이라고 얘기되었던 것들이, 보는 이의 시선에 따라 또는 시대적 상황에 따라 어떤 때는 긍정적으로 또 어떤 때는 부정적으로 평가되어왔음을 보여준다. 게다가 이러한 특성 자체도 시대나 상황에 따라 변하는 것이다. 결론적으로 보면, 개항기를 전후해서 나오기 시작한, 한국인의 특성에 대한 외국인들의 평가들이 얼마나 타당한지는 조

---

67. 이원재, 2007, 『한국경제 하이에나를 죽여라』, 더난출판.
68. 경향신문 특별취재팀, 앞의 책, 76쪽과 79쪽.

심스럽게 판단할 필요가 있다. 무엇보다도 제국주의적 침략자 또는 개입자로서 서양인이나 일본인의 시선은 타당성을 지니기 어려우며, 더구나 역사적, 사회적 조건을 무시한 단순한 인상만으로 한국인의 특성을 판단하는 것은 객관성을 지닐 수 없다. 그렇다고 해서 이들의 시선이 한국인들의 성격을 전혀 잘못 판단하고 있다고 한꺼번에 내치는 것도 타당하지는 않다. 그들의 시선과 평가 속에는 그들이 만나서 경험했던 개별 한국인들에 대한 타당한 판단들이 존재할 수 있기 때문이다. 비록 그들의 평가가 한국인 일반의 특성을 보여주지 못하고 일면적일 뿐이라고 하더라도 한국인의 특성을 이해하는 데 충분히 참고할 수 있다. 그래서 한국인의 특성을 평가한 외국인들의 시선을 해석하는 다양한 시각들을 고려하면서, 좀 더 종합적이고 객관적인 시각을 통해 한국인의 특성을 이해하고 해석하려는 노력이 필요하다고 하겠다.

2. 한국인의 눈에 비친 한국인

앞서 보았듯이, 외국인에 의해 부정적으로 묘사되었던 한국인의 성격들 중 호기심, 모방성, '빨리빨리'와 같은 것들은 오늘날 한국인의 역동성의 원천으로서 긍정적으로 평가되고 있다. 하지만 이렇게 시선과 평가가 바뀌기 시작한 것은 그리 오래지 않았다. 과거에 한국인의 성격이라고 지목된 것 중에는 아이러니하게도 이렇게 편향된 시선으로 언급되거나 부정적으로 평가된 것들이 많다. 물론 그렇다고 해서 이것들을 전적으로 긍정적이라고 평가해야 하는 것도 아닐 것이다.

이러한 한국인의 성격들에 대해 여전히 부정적인 견해가 적지 않은데, 이 대목에서 생각해봐야 할 점은, 이러한 부정적 평가가 꽤 깊고 오랜 역사적, 지적 맥락을 가지고 있다는 사실이다. 어찌 보면 오랫동안 한국인들의 뇌리에 심어져 왔을지도 모른다. 사실 고전이든 현대이든 서양의 사회이론의 역사에서 동양(東洋)은, 늘 정치적으로 억압적이고 후진적인 사회, 정체(停滯)와 불변의 사회체계로 인식되었다. 아리스토텔레스는 동양적 전제주의(Oriental despotism)라고 경멸하였고, 헤겔(G. W. Hegel)은 『역사철학 강의』의 서두에서 중국 역사의 불변성, 순환성을 서구의 진보적·직선적 역사와 대비시켰다. 마르크스의 아시아적 생산양식론을 이어받아 발전시킨 비트포겔(K. A. Wittvogel)이나, 『유교와 도교』에서 일종의 '자본주의 좌절론'을 제시한 베버(Max Weber) 등 서양의 많은 학자들이 아시아 사회를 정체된 사회로 규정해왔다.

이처럼 비서구사회 전체는 서양의 범(汎)오리엔탈리즘의 그늘 아래에 놓여있었는데, 그중에서도 한국 사회는 더 부정적인 시선에 노출되어 있었다. 그 이유는 무엇보다도 근현대 한국 사회가 주권 상실, 즉 개항이나 식민지화와 함께 서구적 현대화의 길에 들어서게 되었다는 것이다. 그 결과 자율적으로 서구문물을 수용하며 현대화로 나아가는 길이 막혀버렸고, 서양 제국주의 세력들의 침략과 일제의 식민지화에 무방비 상태로 노출되어버렸다. 이에 따라 구한말 이래 깨어있던 지식인들과 민중은, 우월한 물리력을 기반으로 정신과 문화를 식민화하려는 서구열강 및 일제에 대항하여 스스로를 정신적으로 정립해야 한다는 생각에 몰두하기 시작했다. 그래서 초기 한국인들의 '한국인론'은 일본인들의 '일본인론'과는 달리 자기비판에서부터 시작할 수밖에 없었다.[69]

비록 일제 강점기에는 일본의 조선인 비하 담론에 맞서야할 필요성 때문에 한국인의 부정적 측면을 지나치게 부각하는 방식이 자제되었지만, 해방 이후에는 서구적 현대화 담론이 우세한 지적·사회적 분위기 속에서 한국인의 상대적 열등함이 더 강조되기 시작했다. 이것은 일제에 대한 원한과 그것을 허용한 스스로에 대한 혐오와 경멸이 사람들의 심층 심리 속에 자리하고 있었기 때문이었다. 지적 담론이건 혹은 일반대중의 담론이나 언론 시평이건, 한국인의 자의식과 자기평가는 역사적으로 대부분 이처럼 피해의식이 낳은 격심한 내적 갈등과 긴장 하에 놓여있었다. 따라서 대체로 부정은 있으나 긍정은 거의 없는 양상이었다. 요컨대 '한국인은 어떤 존재인가'라는 질문은 격동의 한국 근현대사가 모두 어우러져 만들어낸 지적, 감정적 파장에 깊이 채색된 채 제기될 수밖에 없었다.

바로 이러한 강렬한 내적·감정적 콤플렉스가 "한국적 정체성을 구성하는 것이 과연 무엇인가?"라는 질문을 자신에게 끊임없이 던지게 하는 동시에, 그 논의를 격렬한 감정과 주관에 휩싸이게 함으로써, 이 질문에 차분하게 객관적, 지적으로 접근하는 것을 어렵게 한 결정적 요인이었다. 이로 인해 한국인의 특징적 성격과 행위양식에 관한 논의는, 활용하

---

69. 정수복, 2007, 『한국인의 문화적 문법』, 생각의 나무, 90-91쪽.

는 개념에 대한 명확한 정의도 인과관계 주장에 대한 면밀한 경험적 규명도 없이, 때로는 '냄비근성'으로 한국인을 총체적으로 부정적, 후진적 존재로 폄하하고, 때로는 반대로 '한강의 기적'을 달성한 경제성장의 역군으로 온통 미화하는 등 양극단의 주장에 지배되는 경우가 많았다. 그래서 이러한 사회적, 지적 배경을 유념하면서, 한국인이 스스로 바라보는 한국과 한국인에 관한 논의, 즉 한국인의 한국인론을 검토해보아야 할 것이다.

(1) 현대적 한국인론의 출발점: 식민지 지배에 대응한 '조선인론'

우리가 역사적으로 어떻게 다른 민족과 구분하여 자신을 '조선인'(=한국인)으로 인식하게 되었고 또 거기에 어떤 의미를 부여해왔는지를 자세히 고찰하는 것은, 한국인의 정체성 및 사회적 성격 형성의 역사적 과정을 이해하고 또 그 속에 담긴 역동성을 성찰해 보는 계기가 된다는 점에서 의미가 매우 크다. 그런데 문제는 조선을 침략한 서양인과 일본인이 먼저 조선과 조선인에 대한 담론을 만들어냈고, 이로 인해 조선인들 자신의 조선인론은 앞선 담론에 반응하는(reactionary) 담론, 즉 반론(反論)으로 제기되었다는 점이다. 그래서 조선인의 조선인론은 무엇보다도 거짓된 인식을 비로잡겠다는 저항과 냉목적 우월감의 강변이라는 형식을 띠게 되었으며, 그 와중에 대항하고자 했던 담론을 일부 수용하거나 전유하기도 하였다.

식민지배를 정당화하기 위한 조선총독부의 비하적인 한국인론에 대항하여 한국인이 스스로 한국인론을 본격적으로 표출하기 시작한 것은, 3.1운동의 좌절을 경험하면서부터였고, 이때 비로소 자신에 대한 객관적이고 총체적인 재인식의 노력이 등장했다. 그 대표적인 예로 이돈화의 「조선인의 민족성을 논하노라」(1920), 이광수의 「민족개조론」(1922), 『개벽』지의 특집 「조선의 자랑」(1925), 최남선의 「역사를 통하여서 보는 조선인」(1928)을 꼽을 수 있다. 당시 한국인들 내부에서 이루어진 한국인의 민족성이나 한국 문화의 특성 등에 관한 논의는, 3.1운동의 좌절 이후 독립 투쟁의 노선과 방법을 둘러싼 내부의 논쟁과 중첩되어 있었다. 그래서 당시 다양한 방향으로 제기된 '조선민족개조론'에서는 관점에 따라 민족주의 우파와 좌파 사이에 약간의 온도차가 존재했다.

민족주의 우파는 조선민족의 열등성을 강조하면서 독립이 아직 시기상조라고 보았고, 이에 따라 일제의 식민지배를 받아들이면서 미래를 위해 문화와 교육을 통해 힘을 기르자는 '자치론'을 내세웠다. 이러한 입장의 대표적 인물은 이광수, 최남선 등이었다. 사실 개항 초기부터 일본 관학자들의 사상적 영향 아래 있던 한국의 학생이나 지식인들은 제국주의 일본의 현대주의적 시각, 즉 일제가 자신의 식민지배를 합리화하기 위해 동원한 서양의 역사관이나 이론을 거의 그대로 받아들였다는 점에서 이러한 시각을 어느 정도 드러내고 있었다. 식민지 시기 이광수의 '민족개조론', 윤치호 등의 '한국문화의 후진성론'은 바로 일본인들의 시각을 적극적으로 수용하여 무장 항일투쟁의 무의미함, 무모함을 비판하고 당분간 일본의 지배를 수용하고 그 속에서 길을 찾자는 일제의 식민주의 논리를 답습하는 것이었다.

특히 이광수는 조선민족의 열등성을 논하면서 '민족개조', '민족성의 개조'를 내세웠고, 조선민족의 부정적 특성인 허위, 나태, 비사회성, 경제적 쇠약, 과학의 부진 등을 지적하면서, 이것은 우리 민족의 근본적 성격이 아닌 부속적 성격이므로 개조가 가능하다고 주장했다.[70] 이광수의

---

70. 최강민, 2011, 「1920년대 민족주의자들의 우리민족성 인식」, 이선이 외 지음, 앞의 책, 소명출판, 39쪽.

민족개조론은, 조선인의 열등성을 수용하고 개인의 윤리적, 심리적 태도의 변혁과 교육을 통해 그것을 극복하자는 주장의 전형적인 예였다. 이러한 주장들은, 겉으로 드러나는 조선인들의 의식과 태도의 문제점에 대해 조선 시대의 신분차별이나 일제의 식민지배라는 역사적 조건으로 인해 생겨났을 수 있다는 점을 고려하지 않은 채, 마치 초역사적, 고정불변의 현상인 것처럼 묘사하여 자민족 비하의 태도나 문화결정론의 사고에 빠져버렸다는 비판을 받았다.[71] 한편 최남선은 문화적 민족주의에 더욱 천착하면서 단군 신화의 발견 등 과거의 역사를 돌아보며 일본에 의해 잃어버린 조선민족의 정체(正體)를 되찾을 것을 주장하였으나, 식민지 말기에는 일본이 내세운 일선동조(日鮮同祖)론과 일본의 민족 말살 정책을 지지하였고, 결국 일본 제국주의의 침략전쟁을 지지하는 친일의 길로 나아가게 되었다.[72]

요약하면 이광수를 비롯한 민족개조론자들에게 있어서 조선의 것은 '낡은 것=퇴행=열등한 것'이었고, 따라서 '조선의 것'으로부터의 탈피가 곧 현대성으로 인식되었다. 이에 따라 1920년대 조선민족개조 담론은 전반적으로 열등성론이 주류를 형성하게 되었고, 조선(인)은 현대성 관점에 입각하여 개조되어야 한다는 주장이 우세하게 되었다. 이러한 조선민족 열등성론은 패배주의나 허무주의와 연결되었는데, 1920년대 초반 문난을 휩쓴 퇴폐적 낭만주의와 감상적 상징주의는 조선민족의 열등함이라는 자기인식과 독립의 실패가 낳은 좌절감이 반영된 퇴행적 결과물이었다.

한편 식민지배하에서 독립운동에 직접 가담했던 민족주의, 혹은 좌파

---

71. 김광억, 1998, 앞의 글, 91쪽.
72. 심희찬, 2013, 「방법으로서 최남선—보편성을 정초하는 식민지」, 윤해동·이소마에 준이치, 앞의 책, 책과함께.

지식인들은 민족문화의 독자성, 혹은 일본에 대한 조선의 우월성을 강조하는 경향이 있었다. 일례로 정인보는 『5천 년 조선의 얼』에서 일본의 식민주의 역사학을 정면으로 반박하는 역사서술을 하였다. 그는 조선의 '얼'에 주목하면서 일본보다 우월한 정신적 줄기가 있음을 강조하였다. 중도파 민족주의자였던 안재홍은 1926년 『조선일보』 사설에서 조선민족의 열등성을 인정하지만, 그것이 민족개조를 말하기 위함이 아니라 조선의 민족성이 지닌 용맹성, 기백, 투쟁성을 강조하기 위한 것이라고 말하였다. 그는 조선민족성이 겉 다르고 속 다른 이중, 삼중 인격성, 사대주의, 천박, 편협과 현금주의(現金主義) 태도 등의 문제점을 갖고 있다는 점을 인정하였지만, 그것이 고구려 패망 이후 한민족의 생활권이 한반도로 축소된 이후에 발생한 결과라고 말했다. 그는 조선인이 원래 나약하고 유약한 민족이 아니라 용맹성과 강함을 갖고 있었음을 강조하면서, 근세에 와서 국민 의식이 크게 추락하여 국민 도의가 땅에 떨어지고 그 위대한 본질을 잃어버리게 되었다고 진단했다.[73] 안재홍에 따르면, 조선인들은 일제의 침탈 속에 전후를 살필 심리적 여유가 없고 주변 사람의 처지를 선의로 이해할 아량도 없게 되었기 때문에 "일체를 냉소하고 일체를 비난하고 일체를 부인하고 일체를 파괴하려는 가장 우려할 심리적 위기에" 빠졌다는 것이다.[74]

당시 이들 민족주의 학자들은 민족성론을 개진하면서 한국의 신화나 전설, 역사서, 한국어 분석을 주요 자료와 연구 방법론으로 채택하였다.

---

73. 안재홍, 1983, 「한국과 한국인」, 안재홍 선집간행위원회 편, 『민세안재홍 선집2』, 지식산업사. 안재홍은 조선을 동방예의지국이라고 자꾸 강조하는 태도를 비투쟁성과 문약한 소극주의라고 비판하며, 고구려와 발해에서 보여주었던 강하고 용감한 대기백의 민족성이 필요하다고 주장하였다. 그는 또한 긍정적인 조선의 민족성으로 간주되는 투쟁성을 강조하면서 피압박민족의 체제 저항을 촉구했다. 최강민, 앞의 글, 48-49쪽.
74. 최강민, 같은 글, 50쪽에서 재인용.

이들의 작업은 일제의 식민지 통치에 저항하여 조선 민족의 정체성과 문화적 뿌리를 일깨우고 보존하기 위한 시도였다.[75]

한편 1932년 조선민속학회 창립 멤버였던 손진태, 송석하 등 학자들은 일제가 부추긴 부정적, 비관적 민족관은 물론, 그것에 대항하는 민족주의의 관점 모두를 지양하면서, 조선의 민속이나 문화를 과학적인 방법에 입각해서 있는 그대로 관찰하고 분석할 것을 강조하였다. 손진태는 삼국시대 조선인은 무예를 매우 중시하였고, 외세의 침입을 여러 번 받았으나 한 번도 주권을 완전히 상실하지는 않았다는 점을 강조하면서, 양반 귀족의 지배와 착취가 조선인들을 수동적이며 생산에 소극적인 존재로 만들었다고 강조했다. 그는 조선의 미술 공예는 평화적이지만 굴종적이지 않으며, 자유가 농후하게 표현되어 있다고 보았다. 음악·무용·문학에서도 교양 높은 선비의 유유자적함과 고상한 유머가 인상적인데, 이는 조선인이 독창적이고 평화적이며 종교적이고 철학적인 존재로, 극히 침착하고 자존심이 강한 민족임을 드러내 준다고 보았다.[76] 그는 설화와 종교 문화 등을 연구하면서 조선인의 마음에 특히 관심을 두었고, 조선민족 특유의 감정 체계를 이해해서 잘 보존해야 한다고 주장했다.[77]

그러나 일반적으로 보면, 한국인의 정체성과 성격을 둘러싼 일본 학자들과 한국 학사들 산의 논쟁은, 일제 식민지 통치라는 정치적 조건으로 인해 애초부터 대등한 지평에서 전개될 수 없었고, 또 순수한 학술적

---

75. 김광억, 1998, 앞의 글, 109쪽.
76. 손진태, 2002, 『우리의 민속과 역사』(남창 손진태 선생 유고집 2), 고려대학교 박물관, 12-14쪽.
77. 그러나 손진태는 센티멘털리즘에 서서 민족문화론을 전개해서는 안 되며, 과학적인 인식과 방법으로 민족문화를 연구해야 한다고 주장했다. 김광억, 1998, 앞의 글, 106쪽.

논쟁이 되기도 어려웠다. 일본인들의 한국인론이 지배의 수단이었다고 한다면, 이에 저항해야 하는 한국인들의 주장 역시 독립을 위한 정당화 근거를 찾는다는 목적을 지니지 않을 수 없었다. 1930년대 중반까지 일본과 조선의 지식인들 눈에 비친 조선인의 표상은 긍정과 부정으로 상반된 모습을 보여주었지만, 조선 지식인의 긍정적 자기인식도 식민지 상황으로 인해 굴절을 겪게 되어 주체적인 자기 표상을 정립했다고 보기 어렵다.

그런데 이러한 상황마저도 이후 일본 식민지배가 군국주의적 방향으로 전환하면서 급속히 변해갔다. 1920년대의 논의가 조선민족성에 대한 부정과 긍정의 양면적 인식 속에서 주체성을 찾고자 노력하면서 조선민족성 담론의 현대적 원형을 만들어갔다면, 1930년대 중반에 접어들면서 민족성 담론은 서서히 제국주의적 통치 이데올로기에 일방적으로 흡수되는 양상으로 변해갔다. 1930년대 초반에는 사회주의 이론이 저항담론을 주도하면서 잠시 조선민족성 담론이 약해졌다면, 1930년대 중반 이후에는 일본의 '대동아(太平洋)전쟁' 시기로 접어들면서 친일적인 민족성 담론이 노골적으로 부상하기 시작했다. 이러한 흐름은 김태준의 『조선소설사』(1933)에서 숙명론적 인생관과 질투심 및 시기심의 민족성론으로, 그리고 현영섭의 『조선인이 나아갈 길』(1938)에서 일선동조론에 근거한 조선민족성 개조론 등으로 나타났다.

(2) 해방, 한국전쟁, 그리고 이승만 정부 전후 시기의 한국인론

일제로부터 해방된 후에도 한국과 한국인의 삶은 결코 순탄치 않았다. 온전한 주권을 가진 국민국가를 세우고 국민을 새 국가의 주체로 만드는 일이 요청되었지만, 분단과 전쟁은 이러한 길을 방해했다. 해방공

간에서의 논쟁과 혼란 속에서 1948년에 수립된 남한 단독정부는 이승만을 중심으로 하는 친일 반공주의 우파세력에 의해 장악되면서 국민통합을 이루지 못했다. 물론 농지개혁으로 농민들의 불만을 상당히 누그러뜨렸지만 1950년 한국전쟁 발발로 혼란을 겪는 도중에도 불법과 부정부패로 정권을 유지하고자 함에 따라 국가는 무능으로 국민에게 신뢰를 얻지 못했다. 휴전 이후에는 전쟁의 피해복구와 국민구호, 경제자립 등 시급한 국가적 과제를 제대로 수행하지 못하고, 권위주의·반공주의 통치를 통해 권력을 연장하는 데 몰두하면서 국민들의 생존을 위한 적극적인 정책을 펼치지 못했다. 정부는 부패했고, 국민들은 이념적으로 억압당하거나 각자도생하도록 내버려졌다. 국가는 존재했지만 희망은 보이지 않았다.

1960년대 초까지 한국사회에 대한 작가들의 기본적인 태도는 "잘 돌아갈 턱이 없지"라는 냉소였다. 이는 과거 유럽에서 민족차별을 당한 아일랜드인들이 스스로에 대해 가진 태도와 비슷하게 비쳤는데, 당시 한국소설 속의 등장인물들 역시 잘 돌아가지 않는 조국에서 자신들의 삶도 마찬가지라고 느낀 무기력하고 소외된 개인들이었다. 그 결과로 등장한 것이 대단히 한국적인 개념인 '한(恨)'이었다. 이것은 좌절과 분노의 감정이 결합한 복합적인 뉘앙스를 가진 말이었다. 1950년대까지도 거의 모든 한국인은 각자 '한'을 품고 사는 것으로 그려졌다. 소설 속의 인간들은 사회나 환경에 대항하여 투쟁하고 싸우기도 전에 미리 포기하는 경우가 많았다. 이 당시 단편소설에서는 대립보다 용서와 화해를 앞세웠고, 비극적 종말이 다가오기 전에 체념 속의 평화를 찾으려 하였다. 그래서 주인공들은 대부분 싸워보기도 전에 포기하고 물러나는, 체념하는 인간들로 그려졌다.[78]

---

78. Chung Chong-Wha(ed.), 1995, "Introduction to Modern Korean Literature",

해방 후 역사학계는 식민지 체제에서 일본인들이 구축한 식민사관, 특히 '조선인론', '조선인 성격'론에 대한 비판에 주력하였다. 여기서는 일본인들이 강조했던 조선의 정체됨, 타율성, 반도기질 등의 주장에 대한 비판이 대부분이었는데, 이기백, 이태진, 강진철 등이 비판의 포문을 연 대표적인 학자들이었다.[79]

이기백은 『국사신론』(1961)에서 처음으로 일본의 식민사관을 비판했다. 그는 '반도성격'론이 지리 결정론이라고 비판하면서 한국인의 역사적 무대가 한반도가 된 것은 고려 시대 이후에 불과하며, 조선인들은 그 이후에도 끈질기게 외세에 항거해 왔다는 점을 지적했다. 하지만 그는 일본인 학자들이 한국인을 묘사한 '반도성격'론 그 자체가 한국인을 제대로 특징지을 수 없다는 사실을 본격적으로 논증하지는 않았다. 한편 이태진은 일본인들이 제기한 당파성론을 주로 비판하고 있다. 조선 후기의 정치가 과도한 당쟁으로 일관했다는 것은 구한말의 이건창도 지적한 바 있는데,[80] 이건창은 당쟁을 권력투쟁의 한 양태로서 다루었다. 일본인들이 조선시대 당쟁사를 보는 시각은 조선의 당파들이 '공당(公黨)'이 아니라 사적 이해를 다투는 '붕당(朋黨)'의 특징을 띤다는 것이 핵심이었다. 그러나 이태진은, '붕당'을 사적 이해를 다투는 파당으로 규정하고 또 조선 정치사를 이들 간의 다툼인 당쟁으로 보는 것은 잘못이라고 지적하면서, 붕당 정치의 긍정적인 측면을 강조하였다. 이러한 비판들이 제기된 이후로 조선인론, 한국인론에 대한 역사학계의 비판은 대체로

Modern Korean literature: An Anthology, 1908-65, London: Kegan Paul International, pp.25-41.
79. 이기백, 1987, 「반도적 성격론 비판」, 『한국사시민강좌』 제1집; 강진철, 1987, 「정체성이론 비판」, 같은 책; 이태진, 1987, 「당파성론 비판」, 같은 책.
80. 이건창, 2007, 『당의통략』(이근호 옮김), 지만지고전천줄. 소론계에 속했던 이건창은 이 책에서 조선의 당쟁이 격화된 8가지 이유를 들고 있다.

식민사관의 극복이라는 공통의 전제 위에서 전개되었다.

해방 후 민속학, 문화인류학에서도 과거 일본인들의 한국인론, 한국문화론 연구들을 비판적으로 반추하면서 한국인의 특성을 탐구하는 작업을 진행하였다.[81] 박현수는 일제 강점기 일본인들에 의해 진행된 조선(인)연구가 침략의 동기를 품으며 시기별로 상이한 양상으로 전개된 사실을 강조하고 그 계보를 정리하였다.[82] 김광억, 전경수 등 인류학자들도 식민지 시기 한국 지식인들의 한국문화 연구, 조선인(한국인)론에 대해 비판적으로 논평했다.[83] 이들은 일본인들의 조선문화론 대부분이 문명/야만, 현대/전근대의 이분법에 기초해 조선문화를 비하한 것이라고 비판하였으며, 이광수(춘원) 등의 『민족개조론』 역시 사회과학적 시각이나 실증적 분석 없이 일본인들의 시각을 받아들이면서, '독립' 방안을 둘러싼 정치적 논란에만 매달렸다고 비판하였다.

김성례는 일제 강점기 일본인 학자들의 일련의 조선 무속 연구를 비판적으로 개관했다.[84] 그는 일본인들이 조선의 무속을 농촌성, 여성성, 비이성성(원시성)의 특징을 가진 것으로 분석했다고 비판했다.[85] 즉 일본인들은 조선의 문화가 비합리성, 비과학성, 신비주의 등의 특징을 갖고 있으며 자율성과 진취성을 갖지 못했다고 설명하였는데, 그는 이런 점들을 조목조목 비판하였다. 한국인의 한(恨)의 문화에 대한 민속학과 문

---

81. 송석하, 1963, 『조선민속고』, 일신사; 손진태, 1948, 『조선민족문화의 연구』, 을유문화사.
82. 박현수, 1998, 앞의 글.
83. 김광억, 1998, 앞의 글; 김광억, 1983, 「현대사회와 전통문화: 한국인의 정치적 행위의 특징: 시론」, 한국문화인류학회, 『한국문화인류학』 15권, 43-62쪽; 전경수, 앞의 글.
84. 김성례, 2012, 「일제 시대 무속담론의 형성과 식민지적 재현의 정치학」, 『한국무속학』 제24집, 7-42쪽.
85. 김성례, 1990, 「무속전통의 담론분석—해체와 전망—」, 『한국문화인류학』 22호, 211-243쪽.

화인류학의 연구에서는 법적 처리능력이 취약한 사회에서는 종교의 기능이 상대적으로 강화된다는 점을 강조했다.[86] 다시 말해 무속을 통한 한의 표출은 현실 생활에서 복수를 억제하거나 완화하는 메커니즘이 되며, 복수심이나 원한을 사후 세계로 돌리는 역할을 한다는 것이다.

한편 식민지 시기 한국인의 성격에 대한 민속학과 문화인류학의 연구는 해방 후 한국학자들에게 엄격한 검증이나 비판 과정 없이 계승되기도 했는데, 그 대표적인 학자로는 『흙 속에 저 바람 속에』를 쓴 이어령이 있다.[87] 그는 한복의 평면성과 비기능성으로 허례허식을 설명하고, 나와 우리의 혼동으로 자아관념의 부족을 설명하고, 윷놀이를 통해 조선 시대 당쟁을 설명하였다. 그는 일본인들이 그랬던 것처럼 이러한 한국인의 심성이 악운, 가난, 재난의 역사에서 만들어졌다고 주장했다. 그런데 이러한 시선은 서양(서구유럽)의 기준에서 서양의 합리성과 동양의 비합리성·감정성을 대비시키는 오리엔탈리즘의 시선이나, 문명과 야만의 이분법을 내세우는 다카하시 도루 식의 제국주의자, 외부자의 시선에서 벗어나지 못했으며, 야나기와 거의 판박이의 논조를 펴고 있다.[88]

이처럼 해방 후에도 다카하시 도루 식의 조선인론에 대한 엄격한 검토나 비판이 이루어지지는 않았을 뿐만 아니라, 그 아류들이 한국인론의 주요한 부분을 차지하게 되었다. 조선유학에 관한 그의 시각에 대한 비

---

86. 최길성, 1991, 『한국인의 한』, 예진, 19쪽.
87. 이어령, 1963, 『흙 속에 저 바람 속에』, 현암사. 이 책은 1962년 8월 12일부터 10월 24일까지 『경향신문』에 연재 에세이 형식으로 발표한 글을 모은 것이다.
88. 전대호, 앞의 책, 279-280쪽; 전성욱, 2020, 「이어령의 일본문화론과 전후세대의 식민주의적 무의식」, 우리문학회, 『우리文學研究』 제65집, 386-387쪽. 이어령의 글에는 "동시대 한국인 저자들의 인용이 거의 없다. 20세기 전반의 문인 중 몇은 이름이 나오기는 하지만 그나마 본문이 아니라 난하주(각주)로 처리되곤 했다." 이어령의 논의는 대체로 "외국은 이러이러한데 우리는 저러저러하다"는 것으로, "그 외국은 때로 중국이나 일본일 때도 있지만 대부분 서양이다." 조정희, '이어령의 오류가 아니라 우리 전체의 오류다', 『오마이뉴스』, 2010. 10. 27.; 전대호, 앞의 책, 278-200쪽.

판론은 많이 언급되었지만,[89] 문화인류학이나 사회학에서 그의 조선인론을 비판한 경우는 거의 없었다. 이는 한국인론에 대한 학술적 관심이 별로 없었던 탓도 있겠지만, 당시 한국 학계에서 일본인의 조선인론, 오리엔탈리즘에 기초한 한국인론을 민속학이나 문화인류학의 방법론을 통해 체계적으로 분석하고 비판할 지적인 준비가 부족했던 탓도 있을 것이다.[90]

(3) 4.19혁명과 1960년대 산업화 시기 이후의 한국인론

이승만 정권 말기에는 '못 살겠다, 갈아보자'라는 구호가 많은 국민의 호응을 얻었는데, 이러한 분위기는 결국 1960년 4월 혁명으로 폭발하였다. 이러한 혁명의 영향으로 1960년대 이후 한국 단편소설의 주인공들은 이전보다 체념하는 모습이 줄어들기 시작했다. 소설 작가들은 진정한 한국인 상을 다각적으로 규정하기 위해 노력했고, 무엇보다도 자신들의 정체성이 무엇인지 알아내고자 노력했다. 물론 1960-70년대의 많은 작품에서도 주인공들은 여전히 자기 비하와 자기 경멸의 태도를 보이고 있었다. 하지만 이러한 부정과 회의에 머무르지 않고 오히려 긍정으로 전화하기 위한 실마리를 찾으려고 하였는데, 이것은 새로운 자기이해의 시도와 자기변회의 모색이라는 의미를 띠게 되었다.

---

89. 이를테면, 김기주, 2005, 「동양철학, 과거와 미래-연구사 회고와 새로운 방법 모색: 다카하시 도루 조선유학관의 의의와 특징-「이조유학사에 관한 주리파, 주기파의 발달」을 중심으로」, 동양철학연구회, 『동양철학연구』 43호, 83-110쪽.
90. 이러한 부족함은 최근까지도 이어진다고 할 수 있는데, 이를테면 강준만(2006)은 『한국인 코드』(인물과사상사)에서 냉소주의, 추종주의, 관존민비와 출세, 입장주의, 가족 정실주의와 부정부패 등으로 한국인의 민족성을 정의했다. 이러한 민족성론 역시 다카하시 도루의 그림자인 측면이 있는데, 계층, 성, 지역 등에 의한 사회 차별적 측면을 충분히 조명하지 못하는 한계가 있다.

권태준에 의하면, 이 시대는 집단 중심의 시대가 아니었다. 오히려 생존문제를 해결하기 위해 각자가 알아서 요령껏 살아가지 않으면 안 되는 시기였다. 따라서 '다 함께 잘 살기'보다는 '나 먼저 살고 보자'가 일반적인 정서였고, 오히려 한국인들의 고단한 삶을 위안할 집단주의를 찾기가 힘든 시기였다.[91] 이를 반영하듯, 『메아리』같은 작품을[92] 제외한 거의 모든 한국 단편소설의 주인공들은 쉴 곳을 찾을 수 없는 고독하고 소외된 인물로 등장했다. 『소설에 나타난 한민족의 가치관 2』에서 김태길은 한국전쟁 이후 한국소설이 진정한 집단적 가치를 상실한 상황을 보여준다고 해석한다.[93] 한국 소설이 묘사하는 전후 한국사회는, 시골(농촌)과 노년층에서는 전통적 가족주의 가치가 힘을 발휘하지만 젊은 층에는 이기적 개인주의가 만연해 있었고, 도시는 전통적인 가치나 사고가 단절된 공간이었다.

집단주의를 고취시키고 전통을 환기하고자 한 것은 오히려 국가였다. 혈연적 민족주의를 앞세워 조국의 과업을 강조한 박정희 정권의 언술은, 역사에 대한 민족의 인식을 부정에서 긍정으로 전환시키는 계기가 되었다. 이것은 국가와 민족과 개인을 하나의 공동운명체로 만드는 것이었다. 우리 민족의 역사는 자주적인 역사이고, 그러한 자주성은 쇄국이 아니라 외국문물의 수입을 통해 그리고 수입된 문물의 창조적 적용을 통해 발휘되어왔다고 말하면서, 이러한 창조적 적용을 새로이 복원된 우리 민족의 능력(발명된 전통, '전통의 발명(invention of tradition)'[94]으로

---

91. 권태준, 2006, 『한국의 세기 뛰어넘기』, 나남.
92. 오영수, 1960, 『메아리』, 백수사. 이 작품은 1959년 『현대문학』 4월호(통권 52호)에 발표되었고, 1960년 단행본으로 출간하였으며, 1968년 『오영수전집』(현대서적) 제 3권에 게재되었다.
93. 김태길, 1986, 『소설에 나타난 한국인의 가치관 2』, 문음사.
94. Eric Hobsbawm and Terence Ranger(eds.), 1983, *The Invention of Tradition*, Cambridge: Cambridge University Press.

숭상하고자 했다. '현대화=경제발전'이라는 등식에 따라 현대적 주체를 기획하였고, 이에 대한 비판은 민족발전을 저해하는 요소로 경원시되었다. 그리고 박정희 정권은 이러한 새로운 정신적 현대화론에 입각하여 새마을운동을 추진하였고, 정신의 새로운 개조를 중시하는 박정희 식 정신개조 운동을 전 국민으로 확산시키고자 했다.

이처럼 박정희 정권은 서구 현대화가 추구하고 성취해온 다양한 가치와 제도 중에서 오직 경제발전만을 원했고, '조국의 근대화=경제발전=정신개조(근대화된 인간)'로 집약되는 국가발전의 논리는 서구 현대화와는 다른 방식의 체제 유지 담론이 되었다. 그리고 근대화(현대화)된 인간은 경제발전에 헌신하는 인간과 등치되었다. 그런데 경제성장을 위해서는 국민을 동원할 필요가 있는데, 박정희는 여기서 유교적 전통을 다시 불러들여 '정(情)', '충과 효'를 사람들 간의 결합 원리로 내세웠다. 이것은 '토착적 민주주의' 또는 '한국식 민주주의'라는 이름으로 정당화되었다. 이에 따라 서구 현대화의 중요한 성취물인 민주주의는 한국식 민주주의로 왜곡되었고, 또 다른 성취물인 개인주의는 권위주의와 집단주의 전통의 강조 속에서 극복 대상으로 전락해버렸다.

압축적 산업화의 시기로 명명할 수 있는 1960년대와 1970년대는 역사적으로 전무후무한 '민족 대이동'의 시기이기도 했다. 이 시기에 사람들은 각자의 능력과 용기만 믿고 정든 고향을 떠났다. '무작정 상경'이나 '하면 된다' 하는 말들이 당시 한국인의 모습을 대변하였다. 도시에 가서 일자리를 구하면 개인의 노력 여하에 따라 누구나 출세하고 부자가 될 수 있다는 사회적 분위기가 조성되었고, 많은 사람들이 이 열려 있는 가능성을 좇아 도시로의 민족 대이동에 동참했다. 거기에는 개인의 약진이 고동치고 있었고, 사회는 개인들 간의 경쟁으로 인해 더욱더 역동적으로 변화하였다. 다른 한편 이 시기는 민주화운동이 본격화되었던 시대로, 독재에 맞선 민주화 투쟁이 진행되면서 학생과 지식인들은 독재 타도를 외치며 목숨을 걸고 싸우기 시작했다.

한편 박정희 정권에 의한 현대화와 경제개발이 본격화되면서 사회변동의 양상을 연구하려는 시도들이 늘어나 한국인에 대한 사회학적·문화인류학적 조사도 활성화되기 시작했다. 특히 이광규와 최재석은 '가족' 연구와 '한국인의 사회적 성격' 연구를 통해 본격적인 한국인론을 전개하기 시작했다. 이광규는 구조-기능주의 시각에서 한국 가족의 특징을 비교론적으로 접근했다. 그는 한국 가족주의가 전근대의 현상이긴 하지만, 근현대 이후 특히 산업화 이후에도 한국인들의 의식과 행위의 원형을 구성한다는 점에 주목했다.[95] 최재석은 주로 가족주의에 대해 비판적인 시각을 견지하면서, 시간적 경과에 따른 한국가족의 구조와 성격의 변화를 추적했다.[96]

1968년에는 한국민족성의 장단점을 묻는 설문조사가 이루어졌다. 설문에 대한 답변에는 "인정이 많다, 예의 바르다, 가족 간에 의리가 있다, 총명하다, 근면하다, 민족애가 강하다"는 긍정적인 내용과, "이기심이 많다, 의존심이 강하다, 당파성이 있다, 권위를 좋아한다, 사대적이다, 수구적이다"라는 부정적인 내용이 두루 포함되었다. 고영복은 한국의 민족성으로 제시된 답변을 4가지 차원으로 분류하였는데, '정의(情義)성/공식성', '특수성/보편성', '인습성/실용성', '권위성/평등성'이라는 일련의 이분법적 분류 속에서, 한국인들은 정의적이며 특수적이고 인습적이며 권위적이라고 보았다. 이것은 당시의 한국인들이 여전히 현대적 성격보다는 전근대적 성격이 강하다고 진단한 것인데, 한국인의 성격 심층에

---

95. 이광규, 1975, 『한국가족의 구조분석』, 일지사.
96. 최재석, 1982, 『현대가족연구』, 일지사; 1994, 『한국인의 사회적 성격』, 현음사.

는 가족주의, 권위주의, 분단의식이 있다고 보았다.[97]

한편 비학술적인 글이지만 이규태의 한국인론도 주목할 만하다. 그는 『한국인의 의식구조: 한국인은 누구인가?』(1983)에서 시작되는 일련의 방대한 저술을 통해 한국인의 특성을 여러 각도에서 묘사했다. 그런데 이규태식의 한국인론은 한국인의 의식과 행동을 탈정치화하는 경향이 있었는데, 이것은 마치 과거 일본의 민속학자나 인류학자들이 식민지 주민이나 토착민의 의식과 행동을 그들이 처한 역사적 조건이나 정치적 환경에 비추어보려 하기보다는, 정서적, 감성적 특이성에만 주목하여 편견을 담은 채 일종의 '여성화'로 규정하려 했던 것과 유사하다. 그래서 그의 시선은 서구 제국주의자의 시선 혹은 오리엔탈리즘적 시각에 기초해 있다고 비판을 받는다. 일제하 최남선의 민족문화론과 같은 주장이 적극적 저항을 포기한 채 문화적 민족주의를 추구하며 순응하는 모습을 보여주었다면, 이규태의 한국인론도 유사하게 식민지화, 전쟁과 분단 등의 정치 현실과 적극적으로 대면하지 않은 채 한국인의 성격에 대한 기존의 편향된 시선들을 그대로 수용하는 태도를 취했다.

그런데 박정희 정권에서의 경제성장과 1987년 6월 항쟁에 이은 민주화, 1988년 서울올림픽을 거치면서 한국사회는 점차 문화적으로 개방된 '풍요사회(affluent society)'의 길로 들어서기 시작했다. 이러한 변화가 경제적으로 중진국에 도달하여 북한과의 체제경쟁에서도 승리했다는 의식을 가져다주고, 이후 경제협력개발기구(OECD) 가입 등의 결실을 보게 되면서 대중들은, 이전에는 부정적으로 보았던 한국인의 특성들을 긍정적으로 생각하기 시작했다. 이러한 분위기의 변화를 보여주는 대표적인 저작들로는, 전 주한상공회의소 소장인 제프리 존스(Jeffrey Jones)의 『나는 한국이 두렵다』(2000), 경향신문특별취재팀의 『우리도 몰랐던

---

97. 고영복, 2001, 『한국인의 성격』, 사회문화연구소출판부, 13-58쪽.

한국의 힘』(2006), 그리고 임마누엘 페스트라이쉬(Emanuel Pastreich)의
『한국인만 모르는 다른 대한민국』(2013) 등이 있다. 특히 경향신문특별
취재팀의 저작은 적어도 양적 성장과 국제분업 상의 위상 변화에서 의
심의 여지 없는 한국자본주의의 성공에 고무된 자신감과 자의식의 상
승을 표현하였다.

  이들 저작에서 특징적인 것은, 한국인의 정체성에 관한 초기의 논의에
서는 자주 부정적으로 언급되었던 특성들이 아이러니하게도 긍정적으
로 기술되고 있다는 점이다. 또한, 한국사회의 성공이 개인적 차원의 역
동성이 낳은 '의도하지 않은 사회적 결과'(unintended social consequences)
로 그려지고 있다는 점이다. 이것은 마치 아담 스미스(Adam Smith)가 '보
이지 않는 손'의 논리로 국부의 증대를 설명하는 방식과도 흡사하다. 부
정에서 긍정으로 바뀐 이러한 논리적 '반전'은 앞서 보았듯이 한국인의
'호기심'과 '모방성', '당파성', '빨리빨리'와 같은 특성에 대한 평가에서
도 확인한 바 있는데, 특히 『우리도 몰랐던 한국의 힘』에서 개진된 많은
주장과 묘사는 이러한 논리적 반전에 기초하고 있다.

  1990년대 이후의 한국인의 정체성과 성격에 관한 논의의 흐름은 부
정적 자의식이 대체로 감소해가는 과정으로 요약할 수 있다. 세계화와
정보화에 잘 적응하여 세계사회를 선도하고 있다는 자기인식은 역동적
이라는 자의식을 북돋웠고,[98] 2000년대 한류의 부상은 이러한 자신감
을 더욱 고양시켰다. 그리하여 2013년경이 되면 이전에 부정적으로 평
가했던 한국인의 특성들을 일종의 역동적 요소로 간주하는 양상이 더
욱 확산되었고, 나아가 설령 부정적인 행동양식을 다루더라도 그것을

---

98. 이를테면, 서구인을 위하여 발간되는 영문 해외여행 안내 책자인 『Lonely Planet』의 2007년도 유럽판에서 한국을 'dynamic and conservative'로 특징지었는데, 여기서 'conservative'는 아마도 '유교적'이라는 한국에 대한 서구의 전통적 인식의 다른 표현인 듯하다.

열등하다거나 고질적 병폐라는 식의 고정관념으로 바라보는 시각은 점점 더 줄어들었다.[99] 이처럼 '역동적 한국인', '다이내믹 코리안'이라는 슬로건은 시대적 변화의 산물임은 분명하지만, 무엇보다도 기존의 현실을 바라보는 대중의 시각과 감정 변화의 산물로 그리고 이와 관련된 사회적 분위기나 시대적 유행의 변화를 반영하는 현상으로 간주하는 것이 더 정확할 것이다. 그래서 시대적 변화를 바라보는 대중의식은 늘 모순성과 양가성을 포함하고 있기 마련이다.

---

99. 이를테면, 38인이 공저한 김문조 외(2013)의 수록 논문들이 대체로 그러하다. 김문조 외, 2013, 『한국인은 누구인가』, 21세기북스.

Ⅲ. 역동적 한국인의 역사와 이론적 접근

지금까지 우리는 20세기 말에 와서 갑작스레 부상한 '역동적 한국인' 현상과 그러한 담론이 나타나게 된 뿌리를 이해하기 위해, 개항 이후 한국인들이 외국인들에게 그리고 한국인들 자신에게 어떻게 비쳐왔는지를 살펴보았다. 특히 이 과정에서 민족성, 국민성 등으로 규정된 한국인의 성격이 어떤 사회적, 역사적 맥락 속에서, 누구에 의해, 어떻게 평가되었는지에 주목해보았다. 한국인의 시선이든 외국인의 시선이든, 그중에는 역사적, 사회적 배경 속에서 한국인의 성격을 좀 더 객관적으로 바라보려는 시선들도 없지는 않았다. 하지만, 지배자의 시선이든 피해자의 시선이든 많은 시선이 겉으로 드러나는 인상에 치우쳐 성급한 판단을 하거나, 특정한 선입견이나 고정관념에 따라 편향된 판단을 하는 경우가 많았다. 그래서 동일한 성격이 긍정적으로 평가되기도 하고 부정적으로 평가되기도 했으며, 그 속에서 드러난 역동성이 긍정되기도 하고 부정되기도 했다.

한국인의 역동성에 대한 관심과 긍정적 평가가 비록 2000년대에 들어와서 높아졌다고 하더라도 역동성을 갑작스레 생긴 것으로 판단하는 것은 적절하지 않다. 그래서 한국인의 성격이나 역동성을 좀 더 객관적인 시각으로 바라볼 필요가 있다. 이를 위해서 필요한 것은 한국인의 역동성의 뿌리를 찾아내는 것이다. 말하자면 한국인의 성격과 역동성이 형성되어온 역사적 과정을 추적하고, 그 사회적 조건을 해명할 필요가 있는 것이다.

여기서는 먼저 근현대 한국사회에서 역동적 한국인이 어떻게 형성되었는지를 역사적 사례로 살펴보면서 한국인의 성격과 그 역동성을 이해하기 위한 개념들을 제시하고, 또 이것들을 사회적 조건들과의 연관 속에서 객관적으로 설명하기 위한 설명틀을 구성해볼 것이다.

1. 역동적 한국인의 역사적 형성

우리는 앞에서 개항 이후 식민지 시대에, 그리고 해방 이후까지도 한국인의 역동성을 부정해온 다양한 한국인론의 시선이 지속적으로 존재해왔음을 보았다. 하지만 역사적 현실은 그 반대였음을 보여준다. 물론 최근으로 오면서 한국사회의 발전에 힘입어 국민들이 역동성을 스스로 긍정하게 되었다는 점도 중요하지만, 억압받고 차별받고 무시당해온 지난 역사 속에서 민중들이 결코 좌절과 포기와 순종의 삶만을 살아온 것이 아니며, 저항과 생존의 몸부림을 지속해왔다는 점을 이해하는 것이 중요하다. 실제로 지금까지 정당한 평가를 받아오지 못했던 민중들의 역동성은 민족의 독립, 국민국가의 형성, 공업화, 민주화, 경제성장 등의 역사적 성취를 이루어내는 원천이 되었고, 이것이 오늘날 한국인들이 역동성을 스스로 긍정할 수 있게 한 토대가 되었다.

한국사회는 1960년대 이후 40여 년의 눈부신 산업화와 경제성장, 그리고 민주화운동을 통해 그 역동성을 특징적으로 보여주었다. 한국인들의 이러한 산업화와 민주화의 성취는 20세기 세계사에서 가장 비극적인 전쟁과 분단을 겪었음에도 이루어졌다는 점에서 세계적으로도 주목을 받았다. 어떻게 이러한 역동적 변화와 성취를 이룰 수 있었을까? 한국인들은 흔히 어떤 일을 처리할 때 심사숙고하거나 이성적으로 판단하기보다는 다소 감정적으로 판단하거나 과감하게 대하는 경향이 있다고 얘기한다. 특히 동아시아 국가 중 이웃 일본과 비교해 보면 이 점이 잘 드러난다. 그리고 35년간 일본 제국주의의 억압적 지배와 수백만 명의 목숨을 앗아간 비극적 전쟁을 겪은 나라라고는 믿어지지 않을 정도로, 한국인들은 낙천적이고 부지런하며 열정에 가득 차 있다는 의견도 많다. 1960년대 이후의 비약적인 경제성장과 활기찬 민주화는 아마도 이러한 에너지와 무관하지 않을 것이다.

그렇다면 이러한 한국인들의 역동성은 어떤 역사적, 사회적 조건 속에서 형성된 것일까? 역사를 돌아보면 한국인의 역동성은 무엇보다도 1960년대부터 본격화된 산업화와 도시화를 통해 두드러진 것처럼 보이지만, 반드시 그렇게만 볼 수 있는 것은 아니다. 그렇다면 이러한 역동성의 뿌리는 어디서 찾아야 할까? 조선 후기 이전의 전통사회에서부터 그 잠재된 에너지를 찾아야 할 것인가? 아니면 개항기와 일제 식민지기를 거치면서 형성되고 또 분출되었다고 보아야 할 것인가? 그리고 이러한 역동성은 늘 사회에 긍정적인 영향만을 끼친 것일까? 지난 한 세기 동안의 역사에서 한국인들의 역동성이 잘 드러났던 사례들을 살펴본다면, 우리는 이러한 질문에 대한 대답을 어느 정도 찾을 수 있을 것이다.

(1) 조선 말, 일제의 억압과 민중의 저항

조선왕조 말기의 조선은 세계에서 매우 낙후되고 비참한 나라 중 하나였다. 특히 양반과 관리의 수탈과 억압, 학정에 시달리던 백성들의 처지는 비참하기 이를 데 없었다. 그래서 거의 모든 백성들은 삶의 의욕을 잃어버리고 무기력한 상태였다. 당시 조선을 서구와 같은 문명개화 국가로 만들어야 한다고 부르짖었던 『독립신문』은 당시 백성들의 무기력과 비루함을 다음과 같이 한탄했다.

"백성들이 압제를 못 이겨 혈기가 아주 핍절한 고로 남에게 지지 않을 생각이 전혀 없으며 분한 말씀을 들어도 노하지 않으며 남이 자기 나라 이익을 다 빼앗아 가도 조금도 아깝게 여기지 않더라.[100] …세력 있는 곳만 좇아 아첨하다가 그 세력이 없어지면 돌아서서 훼방하고 공격하여 그

아첨하는 비루한 모양과 반복하는 추한 기상이 사람으로 하여금 구역질 나게 하니 자빠진 놈을 무한 난타하고 기울어지는 자를 엎치기는 대한사람의 가장 비루하고 잔혹한 악습이라."[101]

즉 오랜 세월 억압과 수탈에 시달린 백성들은 분노할 기력도 잃어버렸으며 국가에 대한 신뢰도 완전히 포기한 상태였다. 1904~5년 러일전쟁 당시 취재 차 조선에 왔던 미국의 사회주의 작가 잭 런던(Jack London)은 다음과 같이 극히 부정적인 인상기를 남겼다.

"한국인들에게는 기개가 없다. 한국인에겐 일본인을 훌륭한 군인으로 만들어주는 그러한 맹렬함이 없다. … 정말로 한국인은 지구상의 그 어떤 민족 중에서도 의지와 진취성이 절대적으로 부족한, 가장 비능률적인 민족이다".[102]

권력에 짓밟히고 관리들에게 수탈당한 백성들은 이웃이나 사회, 국가에 대한 관심을 갖기는 커녕 각자도생(各自圖生)의 철학으로 살아가고 있었다. 서재필은 이러한 조선인들의 행동에 대해 다음과 같이 한탄하기도 했다.

---

100. 독립신문 강독회, 2004, 『독립신문 다시 읽기』, 푸른역사, 106쪽.
101. 같은 책, 103쪽.
102. 잭 런던, 앞의 책, 40쪽. 잭 런던(1876-1916)은 미국의 대표적인 대중 소설가로, 1904년 러일전쟁 당시 일본군이 허락한 서방의 종군 기자 14명 중 한 명이었다. 대부분의 종군 기자들이 일본군이 전해주는 내용만 본국에 송고하는 게 다였다면, 잭 런던은 독자취재를 감행한 덕에 두 차례에 걸쳐 일본군에게 간첩행위로 체포되고 또 두 차례나 추방되기도 했다. 따라서 독자적으로 취재하고 촬영한 내용도 송부를 금지당했고, 전쟁과 무관한 조선의 일반적인 문화취재와 촬영조차 금지당했다.

"…고로 일전에 대한 사람과 많이 상종한 외국 사람이 말하기를 대한 백성들은 게으른 중에 천품이 소졸 하여서 남이 매우 이상하고 좋은 물건을 만들었으면 보고 구경하기는 좋아하여도 너무 엄청나서 내 손으로 만들어 볼 생각은 조금도 없고 또 남이 나 보다 나은 사람들이 있으면 시기할 줄만 알고 남이 욕을 하더라도 분한 줄은 모르고 의호 받을 것으로 생각을 한즉 그 사람들을 아무리 교육을 시킬지라도 개명 진보 하기는 어렵겠다고들 하니 대한 사람들이 이 말을 들으면 어찌 분탄하지 아니리오..."[103]

"조선사람들은 남은 어찌되었던 내게만 당장에 유조하면(도움이 되면-필자) 그 일을 하는 고로 남이 그 사람을 또한 같이 대접한 즉 서로 위하고 도와줄 생각은 없고 다만 각자 도생할랴고 하니… 대한인민이 자기 나라 사랑하는 마음을 자기 목숨보다 가볍게 생각한다.…"[104]

그런데 당시 외국인 여행자들이나 서구 민주주의의 세례를 받은 소수의 지식인이 보았던 조선인들의 무기력증이 과연 한국인들이 그 전부터 갖고 있었던 민족의 본디 기질이었을까? 모든 조선 백성들이 그러한 무기력증에 빠져 있었을까? 당시 조선을 방문했던 비숍은 그렇지 않다고 말했다. 그녀는 당시 한국 백성들의 무기력과 낙후성을 강하게 지적하면서도 이러한 측면은 정치·사회적인 원인에 있다고 보았다. 그리고 동시베리아로 이주한 조선인들과 한반도의 조선인들을 비교해 보면 그 이유를 알 수 있다고 말했다.

---

103. 독립신문 강독회, 앞의 책, 108-109쪽.
104. 이정식, 2003, 『구한말의 개혁, 독립투사 서재필』, 서울대학교출판부, 197쪽에서 재인용.

"조선이라는 나라에서 가망이 없다고 말하는 사람은, 새로운 지배체제 아래 들어간 수백 명의 무기력한 조선인들이 동시베리아에서 활기 있고 열정적이며 나날이 번창하는 농민으로 바뀌는 것을 보았어야 할 것이다."[105]

요컨대 그녀는 과중한 과세와 양반관리들의 착취에 시달리던 백성들이 열심히 일해봐야 관리들에게 착취를 당하니 그렇게 무기력해질 수밖에 없다고 보았다. 그녀는 조선 양반들의 착취 때문에 조선인들이 가진 잠재적인 에너지가 사용되지 않고 있다고 보았고, 특히 중산층이 그들의 에너지를 쏟을 숙련된 직업이 없기 때문에 이런 현상이 나타났다고 보았다.[106] 즉 당시의 국가나 사회가 백성들이 열심히 일해도 그에 대한 대가를 주지 않고, 구성원들에게 신뢰를 주지 못하게 되니까 이들은 상호부조의 정신을 버리고 오직 각자도생(各自圖生)의 생활방식을 유지하게 되었다고 보았다.

한편 1897년 전라도 고부에서 최제우의 동학사상의 영향을 받은 전봉준의 동학농민군이 반란을 일으켜 관아를 접수하고 그 세력을 확대하려 하자, 당황한 고종은 청나라에 파병을 요청했다. 즉 조선 왕가와 고관대작들은 자신들의 지위나 권력을 잃을까 두려워 이 동학군의 봉기를 진압해달라고 청나라에 매달렸다. 1876년 조선과 강화도조약을 체결한 후부터 조선이 중국의 속국인지 아니면 스스로 외교권을 가진 독립국

---
105. 이사벨라 버드 비숍, 1994, 『한국과 그 이웃 나라들-백 년 전 한국의 모든 것』(이인화 옮김), 살림, 381쪽. 비숍은 영국 출신의 작가이자 지리학자로서 1894년부터 1897년에 이르기까지 네 차례 한국을 방문하면서 겪은 체험과 관찰을 통하여 19세기 말 한국의 모습을 재현해 놓았다. 이 책은 1898년에 나왔고 미국에서도 출판되었는데 11판까지 찍을 정도로 성공적이었다.
106. 같은 책, 510쪽.

인지 입장을 명백히 밝히라고 압박을 가했던 일본은, '조선의 독립'을 지지한다는 명분으로 청나라를 치기 전에 엉뚱하게 조선 왕궁을 점령하고 조선 군대를 무장해제하였다. 조선이 봉기를 진압할 능력을 지니지 못했던 것은 바로 이 때문이었다.

동학군의 저항이 참담한 실패로 끝나고 조선왕조가 위로부터 개혁될 가능성이 보이지 않자 당시 조선인들은 더욱더 심각한 좌절과 무기력에 빠졌다. 잔류 동학도들은 숨거나 이후 천도교도가 되었으며, 개화운동에 참가했던 뜻있는 사람들은 미국 등 외국으로 나가버렸고, 국내의 유생들은 의병운동을 일으켰으나 일본에 의한 식민지화를 저지하기에는 역부족이었다.

근현대에 들어서면서 서양 제국들이 아시아나 아프리카의 여러 후진 지역을 지배한 것과 일본이 같은 문명권에 속한 조선을 지배한 것은 전혀 다른 문제였다. 왜냐면 전 세계의 다른 모든 지역에서는 "과학 기술이나 경제력에서 월등하게 앞선 서양이 그렇지 못한 사람들을 지배했지만, 서구에 의해 문호를 열고 빠른 기간 내에 문명화된 이웃 민족(일본)이 현대 이전에 비슷한 문화 수준을 자랑하던 이웃(조선)을 지배하는 매우 드문 사례"였기 때문이다.[107] 그래서 일본에 붙어서 협력한 사람을 제외한 모든 생각 있는 조선인들에게 일본의 조선 지배는 우선 참을 수 없는 굴욕이었다. 따라서 일본은 강한 자존심을 가진 조선인들을 설득해서는 자발적 복종을 유도할 수는 없었다. 그리하여 일제는 조선인들의 어떠한 자치도 허용하지 않는 강압적인 전제정치를 구사했다. 데라우치(寺内 正毅) 초대 조선 총독은 군인이었고, 총독은 입법, 사법, 행정권을 포함하여 육·해·공군의 통수권까지 장악하던 사실상의 전제군주였

---

107. 얼레인 아일런드, 2008, 『일본의 한국통치에 관한 세밀한 보고서』(김윤경 옮김), 살림, 10쪽.

다.[108] 그리고 일본은 민간 경찰이 아닌 헌병 경찰을 모든 행정구역에 배치하여 조선인의 일거수일투족을 감시하고 통제하였다.

서세동점(西勢東占)의 세계사적 변화, 현대 서양 문명의 충격, 그리고 일제의 침략, 굴욕적인 식민지 정책 등의 격변은 한국의 지식인들과 백성들을 각성시킨 중요한 계기가 되었다. 그중에서도 일제의 식민지 침략으로 인해 자주적인 현대국가 건설에 실패한 경험은 조선인들에게 큰 상처가 되었지만, 동시에 새로운 국가를 건설하여 모욕감에서 벗어나려는 노력에 불을 댕긴 큰 계기가 되었다. 이는 곧바로 항일 저항운동으로 표출되었다.

1905년 을사늑약 이후 조선인들은 애국계몽운동, 의병운동 등의 방식으로 일제에 저항하기도 했다. 특히 현대 서구 문명의 세례를 받았던 청년, 지식인, 기독교인들은 독립국가 건설의 필요성을 절감하고 나라를 구하려는 운동에 뛰어들었다. 그리고 3.1운동이 일어났다. 1919년에 폭발한 3.1운동은 그 이전까지 진행되어 온 일제에 대한 저항감과 독립국가 건설의 열망을 결집한 것이었다. 조선이 그냥 일제의 지배를 받아들인다고 생각했던 전 세계 사람들은 3.1만세운동을 보고서 깜짝 놀랐다. 순응하던 조선인들에게서 그런 힘이 어디서 나왔는지를 도저히 이해하지 못하고 큰 충격을 받았던 것이다.

3.1운동은 처음에는 천도교와 기독교의 종교 지도자들이 모의해서 시작했지만, 그 이후 몇 달 동안 전국 방방곡곡에서 발생했던 전 민족적 항거였다. 특히 조선말부터 독립과 개화를 주장했던 기독교 지도자들, 신학문을 배운 학생들이 3.1운동에 앞장섰고, 일제가 시행했던 토지조사사업으로 농토를 잃어버리거나 경제적 기반을 박탈당해 일제의 지배

---

108. 신주백, 2000, 「1910년대 일본의 조선통치와 조선주둔 일본군」, 한국사연구회, 『한국사연구』 109호.

가 더 교묘하고 악독한 수탈과 억압만 있을 뿐이라는 현실을 자각한 농민들이 대거 가세했다. 33인의 지도자들이 애초 생각했던 것과는 달리 만세운동이 전국적으로 퍼지자 일제는 크게 놀라 시위를 가혹하게 탄압하였다. 독립운동가 김산은 예상하지 못했던 큰 저항을 보고서 다음과 같이 술회하였다.

"한국 사람들은 점잖은 사람들이다. 평화를 사랑하고 조용하며 신앙심이 깊다. 이러한 일반적인 수동성과 평생 동안 줄어들지 않는 고통을 안고 사는 것에 화가 난 젊은이들은 직접 행동을 택했다. 사회는 때로 가장 온화한 사람들 중에서 자기를 희생의 제물로 삼으려는 가장 열렬한 개인적인 영웅을 만들어 내는 것이다. 그것은 변증법적인 과정인 것이다. 이런 대담하고 희생적인 정신 때문에 한국 사람은 극동 전역에서 가장 무시무시한 테러리스트로 알려지게 된 것이다. 그래서 왜놈에 대해 테러행위를 하고 싶으면 중국인들은 대개 한국인 중에서 지원자를 물색할 정도였다."[109]

복종적이고 온순했던 한국인을 가장 용감한 사람으로 만든 것은 일제의 폭압적 지배였고, 일제에 의해 인간적 자존심을 완전히 훼손당한 한국인이 이제는 거세게 항의하게 된 것이다. 망가진 자존심을 찾는 길은 일제에 저항하는 길밖에 없었다. 이 저항운동으로 수많은 젊은이가 독립운동의 길로 나서게 되었고, 청년들은 자연발생적이었던 만세운동의 한계를 넘어서 조직적인 항거를 해야 한다는 다짐을 하게 되었다.

개항 이후 민족의 자주권을 빼앗긴 조선의 백성들은 외세에 맞서 독립을 위해 적극적인 노력을 하였는데, 이러한 노력은 조선의 지배층, 양

---

109. 님 웨일즈, 1980, 『아리랑』(이태규 옮김), 언어문화사, 82쪽.

반들의 수탈에 맞서는 노력과 함께 이루어졌다. 그래서 개화파의 갑신정변과 애국계몽운동, 동학농민군의 동학혁명, 의병운동 등은 외세와 지배층에 맞서는 조선인들의 역동성을 보여주었다. 그리고 일방적 한일병합으로 일제의 강점이 시작된 후 민족해방을 추구하던 노력이 3.1운동으로 분출되었고, 운동이 실패하자 자주적 국민국가를 건설하기 위하여 임시정부를 수립하는 등 일제에 맞서는 역동적인 저항이 이어졌다.

(2) 일제 강점기와 해방 후 기독교의 확산과 역동성

일제 강점 이후 한국인의 역동성을 보여준 또 하나의 현상은 신흥종교, 특히 서양에서 온 기독교의 확산이다(기독교는 천주교와 개신교를 통칭하는 말이다). 조선시대에는 천주교에 대한 탄압이 극심하여 수많은 순교자가 발생하기도 했으나, 개화의 물결 속에서 기독교의 확산을 막지는 못했다. 조선 말 이후 잔혹한 신분차별과 성리학(주자학)의 가르침에서 벗어나려는 열망을 가진 사람들, 노비나 서자로서 차별을 받았던 사람들은 기독교에 귀의하였다. 노론이 주도한 세도정치에서 오랫동안 소외되었던 남인 계열의 양반들, 중앙의 관직을 얻을 기회가 거의 없었던 서북 출신 사람들도 그들과 같은 처지였다. 이들은 조선사회에서 전혀 희망을 발견할 수 없었기 때문에 민란에 가담하거나 인간에 차별을 두지 않는 천주교 이념에 공명하여 그에 귀의하거나 나중에 관리들의 탐학(貪虐)에 조직적으로 저항한 동학당에 들어가기도 했다. 이들은 서양 문명의 핵심에 기독교가 있다고 보았기 때문에 조선을 부강한 나라로 만들기 위해서는 기독교에 입교해야 한다고 생각했다.[110] 기독교는 이들이 평등주의 사상과 문화를 접할 수 있는 중요한 통로였다. 이승만, 윤치호,

110. 다카하시 도루, 앞의 책, 93쪽.

이상재 등 수많은 선각자들이 기독교로 개종한 것도 이런 이유 때문이었다. 일제 지배하에서 천주교 성당, 개신교 교회, YMCA 등 기독교 기관들은 독립과 현대화를 열망하는 청년들의 만남과 사귐의 공간으로서 역할을 했다.

당시 기독교의 영향을 잘 보여주는 사례는, 1919년 3.1독립만세운동 때 독립선언문에 서명한 33인 중에 16명이 기독교 지도자였다는 사실이다. 기독교인은 당시 인구의 1.3%였는데, 3.1만세운동으로 투옥돼 재판받은 사람 가운데는 기독교인이 17.6%였다.[111] 이처럼 기독교인들이 3.1운동에 적극적으로 참여하면서, 이후 조선 청년들 사이에서 기독교는 급속히 확산하였다. 공산주의 사상과 마찬가지로 기독교도 서구에서 온 것이었는데, 조선의 신분차별주의에서 희망을 찾을 수 없다고 생각했던 조선 청년들은 이 두 사상에 큰 기대를 걸었다. 신 앞에서의 평등, 구원의 평등을 설명한 기독교는 전근대 신분질서를 비판할 수 있는 무기가 되었고, 사회주의, 특히 마르크스-레닌주의는 현대 자본주의의 계급적 모순을 극복하고 공동체적 질서를 회복하자는 열망을 깔고 있었다. 기독교가 주로 내적인 초월과 개인 생활의 합리화를 지향했다면, 사회주의는 현실 정치사회의 개혁을 추구했다고 할 수 있다.

기독교의 평등주의는 초기에 신분차별로 억압받던 조선민중들에게 큰 희망과 위안을 가져다주었다. 이에 따라 한편으로는 조선왕조 지배층으로부터 반복해서 탄압을 받았지만, 평등을 갈망했던 조선민중들의 뜻을 완전히 억누를 수는 없었다. 이에 따라 기독교는 강력한 탄압에도 불구하고 조금씩 확산해갈 수 있었다. 그런데 일제 말기에 독립운동에 대한 탄압이 심해지자 기독교, 특히 개신교는 일제의 황민화정책 및 침략전쟁에 협력하는 등 현실에 순응하는 태도로 급변했다. 많은 기독교

---

111. 김승태, 2012, 『식민권력과 종교』, 한국기독교역사연구소.

지도자들이 친일파로 돌아섰고, 특히 조선예수교장로회는 1937년 중일전쟁 발발 직후부터 일제에 협력하고 전쟁헌금을 바치는 등 적극적인 친일행위를 하였다. 심지어 민족대표 33인에 참여했던 정춘수는 34개의 교회를 폐쇄하고 그 재산을 팔아 전쟁헌금으로 바치는 등 친일파로 변절하기에 이르렀다.[112] 이것은 일제강점기 말기에 와서 기독교가 저항의 종교에서 순응의 종교로 급변했음을 말해준다.

해방 이후 기독교, 특히 개신교는 한국사회에 적극적으로 적응하면서 교세를 키워나갔다. 1945년 8.15해방 당시만 하더라도 전 인구의 1% 내외였던 개신교 인구는 2005년에 와서 18%를 차지하여 불교와 함께 양대 종교가 되었다. 1993년 미국 월간지인 『크리스천 월드(Christian World)』가 선정한 세계 50대 교회 중 23개가 한국 개신교 교회였다. 또한, 권력층에서 기독교 신자의 비중은 압도적이다. 15대 국회에서 국회의원 중 기독교인(천주교·개신교 포함)은 전체 의원의 37%를 차지하였고,[113] 16, 17, 19대 국회에서도 40% 안팎의 의원이 기독교도였다. 또한 서울과 지방의 주요 사립대학과 유력한 언론사를 기독교 재단이 소유하고 있다.

그렇다면 해방 이후 한국에서 어떻게 기독교가 이렇게 확산될 수 있었을까? 그리고 그 배경은 무엇일까? 황산덕은 한국인들이 이렇게 단시일 내에 예수교 신자가 된, 세계적으로 유수한 사례가 된 것은 이들이 절실하게 영혼의 구원을 바랐기 때문이 아니라, "예수교를 믿으면 우리나라도 미국과 같이 잘사는 나라가 되어 일본으로부터 독립한다." 하는 생각

---

112. 김승태, 같은 책.
113. 강인철, 2007, 「남한의 월남 개신교인들: 반공주의와 민주주의에 미친 차별적 영향」, 역사문제연구소 포츠담현대사연구소 국제학술대회 자료집, 『분단과 전쟁의 결과—한국과 독일의 비교』.

을 했기 때문이라고 보고 있다.[114] 물론 여러 가지 이유가 있을 것이다. 그러나 개신교로의 개종은 무엇보다도 당시 가난으로 인해 억압당하고 차별받았던 민중들이 새로운 삶을 찾기 원했던 결과라고 볼 수 있다.

특히 6.25전쟁 휴전 이후 한국의 교회는, 이승만 반공정권의 탄압으로 점차 사라진 각 지역의 직능조직을 대체하며 지역의 거점 역할을 했다. 전쟁의 상처, 가족의 이산과 파괴로 힘든 삶을 살아야 했던 1950~60년대 한국인들에게 교회는 큰 안식처였다. 당시 모든 사회조직은 정부의 통제를 받거나 사실상 어용화되어버렸기 때문에 한국인들은 자녀를 학교에 보내는 일과 교회에 가는 것 외에 마땅히 사회활동에 참여할 길이 없었다. 그래서 기독교 인구는 주로 도시에서 많이 늘어났다. 한국인들에게 교회 참석은 분단과 전쟁, 급격한 산업화 과정에서 고통받고 소외되면서 사회에 적응하고 생존을 도모하려던 일종의 삶의 전략이었다. 이런 현상은 재미교포 사회에서 그대로 나타났다.

일제 강점기에 한국인들은 양가적인 감정 속에서 살아갈 수밖에 없었다. 한편으로는 일본인들에게 굴욕과 업신여김을 당하는 현실에 반발심을 품으면서 자존심을 찾기 위한 열정에 불을 댕기기도 했지만, 다른 한편으로는 그 굴욕감을 다른 방식으로 보상받으려는 심리도 지니고 있었다. 그래서 일부는 항일 독립운동에 적극적으로 나서거나 이들을 지원하고자 했지만, 다수는 별다른 저항 없이 적응하면서 생존을 도모할 수밖에 없었고, 그 중 일부는 오히려 적극적으로 일제에 협력하기도 했다. 그래서 일제 강점기에 한국인들의 역동성은 다양한 방식으로 표출될 수밖에 없었다. 일제가 가져다준 굴욕은 조선인들이 민족적 자존심을 회복하기 위해 노력하고 민족문화에 관한 관심과 자주독립의 열망을 가지게 하기도 했지만, 동시에 민족보다는 개인과 가족의 영달에 매

---

114. 황산덕, 1959, 「반도에 있어서 제신의 변모—종교와 우리민족성」, 『사상계』 제73호.

달리게 만들기도 했다. 전자가 민족주의에 기초한 저항의 역동성을 보여준 것이라면, 후자는 개인적 실용주의에 기초한 적응의 역동성을 보여준 것이었다.

일제는 한편으로는 감시·억압 통치를 시행하면서도, 다른 편에서는 조선인들을 달래기 위해 문화통치의 이름으로 현대적 교육제도와 기업의 설립을 제한적으로 허용하였고, 특히 기독교 선교를 자유롭게 허용하기도 하였다. 이에 따라 일제식민지 지배하에서 조선인들은 정치적으로는 억압과 굴욕을 겪었으나, 문화나 경제 영역에서는 새로운 길을 찾을 수 있었고, 이에 따라 현대 문명이나 새로운 학문에 관심이 커지기 시작했다. 교육과 경제 활동을 통한 지위 상승의 길이 어느 정도 열리면서, 조선인들은 일본인과 같은 대우를 받고, 일본인과 같은 수준의 경제적 부를 누리려는 열정에 가득 차 헌신적으로 노력하기도 했다. 이것이 결국 일제 말기에 지식인들이 대거 친일로 전향한 배경이 되었다. 일본을 배워서 일본을 이기자는 친일/'극일(克日)'의 논리는 민족적 자존심의 훼손을 성공으로 만회하고자 하는 굴절된 시도였다. 일본제국주의의 편에 서서 전쟁을 부추긴 기업가나 지식인들의 행동은 민족을 팔아 자신들의 사적인 이득을 취했다는 점에서 반민족적이었지만, 일제의 유화정책에 적응하면서 사적인 성공을 위해 적극적으로 노력하였다는 점에서 실용주의를 추구한 또 다른 역동성을 보여주는 것이었다.

(3) 해방과 분단, 전쟁의 고통 속에서 피어난 교육 열망

일제 식민지배로부터의 해방은 한국인들이 처음으로 어떤 차별이나 억압을 받지 않은 상태로 자신의 운명을 기획할 수 있게 한 중요한 계기였다. 이제 전통적 신분제는 완전히 사라졌고, 농민들을 수탈하던 지주

계급도 힘을 잃었다. 조선인을 차별하고 노동자나 농민의 고혈을 짜며 못살게 하던 악독한 일본인 관리와 그 하수인인 조선인 관리나 경찰도 이제 뒤로 물러났다. 앞서 비숍은 조선인들을 무기력하게 만든 관리들을 '흡혈귀'라고 불렀는데, 8.15해방 이후 한국인들은 이제 이 '흡혈귀'의 학정에서 어느 정도 벗어나 자유로운 세상을 처음으로 맛보았다.

그런데 일본을 무장해제하기 위해 들어온 미군정은 해방자라기보다는 새로운 지배자가 되었고, 따라서 미군정의 통치 역시 억압적인 면이 있었다. 특히 좌익세력에 대해서는 적대적이었다. 그렇지만 미군정이 표방한 자유민주주의는 오랜 세월 차별과 억압을 받아온 한국인들에게 중요한 기회의 공간을 제공하기도 했다. 특히 자유로운 기업 활동, 현대적 대중교육, 그리고 보통선거 제도의 도입은, 신분차별 없는 세상에서 누구라도 계층상승을 위한 교육의 기회를 누릴 수 있게 했고, 자신의 이익을 대변할 수 있는 정치가를 선택할 수 있게 했다. 특히 정부 수립 후 곧바로 실시된 농지개혁은 지주계급을 몰락시켰으며, 소작농들은 평생의 소원이었던 자기 땅을 경작하는 자작농이 될 수 있었다. 인구 대다수가 농민이었던 당시에 자작농이 된 농민들은 이제 자신의 노력으로 경제적 부를 쌓을 기회를 얻게 되었다. 물론 북한 사회주의와의 경쟁 속에서 북한의 '무상몰수 무상분배'라는 사회주의적 농지개혁에 자극을 받기는 했지만, 한국의 농지개혁은 지주의 몰락을 가져오면서 어느 정도 토지를 골고루 배분하는 효과를 지녔고, 이것은 농민들의 불만을 약화하는 효과를 낳았다.

해방, 정부 수립, 농지개혁 등의 과정에서 대다수 한국인은 비록 조그만 땅뙈기밖에 갖지 못해 경제적으로는 여전히 빈궁했지만, 처음으로 자신의 땅을 소유한 사람이 되어 이제 남부럽지 않게 살아보려는 열정이 활활 타올랐고 자녀교육에도 신명을 바칠 수 있었다. 떵떵거리던 양반과 지주들은 거의 처참하게 몰락했고, 일부 지주들은 농지분배의 대가로 얻은 자금을 다른 곳에 투자하려고 도시로 떠났다. 이처럼 해방과 농지개혁은 전통사회에서 상승의 기회를 얻지 못했던 사람들에게 계층상승을 도모할 기회를 열어주었다. 특히 신분차별도 사라지고 적어도 형식적으로는 교육의 기회가 모두에게 주어지면서, 이제 '자식 농사'를 기대해볼 만한 시절이 오게 되었다. 농지개혁으로 민중들 대부분이 대등한 출발선에 서 있던 한국사회에서 교육은 최고의 희망이자 거의 유일한 희망이었다.

그런데 이렇게 새로운 환경이 다가온 동시에 한국전쟁이 발발하면서, 한국인들은 큰 충격으로 삶이 크게 위축되는 상황에 놓이게 되었다. 3년 동안의 전쟁으로 남북한 인구의 10% 정도가 사망하였고, 수백만의 이산가족이 발생했으며, 수십만 명의 전쟁고아, 부상자가 발생했다. 가옥과 재산은 파괴되고, 이념 갈등으로 동족 간에 엄청난 적대감이 형성되기도 했다. 그런데 전쟁은 생활 기반의 파괴로 고통을 주었지만, 동시에 새로운 기회를 주기도 했다. 전후의 남한 사회는 신분제적 잔재마저 사라지면서 그전까지 양반 지주들에게 업신여김을 당하며 살아온 사람들에게 사람답게 살아볼 기회를 열어주었다. 전쟁을 거치면서 도시는 해방의 공간이 되었고, 농촌마을에서도 사람들을 양반-상민, 지주-소작인 간의 전통적 위계서열주의의 잔재가 철저하게 무너졌다. 전쟁이 신분제적 질서를 철저하게 해체했다면, 대중교육의 개방과 확대는 교육을 통한 신분상승과 계층상승의 열망을 더욱 고조시켰고, 이것은 곧 강렬한 교육열로 집약되었다. 이것이 바로 해방 후부터 지금까지 지속해온 '교육 대폭발'의 배경이라고 할 수 있다.

과거 신분사회에서 교육과 입신출세의 기회는 양반 지배층만이 누릴 수 있는 특권이었다. 그것은 주로 과거시험에 합격하여 관직을 획득하고 토지를 얻고 노비를 부리며 살아갈 수 있는 삶을 의미했다. 그런데 일제 식민지체제 때부터 교육기회가 개방됨에 따라 이제 형식적으로는 중등학교 진학 및 고등교육의 기회가 모든 한국인에게 개방되었다. 물론 당시에는 대다수 인구가 빈곤한 삶을 살았기 때문에 고등교육의 실질적 기회는 주로 지주, 자본가, 친일세력 등 특권층에게만 열려 있었고, 가난하지만 재능 있는 조선 청년들에게는 중등학교에 진학하여 하급관리나 교사의 지위를 얻는 것이 최고의 성공이었다. 이처럼 일제의 교육기회 개방이 신분과 계층에 따라 제한적인 효과를 가지기는 했지만, 식민지 근대화(현대화) 정책은 한국인들의 지위상승 욕구에 불을 붙였다.[115] 이에 따라 앞다투어 신교육기관에 입학하게 되었고, 교육을 통한 지위상승에 성공한 사람들이 점차 늘어나게 되었다.

이러한 교육을 통한 지위상승의 기대가 온 국민으로 확산된 것은 8.15 해방 이후였다. 일제가 물러가자 공공기관의 빈자리가 한국인들에게 개방되었고, 학력은 이 자리를 차지하는 데에 가장 기본적인 조건이 되었기 때문이다. 그래서 전국에서 수많은 중등·고등교육기관이 난립하였다. 그것은 위를 향한 거대한 회오리바람이었다. 교육을 통한 빈곤 탈피

---

115. 앞으로 '식민지 근대화'나 박정희 정권에서의 '조국 근대화'처럼 특정 시기에 일반적으로 사용되었던 표현이 아니면, '근대화' 대신 '현대화'라는 용어를 사용할 것이다. 한국학계에서는 영어 'modernization'을 '근대화'로 번역하기도 하고 '현대화'로 번역하기도 한다. 예전에는 근대화라는 표현이 우세했는데, 이것은 일제 식민지 시대 이전부터 일본에서 사용한 번역어 '近代化'가 그대로 들어와 널리 사용되었기 때문으로 보인다. 그리고 이후 박정희 정권에서도 '조국 근대화'라는 표현을 사용함으로써 '근대화'라는 번역이 지배적이었다. 그런데 일본어에서는 '近代化'가 현대화를 의미하지만, 한국어에서는 근대와 현대가 구분되어 쓰이기 때문에, 일본어 '近代化'를 근대화로 번역하는 것은 어색하며 '현대화'라는 용어를 사용하는 것이 더 적합하다. 그리고 현대화가 영어 'modernization'의 의미에도 더 잘 조응한다. 이와 관련하여 'modern', 'modernity'의 번역어 선택에 관한 문제는 뒤에서 다시 언급할 것이다.

와 입신출세, 그것은 차별과 무시에서 벗어나 인간 대접을 받고 싶어 했던 한국인들의 몸부림이었다. 식민지의 굴욕, 전쟁과 분단이라는 고통과 비극을 겪은 한국 사람들은 오직 교육을 통해 무너진 가족을 다시 세우고 번듯한 삶을 이룰 수 있다고 생각했다. 죽을 고비를 몇 번씩이나 넘긴 사람들은 어떤 난관도 헤쳐나갈 준비가 되어있었고, 그 몸부림과 열정이 인적 자원이 되어 한국의 비약적인 경제발전의 밑거름이 되었다.

이처럼 교육을 통한 지위상승은 한국인들이 실용주의적 행동양식 속에서 역동성을 표출하게 한 중요한 계기였다. 그래서 현대그룹 창업자인 정주영은 "사회발전에 가장 귀한 것이 사람이고, 자본이나 자원, 기술은 그 다음이다."라고 하면서, 우수한 두뇌에 어느 민족도 따라올 수 없는 교육열이야말로 한국경제를 성장시킨 가장 큰 동력이었다고 말한다.[116] 한국인의 교육열은 미래지향적, 역동적 에너지의 가장 선명한 표현이었다. 하지만 교육열이 단지 개인적 실리를 추구하는 실용주의 행위전략으로만 나타난 것은 아니었다.

노동자 전태일은 1967년 일기에 다음과 같이 적었다. "남은 다 하는데 나라고 못 할 리가 어디 있어? 해보자. 그리고 내년 3월에는 꼭 대학입시를 보자. 앞으로 376일이 남았구나. 1년하고도 10일. 재단을 하면서 하루에 저녁 2시간씩만 공부하면 내년에는 대학입시를 볼 수 있겠지."[117] 그런데 전태일은 단순히 입신출세만을 위해 공부를 하지는 않았다. 그의 삶의 초점은 배움에의 열정과 자기성찰에 있었다.

그 자신은 제도권 학교에서 제대로 배우지 못했지만, 스스로 배움을 게을리하지 않았다. 전태일은 밥을 굶는 것은 예사요, 밥을 얻어먹기도 하고, 구두닦이, 껌팔이, 신문팔이로 나중에는 평화시장의 노동자로 간

---

116. 아산고희기념출판위원회, 1986, 『아산 정주영 연설문집』, 삼성출판사, 86-87쪽.
117. 조영래, 1991, 『전태일 평전』, 돌베개, 129쪽.

신히 연명해나가는 등 지독한 가난과 서러움을 겪었다. 하지만 극도로 어려운 환경 속에서도 일기를 쓰고 청옥고등공민학교를 다니고 또 근로기준법을 공부했다. 어렵게 살아가는 사람은 자포자기하거나 막연한 분노만 간직하기 쉽다. 그런데 전태일은 자신을 늘 성찰했다. 자기 자신을 돌아보지 않는 인간, 자신의 삶과 사회에 대해 끊임없이 성찰하고 공부를 하지 않는 인간은 아무리 돈이 많고 권력을 가졌다 해도, 아무리 값비싼 옷과 장식물로 치장했다 해도 영혼이 없는 빈껍데기의 인간과 다름없다고 생각했다. 전태일의 일기와 그가 쓴 숱한 단상, 소설 초고, 모범업체 설립계획서 등을 보면, 다른 많은 노동자와 달리 고통과 배고픔을 오히려 영혼을 살찌우는 기회로 전화시킨 그의 위대함을 발견할 수 있다. 이처럼 근로기준법 준수를 요구하며 분신한 노동자 전태일의 모습에서 우리는, 교육이 개인적 실리의 추구만이 아니라 평등 사회를 향한 저항적, 개혁적 행동을 불러일으킨 계기가 되기도 했음을 확인할 수 있다. 이것은 이후 독재정권에 항거하는 민주화운동에 헌신한 대학생들의 모습을 통해서도 확인된다.

(4) 산업화: '자신감', 헌신 그리고 저항

한국인들이 일제 식민지 시기 이후 오랜 세월 동안의 좌절과 굴욕에서 벗어날 수 있게 해준 또 다른 결정적 계기는 1960년대 중반 이후의 산업화였다. 5.16군사쿠데타 이후 박정희 정권이 추진한 경제개발 계획, 한일국교 정상화 이후 일본으로부터의 경제개발 자금의 유입, 그리고 베트남전 참전과 중동 건설특수 등을 통한 외화 수입은 한국이 경제성장을 이룰 수 있게 한 재정기반이 되었고, 한국인들은 오랜 가난과 배고픔에서 벗어날 기회를 갖게 되었다. 박정희·전두환 정권 기간의 현대화,

성장, 개발은 오랜 세월 동안 발휘되지 못했던 한국인들의 잠재력을 일깨워서 국민의 에너지를 극대화하는데 크게 기여하였다. '한강의 기적'으로 불린 한국의 경제성장은 한국전쟁 이후 폐허에서 절망하던 한국인들에게 "우리도 할 수 있다."라는 자신감을 심어주었다. 이러한 경제성장의 성취는 정부가 경제제도를 통해 실용주의를 추구한 결과이자, 이를 통해 한국인들의 역동성을 불러일으킨 결과였다.

이 시기의 한국인들과 접해본 경험이 있는 외국인들 대부분이 한국인에 가진 공통된 인상은 '부지런함'이었다. 전 세계 어디에서나 한국인들은 가장 열심히 일하고, 가족과 자신의 복리를 위해 최선을 다하고 자녀교육에 모든 것을 바치는 모습을 보여주었다. 가족은 생존을 위해 이 시대에 적응하며 살아가는 한국인들의 존재 이유였으며, 가족주의는 그들을 지켜준 신념이었다. 그리고 실리를 추구하는 실용주의는 그들의 행동지침이 되었다. 한국인들의 근면성은 주로 1960년대 이후에 두드러졌는데, 이는 산업화와 더불어 이제 자신의 능력으로 부를 축적할 기회가 열렸기 때문이었다. 이러한 부지런함의 결과로 한국은 2015년 국내총생산(GDP) 순위에서 세계 11위를 기록하기에 이르렀다. 2013년에는 한국의 제조업 경쟁력이 세계 4위에 오르기도 했으며, 수출시장에서의 비중도 세계 6위를 기록하였다. 이제 한국의 경제 기적과 한국인의 근면성은 온 세계 사람들이 인정하고 있다.

한국인의 역동성을 가장 잘 보여준 경제 기적의 두 주역은 기업가와 노동자였다. 이들은 실용주의를 추구한 두 주역이었다. 1960년대 이후 한국의 기업가들은 거의 원점에서 시작해서 세계 굴지의 기업을 일구어냈다. 물론 한국의 대기업은 1950년대 귀속재산 불하, 환율차익 폭리 등 비생산 영역에서 정부의 특혜 지원을 받으면서 성장했던 것도 사실이다. 그리고 5.16군사쿠데타 이후에는 부정축재 혐의로 국민의 지탄을 받기도 했다. 그러나 애초 정부의 특혜 등을 받아 재벌기업의 반열에 포함되지 않았으면서도 바닥에서 시작해서 성공한 정주영의 현대그룹 사례는 다른 기업들과 다른 특별한 점이 있었다. 현대는 국내 유통시장 등에서 부를 축적하지 않고 해외 건설업에 뛰어들어 최단기일에 조선소를 건설하면서 유조선 두 척을 건조하여 세계 조선사에 남을 기록을 세웠으며, 1975년에는 세계 최대의 조선기업으로 발돋움했고, 1976년에는 미국 잡지 포천(Fortune)에서 뽑은 세계 500대 기업에 포함되었다.[118]

정주영은 성장의 시대를 이렇게 기억한다.

"박정희 대통령과 나는 우리 후손들에게는 절대로 가난을 물려주지 말자는 염원이 서로 같았고, 무슨 일이든지 신념을 갖고 하면 된다는 긍정적인 사고와 목적의식이 뚜렷했던 것 같았고, 소신을 갖고 결행하는 강력한 실천력이 서로 같았다."[119]

현대를 일군 정주영과 마찬가지로, 신문팔이 소년에서 세계적 대기업을 일군 대우의 김우중도 부지런하고 민첩하며 일찍부터 해외에 눈을 돌려 성공한 대표적인 기업인이다. 그는 131일 동안 31개국에 출장을 다니며 해외시장을 개척한 자수성가형 한국 기업가의 신화였다. 포항제철 성공의 신화를 일군 박태준 같은 사람도 개인의 지도력과 사명감으로 가득 찬 기업가로 기억될 수 있을 것이다. 정주영, 김우중, 박태준과 같은 경제 지도자들의 합작과 이들의 엄청난 의지와 노력에 힘입어 한국은 세계에서 거의 최단기간에 농업국가에서 공업국가로 변했다. 1960년대에는 저임금 노동력을 이용하는 섬유, 건설, 제분, 봉제 등 경공업이

---

118. 정주영, 1998, 『이 땅에 태어나서, 나의 살아온 이야기』, 솔, 181~246쪽.
119. 같은 책, 280쪽.

발달하기 시작했고, 1970년대 초부터는 제철, 조선, 자동차, 기계 등을 생산하는 중화학 공업을 적극적으로 성장시켰는데, 그 성장의 견인차는 바로 재벌 대기업들이었다.

하지만 1960-70년대의 급속한 경제성장은 빈곤 탈출, 지위 상승의 열망을 가진 농민, 노동자의 적극적인 노력과 헌신이 있었기 때문에 가능했다. 박정희 정권이 재벌기업과 손을 잡아 수출주도의 성장정책을 추진한 것은 박정희 자신의 소신에서 나온 것이고, 가난 탈피를 열망하던 당시 국민의 요구에 부응한 것이다. 박정희 정권이 추진한 한국의 경제성장은 선진국에서 원료를 들여와 싼 노동력으로 물건을 만들어 다시 선진국에 수출하는 단순 조립가공형 공업화였다. 양질의 노동력은 한국이 세계시장에서 비교우위를 가졌던 가장 중요한 생산 요소였다. 그렇기 때문에 무한 공급되는 저임금 노동력은 한국 기업들이 단기간에 큰 부를 축적하게 된 가장 큰 원천이었다. 1960년대 중반 이후 서울 등 대도시와 영남권의 신흥공업지역은 바로 이러한 열망을 품고 농촌에서 도시로 이주해온 사람들이 만든 역동적인 삶의 현장이었다. 농촌에서는 "잘살아 보세"의 기치하에 농촌개발과 새마을 운동이 활성화되었고, 도시에서는 공업 노동자들이 땀 흘려 일하고 번 돈을 저축하면서 자식교육의 기회를 모색했다.

1960~70년대는 박정희 정권과 기업가들이 경제성장을 이끈 시대임과 동시에 수많은 '일하는 사람'들이 오늘날 한국의 기반을 세운 시절이었다. 단시간에 이처럼 경제적으로 성공한 사회에 도달한 데에는, 한 사람의 지도자보다 열 사람의 시민, 수출을 위해 불철주야 뛰어다닌 기업가뿐만 아니라 '산업 전사'로 불리던 노동자가 있었다는 사실에 주목해야 한다. 농민의 아들, 딸이었던 노동자들은 일자리를 얻어서 밥을 먹을 수 있다는 것만으로도 다행이라고 생각했으며, 자신과 가족의 생존을 위해

그리고 미래의 행복한 삶을 위해 작업장에서 겪는 현재의 고통을 감내하였다. 그들에게 처음 만난 도시와 공장은 더 나은 삶을 보장해 줄 수 있는 약속의 땅이었다. 회사는 '종업원'으로서 노동자들이 임금과 복지를 통해 자신의 계층상승 열망을 실현할 수 있는 거의 유일한 창구였다. 그들은 빈곤 탈출과 가족의 미래를 위해서라면 단순 반복적인 작업도, 고강도·장시간 노동도 감내할 수 있었다.

하지만 1960~69년 사이에 제조업 노동자의 실질임금 상승률은 3%로, 연평균 경제성장률 9%의 3분의 1, 노동생산성 상승률 13%의 4분의 1에 불과했다.[120] 기업에 대한 각종 세제 감면, 대출 특혜, 노조활동 통제, 수출산업에서의 노조활동 제약, 사용자의 부당노동행위에 대한 관용 등은 아직 자생력을 갖추지 못한 개별 기업들을 대신해서 국가가 일방적으로 기업가를 지원해준 조치들이었다. 그래서 그렇게 헌신적이었던 노동자들은 기업의 성장을 위해 비인간화된 노동조건 속에서 일하도록 강요받았고, 결국에는 강력한 저항이 분출되기에 이르렀다.

급기야 1971년 청계천에서 분신자살한 노동자 전태일은 자신의 일기에서 다음과 같이 썼다.

> "인간을 물질화하는 세대.
> 인간의 개성과 참 인간의 본능의 충족을 무시당하고,
> 희망의 가지를 잘린 채 존재하기 위한 대가로
> 물질적 가치로 전락한 인간상을 증오한다."[121]

---

120. 장상환, 2011, 「공보다 과가 큰 박정희식 개발독재」, 민주평화복지포럼, 『5.16 우리에게 무엇인가-박정희 시대의 실증적 평가』, 156쪽.
121. 조영래, 앞의 책, 179쪽.

그는 이 일기에서 노동자를 생산의 도구로만 간주하고 오직 물질만 최고의 가치로 여기는 한국의 기업가들과 그들을 비호하는 정권을 비판하였다. 비합법적인 방식으로 생산직 사원들의 피와 땀을 갈취하는 기업주들과, 그들과 한패가 되어 스스로 노예의 길에 안주해가는 동료 노동자들의 슬픈 모습을 보면서 전태일은 근로기준법 준수, 충분한 휴식 시간, 시다공(工)의 수당 인상 등의 '인간 최소한의 요구'를 제출하고 스스로 몸을 불살랐다. 그리고 1970년대의 노동자들은, "가난과 질병과 무교육의 굴레 속에 묶인 버림받은 목숨들에게도, 저임금으로 혹사당하고 있는 노동자들에게도, 먼지 구덩이 속에서 햇빛 한 번 못 보고 하루 열여섯 시간을 노동해야 하는 어린 여공들도 '인간으로서의 최소한의 요구'를 갖고 있다는 것을 당당하게 밝히려 했던" 전태일의 정신을 이어받아 민주 노조운동에 앞장서게 되었다.

이러한 노동자들의 헌신과 저항은 기적적인 산업화 못지않게 한국인들의 또 다른 역동성을 드러내 준 것이었다. 그리고 이러한 역동성은 이후 억압적 사회체제에 저항하는 노동운동과 민주화운동으로 이어졌다.

(5) 권위주의 통치와 민주화를 향한 열망

비약적인 경제발전만큼이나 오늘의 한국을 설명하는 데 빼놓을 수 없는, 전 세계 사람들을 놀라게 한 것은 한국의 재야 민주화운동, 학생운동, 노동운동 등의 사회운동이었다. 1945년 이후 독립한 나라 중에서 한국만큼 오랜 기간 강한 탄압에 맞서서 민주화운동이 진행된 나라는 드물고, 독재정권을 학생과 시민이 무너뜨린 나라도 많지 않다. 한국의 민주화운동 세력만큼 엄청난 희생을 각오하고서 독재정권에 저항한 집단을 찾아보기도 어렵다.

1948년 8.15정부 수립에 앞서 제헌헌법이 제정되었는데, 제헌헌법 제1조는 한국이 민주공화국임을 명시하였다. 하지만 그것은 오랫동안 그저 헌법 조문에 불과한 것이었고, 현실은 권위주의와 독재정치가 지배했다. 그래서 실제 헌법상의 민주공화국을 실현하자고 주장하려면 오히려 희생을 감수해야 했으며, 이러한 희생은 늘 민주화 세력의 몫이었다. 그래서 4.19혁명 이후 1987년 6월 항쟁, 그리고 지금까지 민주공화국을 실현한 주역들은 바로 희생을 감수하며 민주화와 사회정의를 위해 투쟁한 사람들이었다. 이들이 추구한 가치는 무엇보다도 민주주의, 즉 정치적 평등주의였다.

  한국의 민주화운동은, 1945년 8.15해방 직후 등장했던 저항적 정치세력이 6.25전쟁과 이승만 정권의 극우 반공주의 통치하에서 거의 소멸하다시피 한 열악한 조건에서 시작되었다. 그리고 4.19혁명의 기대를 5.16군사쿠데타로 억누르고 등장한 박정희 정권에서 제도정치는 독재 권력에 포섭되었고 야당은 제도정치에서 배제되기 일쑤였다. 그런데 이러한 독재국가에 대한 저항세력은 자율성을 제대로 누릴 수 없었던 시민사회에서 등장하게 되었는데, 지식인과 엘리트들이 중심이 된 소위 '재야'세력은 제도정치 밖에서 정당의 역할을 대신하고자 하였다. '재야'세력은 시민사회에서의 도덕적 권위에 힘입어 군사독재정권을 비판하며 저항히기 시작했는데, 분단과 냉전으로 인해 반공이데올로기가 지배하고 또 이로 인해 피지배 계급·계층이 자신의 요구나 이익을 제대로 표출할 수 없었던 정치상황에서 재야 지식인들의 정치적 역할에 대한 요구는 커질 수밖에 없었다.

  당시 한국사회에서는 그나마 사회적 발언권이 있는 지식인들과 대학생들이 정권을 비판하거나 저항을 할 수 있는 거의 유일한 세력이었고, 대학과 교회는 비판적 지식인들이 교류하면서 저항을 모의할 수 있었던 거의 유일한 공간이었다. 특히 박정희 유신체제 이후 군사 파시즘적인 통제 속에서 대부분의 직능단체가 어용화되고 야당이 국민의 목소리를 대변할 수 없었던 한국사회에서, 대학생들과 재야의 지식인들, 목회자들, 노동운동 지도자들은 대중들의 고통과 분노를 대변하는 임무를 수행했다. 특히 군사통치의 억압적 체제에서는 기성 야당이나 중산층보다는 순수하고 정의감이 충만했던 대학생들이 정치적 저항의 최대 주역이 될 수밖에 없었다.

박정희·전두환 군사 권위주의 체제는 '성장'을 지상의 최대 가치로 제시하면서 국민들에게는 권력과 자본에 복종하되 가족의 복리만을 도모하라고 강요했다. 그것은 공식적으로는 질서, 도덕, 규율, 국민통합을 강조했지만, 실제로는 적나라한 이기심만을 앞세우는 인간을 강요하는 것이었다. 이러한 상황에서 민주화운동 세력은 저항의 대상이었던 국가 혹은 정권에 대한 충성을 거부하고, 정권이 위로부터 강요한 이기주의에 저항하면서 공동체의 공적 이익과 민족에 대한 책임감을 보여주었다. 그래서 투쟁의 구호 속에는 언제나 이러한 정의에 대한 요청, 책임감과 자기 결단이 표현되었다.

한국 현대사에서 정치적 민주화는 제도정치를 통해 진전했기보다는 무엇보다도 탄압을 무릅쓴 민주화운동에 의해 진전되었다. 제5공화국 등장에 앞선 1980년 5.18광주민주화운동이나 제5공화국 이전 시기의 민주화운동은 거의 목숨을 건 전쟁과 같은 양상을 지녔다. 5.18광주항쟁은 신군부의 초헌법적이고 불법적인 군사력 행사와 정치개입, 의회를 통한 민주적인 법과 절차를 무시한 억압적 통치에 반발하면서 자발적으로 항의한 대중봉기였다. 민주주의를 위한 이러한 저항운동은 전국적으로 펼쳐졌는데, 신군부는 광주항쟁에 대해 군사력을 동원하여 유혈적 진압을 함으로써 권력 장악을 공고히 하려 하였다. 대통령 간선제 개헌으로 집권한 전두환 군사정권은 민주화운동을 지속하여 억누르려고 하였지만, 임기 말 호헌 논란 속에 민주화운동이 격렬해지고 결국 1987년 6월 항쟁이 폭발하면서 직선제 개헌을 통해 군부통치를 종식하기에 이르렀다. 5.18광주민주화운동은 6월 항쟁과 같은 대중적 민주화운동을 분출할 수 있게 한 밑거름이 되었고, 이 두 항쟁은 민주주의 그리고 정치적 자유와 평등을 추구한 한국인의 역동성을 웅변적으로 보여준 자랑스러운 역사의 이정표였다.

2. 사회적 성격에 대한 이론적 접근

한국인의 성격이나 역동성을 좀 더 객관적으로 해명하려면 인상적, 주관적 판단을 넘어서는 설명이 필요하다. 이제 심층적, 객관적 설명을 위한 개념과 이론에 대해 살펴보기로 하자. 사실 개념이나 이론에 관한 얘기는 학술적인 내용이라 여겨져 일반 독자들이 어려움을 느끼거나 피하려는 경향이 있는 것이 사실이다. 하지만 좀 더 설득력 있는 설명이 어떻게 가능할지를 생각하는 시선으로 다가간다면 사실 어렵기만 한 것은 아니다.

사람들은 흔히 "시대가 사람을 만든다."라고 말한다. 이것은 사람의 특정한 사고방식이나 행동양식이 시대의 산물이라고 말하는 것이다. 사회적 성격이란 결국 개인이 가진 사고방식이나 행동양식과 연관되는 것이며, 그중에서도 많은 사람이 공유하는 것들에 해당된다. 그래서 특정 집단이나 지역의 사람들이 공유하는 성격을 사회적 성격이라고 말한다면, 이러한 사회적 성격은 그 시대의 사회적 배경들을 통해 설명할 수 있다는 얘기다. 이처럼 특정한 시대가 지닌 사회적 조건으로 한 사회에서 사람들이 공유하는 사회적 성격의 특성을 설명하려는 접근법을 좀 더 체계적으로 제시하려는 것이 곧 이론적 접근이다. 이제 사회적 성격을 설명하기 위한 '이론적 접근'에 대해 살펴보기로 하자.

(1) 사회적 성격이란 무엇인가?

개인들은 서로 다른 환경에서 태어나고 생활하면서 독특한 심리적 성향을 지니게 된다. 이러한 심리적 성향은 일반적으로 성격(character)이라고 부르는데, 이것은 태어날 때부터 가진 신체적, 기질적 특성으로 인해 형성되기도 하지만, 사회화 과정에서도 다양하게 형성될 수 있다. 그런데 어떤 성격은 개인에게 고유한 것일 수 있지만, 어떤 성격은 사람들이 공유하는 것일 수 있다. 사람들은 어떤 생활환경을 공유하거나, 공통의 공간이나 공통의 지위에서 서로 유사한 경험을 하게 되면 유사한 성격을 공유할 수 있다. 이것을 우리는 '개인적 성격'과 대비하여 '사회적 성격(social character)'이라고 부를 수 있다. 말하자면 한 사회에서 다수의 사람이 공유하는 성격이 곧 '사회적 성격'인데, 이것은 개인적인 심리나 성향을 넘어서는 집합적인 심리나 성향, 즉 집합이 공유하는 심리나 성향을 말한다.[122]

사회적 성격에서 말하는 '사회'는 다양한 수준을 포함한다. 공통의 민족, 국가, 계급, 지역에 속하는 개인들이 공유하는 성격을 각각 민족성, 국민성, 계급성, 지역성이라고 부를 수 있다. 사람들은 종종 어떤 나라 사람은 정열적이라거나, 어떤 나라 사람은 다혈질이라거나, 또 어떤 나라 사람은 냉정하다고 말들 하는데, 이런 것들이 국민성이라고 말할 수 있다. 앞서 우리는 '호기심', '모방성', '빨리빨리'와 같은 것이 한국인의 성격이라고 얘기했는데, 이것은 한국인이면 누구나 공유하는 성격으로 보았기 때문이다. 그래서 이것들은 민족성이나 국민성이라고 불린다. 그런데 여기서 민족성이 혈연적, 문화적 동질성을 지닌 집단이라는 점을 강조하는 것이라면, 국민성은 동일한 국민국가의 구성원이라는 점을 강조하는 것이다. 영어로는 'national character'인데, 맥락에 따라 민족성이라 번역되기도 하고 국민성이라 번역되기도 한다.

그렇다면 한국인이 역동적이라고 말할 때, 역동성은 한국인의 민족적, 국민적 성격이라고 말할 수 있을까? 사실 역동성은 개인의 성격일 수도 있고 집단이나 사회의 성격일 수도 있다. 또 특정한 나라에 국한되지 않

---

122. 비판사회학회 엮음, 앞의 책, 174쪽.

고 다양한 나라의 국민에서 공통으로 나타날 수도 있다. 이런 점에서 역동성은 한국인만의 사회적 성격이라고 말하기는 어렵다. 그렇지만 한국인이 역동성을 지니고 있다면, 이것은 한국인의 성격을 구성하는 한 요소라고 말할 수 있다.

성격은 개인이나 집단이 지닌 고유한 성질이나 성품을 말한다고 할 수 있는데, 다양한 기질, 정서적, 심리적 성향과 태도를 포함한다. 그래서 사람들은 다른 사람의 심리적 성향이나 태도를 보면서, 내성적이거나 외향적, 폐쇄적이거나 개방적, 소극적이거나 적극적, 권위주의적이거나 자유주의적(liberal), 온순하거나 공격적이라고 판단한다.

이러한 성격 중에서 개인이나 집단이 자신의 고유한 모습을 보여주는 중요한 부분으로 인정하고 받아들이는 성격을 정체성(identity)이라고 말한다. 그런데 다양한 정체성 중에서도 집단이 공유하는 것이면 '집합적 정체성'(collective identity)이 된다. 물론 정체성을 구성하는 요소는 성격만이 아니다. 기본적으로는 다양한 신체적, 물리적 요소들을 포함하는데, 인종, 종족, 민족, 피부색, 혈연, 지역, 성별, 나이 등이 여기에 해당한다. 그리고 언어, 문화, 심리 등과 같은 의식적, 정신적 요소들도 정체성을 구성하게 되는데, 성격은 여기에 속한다고 할 수 있다.

사람들은 다른 사람, 다른 집단, 다른 국민에 대해서 "너(희)는 도대체 누구냐?"라고 물을 때가 있다. 이때 특정 개인, 집단, 국민이 스스로의 고유한 특성으로 내세우는 것이 바로 정체성이다. "나는 ○○지방에서 온 고등학생이다." "우리는 축구를 좋아하는 동아리 사람들이다." "우리 국민은 인정 많고 친절한 사람들이다." "우리는 아프리카에서 평화롭게 살아가는 흑인들이다." "우리는 태평양의 섬나라에 사는 춤을 좋아하는 사람들이다." 등등과 같이 사람들은 자신의 정체성을 다양하게 표현할 수 있다.

이러한 정체성은 다른 사람이나 집단과 비교되고 차이가 드러날 때 좀 더 분명해진다. 말하자면 자신들만의 고유한 특성을 스스로 인식하게 되면서 정체성이 더 분명히 확인될 수 있는 것이다. 앞서 보았듯이 근현대사에서 한국인의 정체성에 대한 자기의식이 생겨나고 또 점차 분명해지기 시작한 것은 서양이나 일본의 침략으로 서양과 일본의 문물이 본격적으로 들어오면서부터였다. 물론 한국인들이 한반도에서 공통의 언어를 사용하고 공통의 문화를 형성해온 것은 한국인의 정체성을 내세울 수 있는 중요한 근거였다. 이런 점에서 한국인의 정체성은 신체적, 물리적 동질성을 기초로 하고 있다고 하더라도, 한국인들이 외부와 교류하는 과정에서 다양한 변화를 겪어왔다고 할 수 있다. 예를 들어 이전에는 혈연적으로 동질적이며 언어와 문화를 공유했던 남한인과 북한인(조선인)이, 해방 이후 70여 년을 분단되어 서로 다른 사회체계 속에서 큰 교류 없이 살아오면서 민족성 또는 국민성이 서로 달라져 버렸다는 사실은, 민족적·국민적 정체성이 결코 고정불변하는 것이 아니며 사회적 조건과 역사적 경험에 따라 변화할 수 있다는 점을 잘 보여준다.

이러한 국민적 정체성의 차이는 사회적 성격으로서의 국민성 차이를 반영한다. 각 민족 혹은 국민이 하나의 정치공동체를 구성하여 살아가면서 공유하는 사회·문화적 환경은 다를 수밖에 없으며, 이것이 국민성의 차이를 낳게 된다. 그런데 동일한 한국인이라고 하더라도 세부적인 혈연, 지연, 학연, 계급, 계층, 직업집단 등의 차이로 서로 다른 집합적 정체성이나 집합적 성격이 형성되기도 한다. 그래서 어떤 속성이 개인이나 집단 간의 차이를 넘어서 민족, 혈연, 언어, 문화 등과 같이 국민 전체 수준에서 공유하는 요소가 될 때 좀 더 분명한 국민적 정체성이 되며, 이로부터 국민적 성격, 즉 국민성이 형성될 수 있다고 하겠다.

예를 들어 서로 다른 공간에서 서로 다른 언어와 문화를 지니고 살아온 유럽인과 한국인을 서로 비교해보면, 유럽인이 상대적으로 개인주의적 성향이 강한 데 비해 한국인은 상대적으로 집단주의적 성향이 강하다. 또 유럽인이 서열주의 의식이 약하고 평등주의 의식이 강한 데 비해 한국인은 나이를 따지고 상하관계를 따지는 서열의식이 상대적으로 강하다. 이것은 유교적 가족주의·친족주의 문화의 전통이 강하고, 존대법이 있는 언어를 사용하면서 권위주의 문화를 오랫동안 유지해왔기 때문이라고 할 수 있다. 이러한 사회적, 문화적 환경의 차이가 국민적 성격, 즉 국민성의 차이로 나타났다고 할 수 있겠다.

(2) 지식사회학적 관점으로 보는 사회적 성격

한 국민이 공유하는 사회적 성격, 즉 국민성을 좀 더 객관적으로 이해하려면 그 나라의 사회적 환경을 잘 이해하지 않으면 안 되며, 또 국민성의 역사적 변화과정을 좀 더 객관적으로 이해하려면 그 나라의 역사적 배경의 흐름을 잘 이해하지 않으면 안 된다. 사회적 성격이 사회 속에서 형성된 성격이라고 한다면, 바로 이 사회가 어떤 모습이었는지를 이해해야 사회적 성격을 객관적으로 잘 이해할 수 있기 때문이다.

여기서는 우선 '사회적 환경'과 '사회적 성격' 간의 연관성을 설명하기 위한 '설명틀(explanatory framework)'을 구성해보고자 한다. 여기서 설명(explanation)은 어떤 사회현상의 원인을 찾아내서 이 원인을 통해 그 결과인 사회현상을 해명하는 것을 말한다. 말하자면 어떤 사회적 환경이 원인이 되어 '사회적 성격'이라는 결과를 만들어냈다고 가정하면, 사회적 환경에 관해 연구하여 이 둘 간의 인과관계를 밝혀낼 수 있는 것이다. 일반적으로 사회적 환경이 역사적 배경이나 사회적 조건을 포괄하는 것이라고 보면, 사회적 환경은 다양한 요인을 포함한다. 그리고 이러한 다양한 원인 요소와 결과를 서로 연결하여 설명하려면, 개념들을 엄밀히 구성하고 이들 간의 연관관계를 보여줄 개념틀(conceptual framework)이 필요하다. 개념틀은 다양한 개념 간의 연관관계를 인과관계로 설명할 수 있다는 점에서 '설명틀'이라고 말할 수 있다.

사회학적 설명은 일반적으로 사람들의 '의식(consciousness)'을 사회적 환경인 사회적 존재조건으로 설명하려고 하는데, 이러한 관점을 '지식사회학(sociology of knowledge)의 관점'이라고 부른다. 사회적 성격을 의식의 한 형태라고 본다면, 이것은 사회적 존재조건을 파악함으로써 설명할 수 있다는 것이다. 물론 여기서 사회적 존재조건이라고 말한다고 해서 자연적, 지리적, 물질적 존재조건들을 제외할 수 있다는 것은 전혀 아니다. 오히려 이러한 조건들이 사회적 존재조건에 중요한 영향을 미치며, 사회적 존재조건의 중요한 구성 부분이다. 어쨌든 사회적 성격을 포함한 의식 형태들은 역사적으로 다양한 변화를 보이는데, 이러한 의식들의 역사적 변이를 이해하려면 이것들을 출현시킨 사회적 존재조건 또는 사회적 환경을 이해하지 않으면 안 되는 것이다.

사실 지식사회학적 관점은 앞의 2장에서 한국인의 역동성에 관한 역사적 사례들을 설명하는 과정에서 이미 어느 정도 제시되었다. 신분사회와 신분차별이라는 사회적 조건이 평등주의 의식을 확산시켰다거나, 외세의 침략이라는 역사석 조건이 민족주의 의식을 강화하였다거나, 자본주의의 발달이라는 사회적 조건이 실용주의 의식을 확산시켰다거나 하는 설명들이 이에 해당한다. 그래서 가족주의, 집단주의, 민족주의, 실용주의, 평등주의 등의 의식형태와 이들을 통해 이루어지는 사람의 행위를, 특정한 역사적 상황에서 주어진 사회적 조건들로 인해 형성되고 실천된 것으로 이해하고 설명하려는 것이다.

이처럼 사회적 의식형태는 일반적으로 사회적 존재조건을 반영하게 된다는 인식의 관점은 일찍이 마르크스(K. Marx)에게서 찾아볼 수 있다. 그는 "역사는 절대정신이 자신을 실현해가는 과정이다."라는 식으로 의식을 통해 존재를 설명하려는 헤겔의 관념론적 사고에 반대하면서, "사회적 존재가 의식을 결정한다."라는 일반적인 유물론적 설명 원리를 제시하였다. 의식은 사회적 존재조건과 무관하게 독립적으로 형성되고 존재할 수는 없다는 것이다. 그리고 만하임(K. Mannheim)은 이러한 원리를 지식사회학적 관점으로 체계화하고자 하였다. 그는 '지식의 존재피구속성'(Seinsverbundenheit des Wissens)이라는 개념을 통해, 일반적인 지식의 형태나 내용은 사회적 존재조건, 즉 물질적인 생활조건을 포함하는 기초적인 사회구조의 형태에 구속되어 있으므로 이와 연관지어 설명해야 한다는 점을 강조했다.[123]

지식사회학적 관점에서 보면 사회적 존재조건은 역사적 시대의 차이를 말하기도 하고, 특정 집단이나 개인이 차지하고 있는 거시적이거나 미시적인 사회적 위치의 차이를 말하기도 한다. 그래서 특정 개인이나 집단이 지닌 다양한 의식형태들—이념, 사상, 규범, 가치, 이데올로기, 정체성, 성격, 태도 등—을 이해하려면, 먼저 그 개인이나 집단이 다양한 사회관계들 속에서 차지하는 사회적 위치의 특징을 살펴볼 필요가 있다. 그래서 한국인의 사회적 성격을 이해하려고 한다면, 무엇보다도 성격 형성에 영향을 미친 사회적 존재조건을 살펴보아야 하는 것이다. 이런 시각에서 보면, 지식사회학적 설명들은 사회적 성격의 형성과 변화의 전체적인 기제(mechanism)를 이해하기 위한 연구의 출발점을 제공해줄 수 있다.

---

123. 카를 만하임, 2012, 『이데올로기와 유토피아』(임석진 옮김), 김영사.

(3) 사회적 성격에 대한 비교역사적 접근

사회적 성격으로서의 국민성은 나라마다 다르다. 지식사회학적 관점에서 보면, 이러한 차이는 무엇보다도 각 나라가 처해있는 역사적, 사회적 조건이나 환경의 차이로 인한 것이다. 그래서 한 나라의 국민성을 이해하려면 그 나라의 역사적, 사회구조적 조건에 주목할 필요가 있다.

그런데 한 나라의 역사적, 사회적 조건만을 살펴보게 되면 그 나라가 가지고 있는 독특한 조건이 무엇인지를 발견하기 어렵다. 말하자면, 다른 나라들과 비교해보지 않으면 그 나라가 어떤 독특한 조건에 놓여있는지를 알기 어렵다는 것이다. 따라서 한 나라의 국민성이 지니는 특이성, 차이를 발견하려면 다른 나라의 국민성과 비교해볼 필요가 있으며, 이것은 각 나라가 처해있는 역사적, 사회적 조건의 유사성과 차이를 비교해봄으로써 더욱 분명해진다. 이처럼 각 나라의 역사적, 사회적 조건이나 맥락의 차이를 비교해봄으로써 특정 사회현상에서의 유사성과 차이를 해명하려는 학문적 접근방법을 비교 역사적 접근(comparative historical approach) 또는 비교 역사-구조적 접근(comparative historical-structural approach)이라고 부른다.[124]

하츠(Louis Hartz)는 『미국 자유주의 전통』에서 봉건적 역사가 존재하지 않았던 미국사회의 특성을 규명하려면, 봉건적 사회구조와 봉건

---

124. 비교 역사적 접근을 시도한 대표적인 학자들로는 *Social Origins of Dictatorship and Democracy: Lord and Peasant in the Making of the Modern World*(독재와 민주주의의 사회적 기원, 1966, Beacon Press)을 집필한 배링턴 무어(Barrington Moore, Jr.), *States and Social Revolutions: A Comparative Analysis of France, Russia, and China*(국가와 사회혁명, 1979, Cambridge University Press)을 집필한 시다 스코치폴(Theda Skocpol), *Coercion, Capital, and European States, AD 990-1992*(강제, 자본과 유럽 국가들, 1992, Blackwell Publishing)을 집필한 찰스 틸리(Charles Tilly)가 있다.

적 기질이 실제로 지속되었던 유럽사회와 비교해보는 것이 의미가 있다고 보았다. 비교를 통해 차이를 이해함으로써 어떤 사회현상의 독특함을 제대로 이해할 수 있다는 것이다.[125] 이런 관점에서 보면, 미국이 봉건체제가 없이 자유주의적 민주주의가 발달할 수 있었던 사회라면, 유럽은 봉건체제에 대한 저항과 자본주의적 계급투쟁이 복합적으로 교차하면서 자유주의와 사회주의가 이념적으로 경쟁하는 사회가 되었다고 볼 수 있다. 이런 관점에서 한국과 유럽을 비교해보면, 한국사회는 유럽사회와 다른 형태의 구체제(신분사회)를 가지고 있었고 다른 방식의 저항들(민란, 동학혁명 등)이 존재했다고 할 수 있는데, 특히 외세의 개입은 서구의 물질문명(자본주의, 의학, 과학기술, 공업 등)과 정신문명(이념, 가치, 종교 등)의 유입으로 이어지면서 사회적 갈등과 저항의 층을 훨씬 더 복잡하게 만들었다. 그리고 이러한 독특한 사회적 조건들은 한국인의 특유한 사회적 성격, 즉 국민성을 만들어낸 중요한 요인이 되었다.

(4) 사회적 성격 형성의 상호작용적 맥락: 사회적 위치와 정서의 공유

지식사회학적 관점에서 보면 국민성과 같은 사회적 성격은 역사적, 사회적 조건의 산물로 설명되며, 비교 역사적 접근으로 보면 이러한 사회적 성격의 특수성은 서로 다른 나라의 역사적, 사회적 조건들의 차이를 살펴봄으로써 좀 더 잘 이해할 수 있다. 그렇다면 이처럼 한 나라의 고유한 사회적 성격은 구체적으로 어떻게 형성되는 것일까?
개인들은 일반적으로 다양한 일상적 공간에서 다양한 사람과 상호작용하면서 자신의 성격을 형성해가게 된다. 미시적으로 보면, 사람들은 공통의 공간에서 규범, 규칙, 예절, 의례 등을 공유하면서 살아가게 되

---

125. 루이스 하츠, 2012, 『미국 자유주의 전통』(백창재·정하용 옮김), 나남, 25쪽.

는데, 집합적 성격의 형성은 바로 이러한 일상적 상호작용 과정에서 이루어진다고 할 수 있다. 그렇다면 국민국가와 같은 큰 규모의 공동체에 속해 있는 사람들은 서로 대면하며 상호작용하기 어려운 상황인데, 어떻게 공통의 성격, 즉 국민성을 형성할 수 있을까?

사회학적 관점에서 보면, 성격은 사람들 간의 상호작용 맥락과 무관하게 형성될 수 없다. 이것은 국민성도 마찬가지인데, 비록 대면적인 상호작용을 하지 않는다고 하더라도 공동의 정서, 감성, 성향이 형성되려면, 사람들이 일상적 상호작용 과정에서, 서로 문화와 경험을 공유하면서 같은 국민으로 살아간다는 생각을 지녀야 한다. 그리고 이런 생각 속에서 형성된 공동의 성격이 곧 국민성이 된다. 여기서 물론 상호작용은 직접적일 수도 있고 간접적일 수도 있다. 예를 들면 한반도에서 살아가던 사람들이 동일한 언어와 유교적인 문화—다양한 규범과 의례들—속에서 스스로 한국인이라는 생각과 정서를 공유하게 되면서 한국인의 사회적 성격, 즉 국민성이 형성되었다고 할 수 있다. 이처럼 '민족'이나 '국민'은 역사적, 문화적 경험을 공유한다고 생각하는 사람들이 구성해놓은 공동의 결과물이라는 생각을 앤더슨(Benedict Anderson)은 '상상된 공동체(imagined community)'로 정의했다.[126] 이것은 민족을 어떤 원초적인 실체로 보려는 시각을 비판한 것으로서, 여기서는 주어진 공간에서 살아가는 사람들이 역사적인 경험과 문화를 공유하면서 하나의 공동체에서 살아간다는 생각을 지니게 되는 과정에서 민족이나 국민이라는 관념이 형성된다는 점을 강조한다.

일반적으로 보면, 경제체계, 정치체계, 규범 및 가치체계, 사회제도, 계급관계, 지위(신분)관계, 집단관계 등은 사람들이 서로 삶의 공통성을 형성할 수 있게 하는 거시적·미시적 사회구조나 제도들이라고 할 수 있다.

---

126. 베네딕트 앤더슨, 2018, 『상상된 공동체』(서지원 옮김), 길.

그리고 사람들의 감정, 정서, 심리, 성격 등은 이러한 조건들을 공유하면서 이루어지는 상호작용을 통해 형성된다. 그렇다면 이러한 과정을 좀 더 구체적으로 설명할 수는 없을까?

우리가 흔히 사회구조적, 제도적 조건이라고 말하는 것은, 사실 개인들이 그 속에서 어떤 사회적 위치(지위)를 차지하며 살아가면서 동시에 그 영향을 받는 공통의 생활공간이나 규칙 같은 것이다. 그래서 공통의 규칙이나 규범, 제도적 환경 속에서 살아가는 사람들은 유사한 감정적, 심리적 성향을 지닐 수 있게 된다. 프랑스 사회학자 부르디외(Pierre Bourdieu)는 이렇게 특정한 감정이나 성향이 형성되는 과정을 '아비투스(habitus)'라는 개념으로 설명한다. 그는 공간의 은유를 도입하여 사회를 '사회공간'으로 규정하는데, 사회공간은 몇몇 자율적인 장(場, fields)을 구성되며 각 장은 고유한 자본을 매체로 하여 사회관계를 형성하게 된다. 예를 들어 경제의 장에서는 화폐자본의 소유와 유통을 둘러싼 규칙과 사회관계가 형성된다고 한다면, 문화의 장에서는 상징자본이나 교육자본의 소유와 유통을 둘러싼 규칙과 사회관계가 형성된다는 것이다.

그런데 이러한 사회관계 속에서 개인들이 규칙에 따라 안정적으로 살아가려면 규칙이 사람들의 마음속에 하나의 성향으로 자리 잡아야 하는데, 이처럼 개인들의 실천을 틀 짓는 성향(性向)체계가 바로 '아비투스'이다. 물론 사람들의 성향은 일상에서 반복적이고 안정적인 행위를 하며 살아가도록 하지만, 사람들이 늘 아무런 불만이나 갈등 없이 살아갈 수는 없다. 그래서 사람들이 기존 사회관계와 그 규칙이 불공정하다거나 불평등하다고 느끼게 되면 아비투스(성향)에 긴장과 갈등이 생겨나고, 이로 인해 사회관계와 규칙의 변화를 추구하는 실천(행위)가 나타나게 된다.[127]

---

127. 정태석, 2002, 「사회이론의 구성」, 한울, 81-85쪽; 피에르 부르디외, 1996, 『구별

한편 아비투스는 개인적인 것도 있고 집합적인 것도 있는데, 이를테면 사회관계에서 유사한 계급 위치를 차지한 사람들은 계급이 공유하는 아비투스, 즉 '계급 아비투스'를 형성하게 된다.[128] 이런 시각에서 보면, 동일한 국민에 속한다는 공통의 사회적 위치는 '국민 아비투스'를 형성하는 토대가 된다. 그래서 한국인이라는 국민성은 곧 한국인들이 공유하는 사회적 위치와 조건이 만들어낸 공통의 아비투스 또는 집합적 성향인 셈이다.

부르디외는 아비투스와 실천(행위)의 연관성에 주목함으로써 성격이 형성되는 상호작용의 맥락에 관심을 가진다. 그렇지만 사회공간(사회관계들)에서 아비투스 또는 성향의 형성이 이루어지는 기제를 이해하려면 좀 더 구체적인 설명이 필요하다. 그래서 아비투스(성향)가 형성되는 사회심리적 기제에 대해 살펴볼 필요가 있다. 이에 대해서는 독일 사회심리학자 프롬(E. Fromm)과 미국 사회학자 리즈먼(D. Riesman)의 이론을 살펴보기로 하겠다.

프롬과 리즈먼은 각 집단의 사회적, 역사적 경험의 유사성이 동일한 성격을 형성시키는 중요한 조건이 된다고 보았다. 이들은 프로이트의 정신분석학이나 심리학의 미시적 기제에 주목하기보다는 좀 더 거시적·사회적인 요인 속에서 인간 행위의 동기나 의도를 발견하려고 하였다.[129]

프롬은 1차 세계대전 이후 독일의 하층 중산계급에서 어떻게 나치즘(Nazism)에 대한 지지가 강하게 나타났는지를 밝히려고 했는데, 이들

짓기(상/하)』(최종철 옮김), 새물결
128. 피에르 부르디외, 같은 책; Pierre Bourdieu, 1977, *Outline of Theory of Practice*, Cambridge University Press; 1990, *The Logic of Practice*, Stanford University Press.
129. 에리히 프롬, 2006, 『자유로부터의 도피』(원창화 옮김), 홍신문화사; 데이비드 리스먼, 2008, 『고독한 군중』(이상률 옮김), 문예출판사; 비판사회학회 엮음, 앞의 책, 174-178쪽.

의 나치 지지 성향은 객관적인 경제적 지위로 볼 때 다소 의외였다. 그는 『자유로부터의 도피』(1941)에서 이 질문에 답하기 위해 '사회적 성격'이라는 개념을 도입하였다. 그는 마르크스주의 이론과 프로이트 이론을 접합시키면서, 사회화 과정을 통해 형성된 특정한 계급이나 집단의 사회적 성격이 행위의 중요한 심리적 요인이 된다는 점을 보여주고자 했다. 말하자면 객관적인 경제적 지위만으로는 충분히 설명하지 못하는 특정한 집합적 성격을 사회화 과정의 맥락 속에서 설명하고자 한 것이다.

사회적 성격은 인간의 본성이 사회구조에 능동적으로 적응하는 과정에서 생겨난 것이다. 말하자면 사회구조적 조건의 변화가 특정한 집단에게 새로운 불안과 욕구를 발생시키고, 이것이 그 집단의 사회적 성격을 변화시킨다는 말이다. 새로운 욕구는 새로운 이데올로기를 낳고, 새로운 이데올로기에 쉽게 영향을 받는 지위에 있는 사람들은 새로운 사회적 성격을 형성하게 된다. 예를 들어 프롬은 제1차 세계대전 이후 독일의 사회경제적 변화, 특히 구(舊)중간계급의 쇠퇴와 독점자본주의 세력의 확대가 현대인들을 개별화하여 무력감, 고독감, 불안과 동요를 느끼게 했다고 말한다. 소상인과 같은 구중간계급은 새로운 경제적 조건이 형성되는 가운데에서도 여전히 검소함이나 조심성 같은 전통적인 성격구조를 지니고 있었는데, 나치는 이러한 하층 중산계급의 사회적 성격인 '권위주의적 성격'—사디즘(sadism)적인 충동과 마조히즘(masochism)적인 충동의 동시적 존재—을 대중심리로 동원하여 이들을 독일제국주의를 지지하는 세력으로 전환시켰다는 것이다. 이것은 위로는 복종하면서 아래로는 지배하려는 성격이었다. 이처럼 프롬은 성격의 형성과 발달이 삶의 기본조건에 의해 형성된다고 보면서도, 인간에게 생물학적으로 고정된 본성은 없으며 인간의 성격은 사회변동 속에서 활동적 요인을 구성해가는 능동적인 역학을 지닌다고 보았다.

리즈먼 역시 프롬처럼 사회적 성격에 주목하였는데, 그는 시대, 지역, 집단의 차이에 따라 사람들의 사회적 성격이 서로 달라진다고 보았다. 말하자면 사회적, 역사적 조건의 변화에 따라 사회적 성격도 변화한다는 것이다. 그는 『고독한 군중』(1950)에서 중세 이후에 있었던 두 단계의 혁명적 전환, 즉 르네상스 시대에서 종교개혁, 공업혁명, 부르주아 혁명으로 이어지는 일차적 전환과, 선진국에서 나타난 생산시대에서 소비시대로의 이차적 전환이 서양인의 사회적 성격 변화에 어떤 영향을 미쳤다는 점에 주목했다.

리즈먼은 특히 인구 변천에 따른 사회변동과 사회적 성격 변화에 주목하였다. 서구 사회에서 인구는 높은 출생률과 높은 사망률을 지닌 '높은 성장 잠재력'(high growth potential) 단계, 높은 출생률과 낮은 사망률을 지닌 '과도적(transitional) 성장' 단계, 낮은 출생률과 낮은 사망률을 지닌 '초기 인구감소' 단계로 변천해왔는데, 이러한 인구 변천은 공업화, 도시화 등 전반적인 사회적 상황의 변화와 맞물려 있다. '높은 성장 잠재력' 단계의 사회는 '전통 지향적(tradition-directed) 인간'을 형성하고, '과도적 증가' 단계의 사회는 '내부 지향적(inner-directed) 인간'을 형성하며, '초기 인구감소' 단계의 사회는 '타인 지향적(other-directed) 인간'을 형성한다. 하지만 그는 인구학적 단계와 사회적 성격을 기계적으로 내응시키는 데에는 반대하였다. 따라서 사회적 성격이 단순히 인구학적 단계에 따라 결정되는 것이 아니라 사회계급에 따라 차별성을 띨 수 있다는 점을 강조하였다. 예를 들어 현대사회에서 구중간계급―은행가, 상인, 소기업가, 전문기술자 등―의 전형적인 성격이 내부 지향형이라면, 신(新)중간계급―관료, 기업의 봉급생활자―의 전형적인 성격은 타인 지향형이다. 이것은 동일한 인구 변천 단계나 동일한 사회구조적 조건 속에서도 개인이 속한 사회적·계급적 위치의 차이에 따라 다양한 인간형들이 형성될 수 있음을 보여주었다.

한편 미나미 히로시(南博)의 연구는 사회적 성격의 형성을 심리적 기제와 연관지어 설명함으로써 좀 더 설득력 있게 설명한다. 그는 정신적, 심리적 상호작용이 이루어지는 구체적인 사회관계(대인관계)와 심리구조에 주목하고 있는데, 일본인들의 행동에 동기를 부여하고 일관된 방향과 색채를 부여하는 심리적 기반을 일본인 인성에 공통되는 '자아구조'에서 찾았다. 그리고 그 중요한 특징을 '자아불확실성'이라고 보면서, 이는 소극적인 면과 함께 남을 위하는 관대함을 동시에 내포하고 있다. 이러한 일본인의 자아구조를 해명하기 위해 미나미 히로시는, 일본인의 사회심리 변천을 역사적 조건의 변화 속에서 고찰하려는 '역사심리학적 접근'을 시도한다. 그는 무의식이나 원형적 의식을 찾으려고 하기보다는, '현대인의 심리'에 초점을 맞추면서 '대인관계'에 주목한다. 자아구조는 무엇보다도 대인관계에 의해 규정된다고 보기 때문이다. 그래서 메이지 시대에서 다이쇼 시대, 그리고 쇼와 시대로 이어지는 50년이 넘는 세월이 흐르면서, 계층이나 연령의 차이에 의한 대인관계의 안정성이 상실되고 현대인의 자아불확실성이 한층 깊어졌다고 진단한다.[130]

---

130. 미나미 히로시, 2002, 『일본적 自我』(서정완 옮김), 소화, 8-10쪽.

3. 한국인의 행위양식과 역동성의 개념적 이해

한 나라, 한 국민의 사회적 성격이 주어진 역사적, 정치사회적 조건에서 문화와 경험을 공유하며 살아가는 과정에서 구성된 것이라고 한다면, 한국인의 국민성은 한국사회가 근현대 역사에서 겪은 역사적, 정치사회적 조건과 그 속에서 한국인이 형성하고 공유해온 문화와 역사적 경험을 살펴봄으로써 비로소 이해할 수 있게 된다. 그래서 여기서는 한국인, 특히 역동적 한국인이 형성되어온 역사적, 사회적 과정을 좀 더 객관적으로 설명하기 위하여, 한국인의 역동성을 이해하기 위한 몇 가지 개념을 구체화하고 이를 바탕으로 분석하고 설명하기 위한 설명틀을 구성해보고자 한다.

(1) 한국인론에 대한 사회학적 성찰

앞서 우리는 한국인의 성격이나 역동성을 해명하려는 다양한 대중적 담론이, 지배자의 시선이든 피해자의 시선이든 특정한 선입견이나 고정관념, 주관적 과잉해석 등으로 인해 객관적인 분석에 이르지 못했다는 점을 지적하였다. 이것은 학술적 연구의 외양을 지닌 경우에도 마찬가지였는데, 많은 경우에 세국주의나 오리엔탈리즘의 시선에서 벗어나지 못하거나 시대적 변화와 유행에 휩쓸려 자기긍정과 자부심으로 충만한 시선에 매몰되어 있었다.

그렇지만 산업화나 민주화와 같은 현대화의 성공과 무관하게 한국인들의 기본적 의식과 실천으로 드러나는 문화의 원형을 탐구하려는 차분한 연구 작업들도 있었다. 최봉영은 『한국인의 사회적 성격 I, II』(1994)를 통해 이러한 작업의 필요성을 여러 차례 주창하였고, 이후 『한국문화의 성격』(1997), 『본과 보기의 문화이론』(2002), 『한국사회의 차별과 억압』(2005), 『한국인에게 나는 누구인가』(2012) 등 일련의 작업을 통해 한국인의 문화적 특징에 대한 탐구를 계속해 왔다.[131]

최봉영은 '가(家)'와 '가족주의'가 한국인의 삶의 중심을 이루고 있다고 보면서, 이들을 통해 한국인이 가진 특성을 체계적으로 설명하려고 한다.[132] 그는 '행위-가치-가치체계-세계관'이라는 수직적 위계를 분석의 이론적 준거로 삼으면서, 유교적 '가'의 실현에 중요한 영향을 미친 것이 '통(統)의식', '통체-부분자적 세계관'과 '가(家) 중심의 가치체계'라고 본다. 그래서 이러한 유교적 삶 속에서 "개인의 실현은 본가(本家, 혈연적 가족집단)에서 태어난 내가 업가(業家, 생업집단) 속에서 일가(一家)를 이루어 국가적 무대 속에서 대가(大家)로 이름을 드러내어 나를 완성해가는" 과정이다.[133] 이처럼 그는 한국인의 성격 형성에 가족과 친족, 그리고 넓게는 국가(國家)라는 조직 원리가 큰 영향을 미쳤다고 보면서, "천지만물 중에서 으뜸의 자리에 있는 인간이 구성하는 사회조직은 본가, 업가, 국가와 같은 가(家)조직으로 설명될 수 있다"고 주장한다.[134]

최봉영은 조선시대 사회체제와 문화로부터의 연속성, 즉 전통의 역사적 영향과 유교의 현대적 변형에 주목하는 통시적 관점에서, 조선시대의 유교적 자가실현인 입신양명이 현대 자본주의 사회에서 자본주의적 자가실현 형태인 입신출세로 변화하게 된 원인을 찾고자 하였다. 이에

---

131. 최봉영, 2012, 『한국인에게 나는 누구인가』, 지식산업사. 최근 그의 작업에서 특징적인 것은, 본래 중국에서 온 한자어가 한국인의 정서와 사고를 제대로 표현하지 못한다는 착상에서 출발하면서, 한국말의 짜임새, 생김새, 쓰임새를 더 깊이 파고들어 한국인들이 일구어온 윤리, 존재, 세계, 인간, 교육, 정치, 덕성, 도덕, 미학이 어떤 바탕을 가졌는지 풀어내고 있다는 점이다.
132. 같은 책, 14쪽.
133. 같은 책, 16-19쪽.
134. 같은 책, 271쪽.

따라 입신양명적 성취동기와 자가실현, 출세지향적 교육관과 교육열, 정치의식, 규범의식, 옷과 문화의식 등의 분석이 이어졌다. 여기서 사회조직의 역사적 성격 변화가 가치체계와 세계관의 변화를 매개로 하여 개인들의 성격을 변화시킨다는 점을 강조했다.

예를 들어 자본주의 사회가 발달함에 따라 산업구조와 일상생활이 함께 변화하고, 또 민주주의, 개인주의 등의 제도와 의식이 확산되면서, 가족의 성격과 의미도 급속히 변화하고 이와 함께 가족을 지탱해온 가치체계도 급속히 변한다. 이런 점에서 출세지향적 교육관과 교육열을 단순히 자본주의 내의 계층상승과 자기실현의 한 형태로 볼 수도 있지만, 동시에 전통적인 세계관이 어떻게 이렇게 변형되었는지를 설명하는 것이 중요하다. 말하자면 출세지향적, 물질주의적 사고는 새로운 자본주의 질서 속에서, 이전의 신분제적 차별과 무시에 맞서 복수하고 또 인정받고자 한 민중들의 현실적, 실용적 대응의 형태로 볼 수 있다. 이전의 질서 속에서 차별받고 무시당한 사람들이 부(돈)와 권력을 얻어 성공을 과시하고, 교육을 통해 출세하려는 욕구가 치열한 교육경쟁으로 나타난 것이다.

게다가 친일파의 존속과 지배, 권력층의 편법 지위 유지와 세습, 군부의 등장과 권위주의적 통치의 지속 등의 역사적 과정은 출세와 이익을 위해 도덕과 원칙보다는 권력에 대한 복종을 추구하는 경향을 만들어냈고, 부모들은 자식을 일류대학에 입학시키거나 판검사, 의사로 키워 출세시키려는 생각을 지니게 되었다. 이것은 전근대사회에 비춰볼 때, 전통적인 자가실현의 의미와 형태가 근본적으로 변화한 것인데, 이처럼 '전통의 현대적 변형'이라는 점에서 한국적 독특성을 발견할 수 있다.

최봉영의 연구는 우선 사회조직과 인간관계를 통해 사회적 성격을 규명하려고 한다는 점에서 양자의 상호작용의 맥락에 주목한다고 할 수 있다. 한국인들이 형성해온 사회조직과 인간관계의 독특한 성격이 한국인의 고유한 사회적 성격을 만들어냈다고 보는 것이다.[135] 또한 그의 연구는 유교적 전통과 현대성의 요소들 간의 결합 속에서 나타난 가치체계와 세계관의 변화가 한국인의 사회적 성격의 고유성을 형성하였다는 점을 이해하는 데에도 유용한 시각을 제시한다. 그렇지만 현대성의 이념이나 제도의 성격에 대해서는 구체적인 논의를 진전시키지 않아서, 그의 설명에서 한국의 현대화 과정이 전통의 변형과 국민성의 변화에 어떤 영향을 미쳤는지에 대한 체계적인 분석을 발견하기는 어렵다.

한편 최봉영과 유사하게 한국인들이 공유하는 안정적인 정체성으로서의 '국민성' 또는 '민족성'을 찾고자 인문학이나 민속학의 관점에서 한국학을 연구한 저작들이 있었는데, 이들은 역동성보다는 정적(靜的)인 성격에 주목하면서 이를 한국인의 국민성과 연결시키려는 경향을 보여주었다. 그리하여 한국인의 사회적 성격을, 역동적 태도나 행동양식들을 포함하는 포괄적 관점에서 이해하는 데 미흡했다.[136]

다른 한편 한국인들을 한두 가지 특성을 가진 존재로 바라보기보다는 '어떤 측면은 강하고, 어떤 측면은 약하다'는 식으로 설명해야 한다는 주장도 제기되었는데, '문화유전자'라는 개념으로 한국인의 특성을 설명하는 일련의 연구들이 이루어졌다. 교수 100명과 일반인들을 분리

---

135. 최봉영, 1994a, 『한국인의 사회적 성격 I』, 느티나무. 사회조직과 인간관계에 주목하는 최봉영의 관점에서 보면, 한국인의 성격 형성에 영향을 미치는 사회조직이나 사회관계로서, 거시적으로는 국가통치 조직의 형태에 주목할 수 있고, 미시적으로는 가족, 친족 조직, 품앗이 등 노동 조직이나 경제활동 조직, 계·향약 등의 마을공동체 조직, 경제활동 조직, 종교활동 조직 등의 형태에 주목할 수 있다.
136. 다음의 연구들이 대표적이다. 윤태림, 1970, 『韓國人』, 현암사; 임동권, 1979, 「民俗學의 側面에서 본 國民性」, 『國民倫理硏究』 제8호; 이규태, 1983, 『한국인의 의식구조』, 신원문화사; 이부영·차재호·황필호, 1984, 『한국인의 성격』, 한국정신문화연구원.

해서 조사한 이 연구에 따르면, 전체적으로 한국인의 가장 특징적인 문화유전자로는 '자연스러움', '역동성', '열정', '흥', '신명' 등이 선택되었고, '예의', '여유', '끈기', '어울림', '조화', '한', '공동체 문화' 등이 그 뒤를 이었다. 한편 일반인 응답자들만 보면, '예의'를 가장 특징적인 문화유전자로 평가하였다.[137]

그런데 '문화적 원형(cultural prototype)'을 찾으려고 하는 기존의 여러 한국인론은 보다 객관적인 시각에서 한국인을 바라보려 한다는 장점을 갖고 있지만, 근현대 한국사회에서 일제 식민지 경험과 한국전쟁, 서구적 현대화의 과정, 산업화와 민주화의 과정에서 겪은 생생한 체험이나 정치적 굴곡들이 국민성에 어떤 영향을 미쳤는지에 대한 구체적인 논의가 빠져있다는 점에서 한계를 보인다. 어떤 의미에서는 '문화적 원형'이라는 주제 설정 자체가 역사적으로 다양한 계층, 계급, 성, 세대, 지역 등의 사회적 차이로 생겨나는 사회적 성격과 행동양식의 분화나 차별화를 고려하기 어렵게 한다. 사실 한국인이 겪어온 중요한 운명적 계기들이었던 개항, 식민지화, 해방, 분단, 전쟁, 경제성장, 군사독재에 대한 저항과 순응 등이 한국인의 성격 형성에 미친 다양한 영향을 고려하지 않으면서 문화적 원형만을 찾으려는 시도는 생동감을 잃어버릴 수밖에 없다.

사회학자들의 한국인론은 인문학적, 사회심리학적인 연구들이 보여준 접근 방법의 한계를 넘어서려고 한다. 이런 점에서 최재석의 『한국인의 사회적 성격』(1965)은 사회학적 한국인론 또는 한국사회론의 효시라 할 수 있다. 그는 한국사회의 조직을 '가족 구조'라는 기본 형식이 사회

---

[137]. 박신희, 2012, 「역동성, 열정과 희망의 또 다른 이름」, 주영하 외, 한국국학진흥원 편, 『한국인의 문화유전자』, 아모르문디. 이와 유사한 것으로는, 이어령 외, 2010, 『인문학 콘서트 2』, 이숲.

적으로 확대된 것으로 보았으며, 그 속에서 나타난 한국인의 의식을 가족주의, 감투지향주의, 상하서열의식, 친소구분의식, 공동체지향의식 등 다섯 가지로 요약하였다.[138]

한편 김경동은 한국인의 행동양식에 국제적으로 소통 가능한 용어를 부여하고 이를 사회과학적으로 체계화하는 데 이바지하였는데, 그는 한국 사회조직의 특성을 다음 일곱 가지로 요약하였다. 위계적 권위주의(hierarchical authoritarianism), 집합주의(collectivism), 연고주의(connectionism), 온정주의(personalism), 도덕적 의례주의(moralistic ritualism), 이분법적 사고(dichotomized frame of mind), 현실과 이상의 괴리(disparity of the ideal and the real) 등이 그것이다.[139] 그리고 이러한 사회조직의 특성들은 상호작용의 과정을 통해 개인의 성격과 행동양식 형성에 영향을 미치게 된다.

김경동은 아동기, 청소년기의 사회화가 인간의 인격형성에 미치는 영향에 주목하면서, 조선시대와 일제시대, 현대의 아동·청소년기 도덕교육의 내용을 비교분석함으로써 시대별로 도덕교육이 사회적 성격 형성에 미친 차별적 영향을 살펴보았다. 특히 비교연구를 위해 현대교육이 시작되기 이전의 교과서를 분석하여 유교의 가치지향을 식별하고 이를 일제강점기 중엽의 수신(修身)교과서, 1960년대 국민(초등)학교 도덕교과서와 비교분석하였다.[140] 그 결과 그는 조선시대 이후 한국사회의 사회경제적, 정치적, 문화적 조건들의 변화를 반영하는 두 가지의 전환을 발견했다. 그것은 먼저 유교적 국가주의에서 현대적 국가주의로의 전환이고, 또 다른 하나는 이에 수반되어 일어난 권위주의와 집단주의 지향에

---

138. 최재석, 1965, 『한국인의 사회적 성격』, 개문사.
139. 김경동, 1993, 『한국인의 가치관과 사회의식』, 박영사.
140. 같은 책, 21-22쪽.

서 개인주의와 인도주의 지향으로의 전환이다.

"유교의 교과서에서는 권위주의와 예의가 가장 강조되었고, 인격수양과 인도주의가 다음 자리에 오고 있으며, 다음에 도덕적 지향과 교학 및 물질경시가 따라온다. 이와 비교해서 일제시대 보통학교의 수신서에서는 인도주의와 인격수양이 수위를 차지함으로써 일단 유교의 권위주의와 예의 지상주의를 말단의 위치로 내몰고 있으며, 국가와 사회가 그 대신 다음 자리를 차지하고 있다. …유교의 가치지향은 인간관계의 질서와 형식적·의례적인 면을 중요시하는 방향으로 흐르던 것이, 일본의 문화정책에 의하여 일단 개인의 정신적 자세, 즉 인도주의적 태도와 개인의 인간적 수양이라는 일견 유교적이면서도 동시에 서구적인 개인주의와 기독교적 인도주의 사상이 혼재된 상태로 초점이 바뀌어 가고 있으며, 한편으로 국가·사회라는 광범위한 집단을 향해 관심을 나타내기 시작했다고 본다. 그러다가 오늘날에는 완전히 국가라는 대규모 공동체가 일단 표면적으로 강조되면서 한편으로 이제는 서구적인 의미의 인도주의와 인격의 수양이 사회 도의를 곁들여 부각되는 경향을 뚜렷이 볼 수 있다."[141]

김경동이 한국 사회조직의 특성과 행동양식을 설명하는 데에 주로 전통적 성격을 제시했다면, 송호근이 제시하는 한국인의 사회심리 목록에는 현대사회로의 역사적 변화가 어느 정도 반영되어 있다. 그는 평등주의, 의사사회주의(pseudo-socialism), 낙관주의, 권위주의, 이기적 자조주의(selfish self-help ideology), 가족주의, 독단주의, 연고주의, 엘리트주의, 국가중심주의 등을 중요한 사회심리로 제시한다.[142] 한편 캐나다의 한인

---

141. 같은 책, 61-62쪽.
142. 송호근, 2003, 『한국, 무슨 일이 일어나고 있나』, 삼성경제연구소, 137-145쪽.

사회학자 장윤식은 주로 영문으로 발간된 일련의 저서에서 인격윤리, 인격주의(personalism)를 한국인의 사회적 성격의 핵심으로 정식화하였다.[143]

정수복은 사회조직보다는 '문화적 문법'에 초점을 맞추었는데, 그는 이 개념을 통해, 한국인의 사회조직이나 사회적 행위의 특정한 양식으로 이어지는 '마음의 습속'을 규명하고자 하였다. 그에 따르면 이 문화적 문법에는 근본적 문법과 파생적 문법이 있는데, 현세적 물질주의, 감정우선주의, 가족주의, 연고주의, 권위주의, 갈등회피주의가 근본적 문법이라면, 감상적 민족주의, 국가중심주의, 속도지상주의, 근거 없는 낙관주의, 수단방법중심주의, 이중규범주의 등은 파생적 문법으로 제시하였다.[144]

한편 다양한 한국인론에서 제시되었던 가치 및 행동양식들에는 한국인의 역동성을 보여주는 요소가 포함되어 있었는데, 그것은 대체로 '변화의 수용과 적응', '야심(상향이동의 평등의식)', '(개인적, 집단적) 생존(혹은 번성)' 등 세 가지로 요약할 수 있다.[145] 그런데 이러한 요소와 관련된 가치나 행동양식들은 대체로 목록 속에 열거되거나 개별적으로 분석됨으로써 전체적, 역사적 분석에 이르지는 못하였다.

한국인의 성격이나 행동양식에 대한 이들 사회학적, 또는 사회과학적 접근은 문화적 원형에 주목하는 이전의 접근들보다 진일보했기는 하

---

143. 장윤식, 2001, 「인격윤리와 한국사회」, 석현호 외, 『현대 한국사회 성격논쟁: 식민지, 계급, 인격윤리』, 전통과현대, 136-160쪽.
144. 정수복, 앞의 책, 105-183쪽.
145. 이는 아래와 같은 명칭으로 여러 한국인론을 통해 제시되어왔다: 높은 성취동기(成就動機)(김형효, 1985, 『韓國精神史의 現在的 認識』, 高麗苑) 또는 상향이동(上向移動)의 열망(임희섭, 1983, 「산업화과정의 한국사회에 있어서의 새로운 가치체계 연구 서설」, 『산업사회와 대중문화, 下』, 한국정신문화연구원), 자기승격(自己昇格) 욕구(오세철, 1981, 『문화와 사회심리이론』, 박영사), 남에게 지지 않으려는 정신(김용운, 1986, 『일본인과 한국인의 의식구조』, 한길사), 상향적 평등의식(이정훈, 1993, 「한국 노동문화의 특징에 관한 연구」, 단국대학교 박사학위논문).

나, 후자가 보여줬던 문화적 이해의 깊이, 그리고 행위자들에 대한 생생한 묘사가 다소 미흡한 감이 없지 않다. 게다가 한국인의 행동양식의 특성과 의미에 대한 사회학적 설명이 대체로 서구적 현대성과 시민사회를 바탕으로 제시되는 단순화된 이념형적 행동양식과 대비하는 방식이어서, 그 행동양식의 목록들이 여전히 자의적으로 열거되는 측면이 있다. 이에 따라 한국인의 성격과 행동양식을 유기적이기보다는 지나치게 파편화하는 방식으로 그려놓아서, 서구 시민들의 행동양식이 아닌 어떤 것들을 뭉뚱그려 모아놓은 것처럼 보이는 경우가 많다.

그런데 사회심리학 연구는 한국인에 대해 좀 더 생동감있는 설명을 시도한다. 심리학자 최상진은 한국인의 고유한 심리적 역동성을 포착하기 위한 한국적 심리학의 이론적 요소를 체계적으로 발전시키고자 하였는데, 이러한 그의 작업은 『한국인의 심리학』(2011)에 요약되어 있다. 그와 함께 작업한 연구자들은 오랜 공동연구의 결론으로 "'정(情)'과 '한(恨)'이 한국인의 정서 및 성격 체계의 기층적 하부구조이며, 또한 정은 한국인의 대인관계 심리문법의 기본형, 모든 '사회적 교환'의 '기본 화폐'이다."라는 명제를 제시하였다.[146] 그들은 심리의 층위를 '심층심리'와 '심정심리,' '사회심리'로 삼분하고, 한국인이 인생에서 겪는 대인 경험을 통해 심층심리의 요소인 정과 한을 형성하고 또 재구성한다. 그리고 이러한 기본 요소들을 통해 사회적, 집합적 층위에서 단순한 개인 심리의 총합(aggregate)과는 다른 새로운 심리체인 '우리성,' '눈치,' '평계,' '의례성'이 등장한다고 본다.

이처럼 '정'과 '한'을 중심에 두면서 그 사회심리적 발현체로 제시한 위의 네 가지 성격들은, 그동안 다른 한국인 연구들에서도 다양한 형식으로 제시된 바 있다. 그렇지만 최상진은 이것들을 좀 더 엄격한 학문적

---

146. 최상진, 2011, 『한국인의 심리학』, 학지사, 12쪽.

개념들로 재구성함으로써 경험적 연구와 인과적 설명을 가능하게 했다는 점에서 사회과학 이론 구성에 기여했다. 이러한 작업은 '한국적인 것'을 단지 '서구적인 것'의 결여나 비합리적 전통으로 설명하려는 한계를 넘어서, 한국인의 역동성의 사회심리적 요소를 적극적으로 규명하고 이를 통해 한국사회의 역동적 변화를 구체적·종합적으로 이해하는 데 도움을 준다.

지금까지 한국인의 성격이나 행동양식에 대한 사회학적 또는 사회심리학적 접근의 연구 성과들을 검토해보았다. 그런데 한편에서는 한국인의 성격을 문화적 원형을 통해 설명하려고 하는 다소 신비주의적인 접근을 한다는 문제가 나타났고, 다른 한편에서는 서구 사회와 비교하면서 한국인에게 독특한 성격이나 행동양식의 목록을 열거한 후, 이것들을 개별적으로 분석하는 경향을 보여주었다. 예를 들어 최봉영의 연구가 하나의 원리 속에서 사회적 성격의 다양한 수준 및 영역을 제시하려고 하였다면,[147] 정수복의 연구는 여러 가지 행동양식이나 문법들 간의 위계적 관계를 보여주려고 하였고,[148] 최재석은 사회적 성격의 목록들을 병렬하고 이들 간의 상호결합적 작용을 보여주려고 하였다.[149]

그런데 이러한 접근들이 비록 사회적, 역사적 조건이나 사회조직 및 사회관계에서의 사회적 위치와 상호작용 형태에 기초하여 한국인의 성격이나 행동양식을 설명하려고 한다고 하더라도, 문화의 원형을 찾으려는 본질주의적, 정태적 접근이나 사회적 성격의 목록을 나열하는 방식의 접근에 머물러서는 한국인의 성격을 전체적, 복합적으로 이해하는 데 한계가 있다.

147. 최봉영, 1994a, 앞의 책.
148. 정수복, 앞의 책.
149. 최재석, 1965, 앞의 책.

그래서 이러한 한계를 극복하려면 한국사회의 현대화 과정에서 나타난 다양한 사회적 성격이나 행동양식을 서로 유기적인 관계 속에서 분석하고 설명할 필요가 있다. 예를 들어, 한국 근현대사에서 발견되는 가족주의, 집단주의, 민족주의, 실용주의, 평등주의 등의 행위양식(행동양식)을 다룰 때, 각각을 독립된 것으로 다루기보다는 이들이 어떤 연관 속에서 서로 영향을 주고받는지를 고찰할 필요가 있다는 것이다. 사회적, 역사적 조건과 상호작용 맥락의 변화는 이들 각각의 모습을 변화시킬 뿐만 아니라 이들이 서로 연관되는 방식도 변화시킨다. 따라서 이들은 어떤 고정불변의 실체로 존재하는 것이 아니라, 역사적, 사회적 조건들 속에서 서로 영향을 주고받으며 그 형태가 변화하거나 분화하고, 또 그 사회적 의미가 약화되거나 강화되어간다. 따라서 한국인의 성격은 이러한 다양한 요소의 복잡한 상호과정 속에서 해명할 필요가 있겠다. 또한 국민국가 수준의 사회적 성격, 즉 국민성을 해명한다고 하더라도 이것이 늘 모든 국민이 공유하는 성격으로 존재한다기보다는 집단, 계급, 계층, 성별, 세대, 지역 등에 따라 다양한 분화가 이루어질 수 있다는 점에도 주목하지 않으면 안 된다. 따라서 사회구조적, 역사적 존재조건이 어떻게 국민들의 분화와 균열을 만들어내고 또 사회적 성격에서도 분화와 균열을 만들어내는지도 주목해야 한다. 따라서 한국인의 성격을 해명하는 작업은 거시와 미시를 아우르는 다층적 접근도 필요하다고 하겠다.

(2) '한국인의 역동성'의 개념적 이해

'역동성'의 사전적 의미는 '힘차고 활발하게 움직이는 특성'이다. 그런데 현실에서 역동성은 이런 긍정적인 의미로만 받아들여지지는 않는다.

때로는 '빠르고, 시끄럽고, 강하고, 요란한 특성'으로 받아들여지기도 하고, 이로 인한 과도한 간섭이나 개입을 의미하기도 한다. 이것은 역동성 자체가 사회 속에서 표출되는 것이어서 사람에 따라 역동성을 서로 다르게 느끼기 때문이라고 말할 수 있다.

공동체 속에서 살아가는 사람들은 친밀하게 소통하는 과정에서 서로 개입하고 간섭하는 경향이 생겨난다. 사람들은 함께 웃고 떠들고, 먹고 마시고, 서로 친하게 지내다가도 충돌하기도 한다. 그런데 여기서 더 나아가 서로 부딪치고 싸우면서도 함께 부대끼며 살아나갈 것을 고집하고, 공동의 일이건 개인의 일이건 가만히 지켜보기보다는 간섭하고 개입하며 끈끈한 관계를 맺고 살아야 한다고 생각하기도 한다. 이러한 공동체에서는 타인과의 관계, 공동체와의 관계를 늘 의식하면서 살아가게 되는데, 사실 이것은 한국인의 일상적 삶에서 낯설지 않은 모습이다. 그런데 개인주의가 점차 발달하면 이런 모습들이 계속 유지될 것 같지는 않다.

결국 공동체, 즉 사회의 모습이 어떠하냐에 따라 역동성은 강해질 수도 약해질 수도 있고, 긍정적일 수도 부정적일 수도 있다. 물론 어떤 모습의 역동성이 긍정적인지, 부정적인지를 판단하는 것은 관점이나 가치관에 따라 다를 수 있다. 하지만 역동성은 변화하는 것이며, 또 어떤 고정불변의 방향을 지닌 것도 아니라는 점은 분명하다. 그래서 역동성은 외부의 개입에 맞서거나 지배에 저항하는 용기, 실패를 두려워하지 않는 낙관성과 과감성으로 평가되기도 하고, 수단과 방법을 가리지 않고 이익을 추구하는 비열함, 남들에게 뒤처지지 않으려는 경쟁심과 조급함으로 평가되기도 한다.

일반적으로 한 사회에서 민중의 역동성은 사회현실에 대한 불만이나 지배 세력에 대한 저항 속에서 잘 드러난다. 그렇지만 생존이나 성공을 위해 현실에 적응하며 적극적으로 살아가는 모습 속에서도 역동성을 발견할 수 있다. 한국인들은 기존 사회질서에 불만을 품고 저항하는 집합행동, 사회운동을 통해 종종 역동성을 분출하였지만, 동시에 자본주의적 공업화 과정에서 생존을 위해 일자리를 찾아 농촌에서 도시로 이주하였고 공장노동자가 되어 더 많은 돈을 벌기 위해 장시간 노동을 마다하지 않거나 개인 사업을 하면서 휴일도 없이 일하는 모습을 통해 역동성을 표출하기도 하였다.

그래서 역동성에 관한 복합적인 설명을 위해서는 우선 역동성을 두 가지 유형으로 구분해볼 필요가 있다. 하나는 '적응적 역동성'인데, 이것은 현존 사회의 체계(구조)와 작동원리를 기본적으로 수용하여 그에 적응하면서도 그 속에서 개인적, 집합적, 제도적 성취나 발전, 혁신을 적극적으로 추구하는 모습에 해당한다. 다른 하나는 '저항적 역동성'인데, 이것은 기존 사회의 체계(구조)와 작동원리에 저항하면서 새로운 방향으로의 개인적, 집합적, 제도적 변혁과 전환을 적극적으로 추구하는 모습을 말한다. 이처럼 한 사회에서 개인이나 집단의 역동성은 기존 사회의 작동 규칙이나 규범에 적응하는 과정에서 생겨날 수도, 저항하는 과정에서 생겨날 수도 있다. 그리고 어떤 역동성이 우세한가에 따라 기존의 규칙이나 제도는 존속되기도 하고 변화되기도 한다.

예를 들어 자본주의 사회에서 급속한 경제성장이 이루어졌다면, 이것은 그 사회의 여러 생산의 주체들—국가, 자본, 노동 등—이 자신의 위치에서 적극적으로 노력한 결과일 텐데, 이것은 각 주체가 기본적으로 자본주의의 운영 규칙을 수용한 결과다. 국가는 국가경제의 성장을 달성하기 위해 법과 제도를 정비하고 기반시설을 확충함으로써 경제성장에 기여할 수 있고, 기업가들은 투자를 확대하고 생산기술이나 경영을 혁신함으로써 경제성장에 기여할 수 있다. 노동자들은 임금상승이나 승

진의 열망을 품고 열심히 노동을 함으로써 경제성장에 기여할 수 있고, 자영업자들은 사업 확장과 소득증대의 기대를 품고 열심히 일함으로써 경제성장에 기여할 수 있다. 이것은 '적응적 역동성'이 적극적으로 표출된 결과이다. 이것은 지위상승이나 출세를 지향하는 개인들의 행위를 통해서도 나타날 수 있다.

반면에 자본주의 사회에서 착취, 차별, 부정의한 일이 심화되고 약자의 발언권과 참여 등 민주주의도 억압되고 있다면, 반드시 불이익을 받는 집단이 불만을 표출하거나 개혁을 요구하는 사회운동이 일어날 수 있는데, 이것은 기존질서—규칙이나 규범—에 대해 저항한 결과이다. 시민들은 정당이나 시민단체에 가입하여 불평등을 완화하고 민주적 권리를 확대할 수 있는 법과 제도를 만들기 위해 적극적인 시민행동에 나설 수도 있고, 집회와 시위를 통해 사회개혁을 적극적으로 요구할 수도 있다. 이것은 '저항적 역동성'이 적극적으로 분출된 결과이다. 물론 이러한 행동은 기존 질서를 유지하여 기득권을 지키려고 하는 집단에서도 나타날 수 있다.

이처럼 역동성은 개인적, 사회적 성취를 위해 다양한 주체들이 기존 질서에 순응하거나 적응하면서 적극적으로 노력하는 모습에서 발견할 수도 있고, 기존 질서에 저항하며 개혁하거나 변혁하려는 활동에서 발견할 수도 있다. 이것들은 모두 기존 현실을 생동감 있게 발전시키거나 변화시키는 에너지가 된다. 그런데 어떤 사회가 역동적이라고 해서 그 사회가 좋거나 바람직하다고 말할 수 있는 것은 아니다. 그 역동성은 사적 이익을 추구하는 개인들 간의 치열한 경쟁의 산물일 수도 있고 불평등과 차별이 만연하여 격렬한 저항이 표출된 결과일 수도 있다. 그래서 어떤 역동성은 사회를 나쁘게 변화시킬 수도 있고 또 어떤 역동성은 사회를 좋게 변화시킬 수도 있다. 그래서 역동성이 누구를 위한 것이고, 무엇을 위한 것이며, 어떤 방향으로 나아가는 것인지를 판단하지 않으면 안 된다. 이것은 역동성이 각자의 사회적 입장에 따라 서로 다르게 평가될 수 있음을 의미한다. 말하자면 역동성에 대한 평가는 단순히 사실판단의 문제만이 아니라, 개인이 처한 위치에 따라 긍정적일 수도 부정적일 수도 있는 가치판단의 문제이기도 한 것이다.

역동성에 대해 어떤 평가를 내릴 것인지에 대한 가치판단과는 별개로, 한국 근현대사에서 한국사회와 한국인이 얼마나 역동적이었는지를 파악하고, 또 이러한 역동성이 이후의 역사에 어떤 영향을 미쳤는지를 살펴보는 것은, 한국인의 역동성의 특징을 이해하는 데 중요한 연구과제이다. 그래서 이제 '적응적 역동성'과 '저항적 역동성'의 구분을 기초로 해서, 근현대 한국사회에서 한국인의 역동성이 어떤 이유에서 표출되었고 또 어떤 양상을 띠었는지를 설명하는 방법을 모색해보기로 하자.

19세기 말 서구열강의 침략 과정에서 한국사회를 경험한 서양인들은, '조용한 아침의 나라'라는 표현을 사용하기도 했는데, 그들은 한국사회를 역동적이기보다는 정체된 사회로 묘사하였고 한국인도 '유순한 사람들'로 묘사하였다. 물론 모두가 그랬던 것은 아니지만, 신분질서에 순응하며 복종의 삶을 살고 있던 백성들이 자유주의와 민주주의가 발달한 나라에 살았던 서양인들의 눈에는 어쩌면 당연히 그렇게 보였을 것이다. 그렇다면 과연 모든 한국인은 외세의 개입이 있기 전에 정체된 사회에서 수동적 태도로 유순하게 살아갔던 것일까? 사실 조선 후기의 역사를 들여다보기만 하더라도 이것은 한국인에 대한 잘못된 인식이라는 점이 금방 드러난다. 조선 후기에 발생한 수많은 민란은 한국인, 즉 조선인이 결코 순종적이며 수동적으로만 살았던 것은 아니라는 점을 보여준다. 신분제 사회에서 하층신분으로 살아가던 농민들이 반란을 일으켰다는 사실은 그 역동성을 입증하기에 충분하다.

한편 일제 식민지로부터의 해방, 국민국가의 수립, 전쟁, 민주혁명, 군사쿠데타, 경제성장 등을 거치는 과정에서도 한국인은 역동적인 존재로 인식되지 못했다. 외국인들만이 아니라 한국인들 스스로도 역동성을 긍정하지 못했다. 일제 식민지기를 거치면서 일본인이 심어준 열등감을 내면화하고 있던 까닭에 한국인은 스스로를 정체되어 있고, 타율적이고, 수동적이고, 감정적이며, 어리석은 존재라고 자기비하하거나 체념하는 시각에서 쉽게 벗어나지 못했다. 하지만 이렇게 스스로를 부정적으로 바라보고 있었다고 해서 한국인들이 역동성을 잃어버린 것은 아니었다. 이승만 정권의 권위주의 통치하에서의 4.19혁명과 군사정권하에서의 민주화운동, 공업화 과정에서의 근면한 삶은 역동성을 보여주기에 충분했다. 다만 그 역동성을 스스로 긍정하지 못하고 있었을 뿐이다.

그러다가 2000년대를 전후해서는 한국은 갑자기 역동적인 나라가 되었고, 한국인들은 역동적인 국민이 되었다. 예를 들어 주한미국상공회의소 소장이었던 제프리 존스(Jeffrey Jones)가 오늘날의 한국인을 그리는 모습은 과거 외국인의 시선과는 정반대의 것이 되었다.

"…나는 세계 어디에서도 한국처럼 변화에 대한 부담(혹은 두려움?)이 적은 사람들을 보지 못했다. 핸드폰, 컴퓨터, 자동차 등 다른 나라에서라면 5-10년은 족히 쓸 물건도 한국에는 1-2년만 되면 골동품이 된다. 한국 사람들은 그만큼 변화에 익숙하며 변화를 좋아하고, 또 즐기기까지 한다.…"[150]

존스의 글은 한국인이 변화에 긍정적이며 역동적인 모습을 지니고 있음을 보여주며, 그러한 역동성을 긍정적으로 평가하고 있다. 그렇다면

---

150. 제프리 존스, 2000, 『나는 한국이 두렵다』, 중앙M&B, 6쪽.

과연 한국인은 오랫동안 순종적이고 수동적이며 조용하게 살아오다가 갑자기 최근에 와서 역동적으로 변화된 것일까? 앞서 보았듯이 한국인들이 스스로를 역동적인 존재로 인식하고 또 이러한 역동성을 적극적으로 긍정하게 된 것은 1987년 6월 항쟁으로 민주화를 이루고 또 1988년 서울올림픽을 개최하면서 국민적 자존심과 자부심이 서서히 높아진 이후였다. 급속한 경제발전의 성과로 소득수준도 높아지고 문화개방으로 자의식도 높아지면서 세계사회의 당당한 일원이라는 자신감도 생겨나기 시작했다. 그리고 이러한 변화가 더 많은 역동성의 표출로 이어지고 또 그 역동성의 긍정으로 이어졌음을 알 수 있다.

이러한 변화의 과정을 보면, 한국인 스스로든 외국인의 시선이든 한국인의 역동성을 긍정하게 된 것은 현실이 역동적으로 변했기 때문이라기보다는 역동성을 바라보는 주체의 시선이 변했기 때문이었음을 알 수 있다. 경제성장 과정에서의 역동성은 물론이고, 1980년 광주항쟁과 이후의 민주화운동, 노동운동을 비롯한 민중운동, 1987년 6월 항쟁과 노동자대투쟁, 1997년 말 외환위기와 그 극복과정, 2000년대에 일어난 촛불집회들을 보면, 한국인들 스스로가 역동성을 적극적으로 긍정하기 이전에도 한국인들은 끊임없이 역동성을 표출해왔다. 이것은 한국인의 역동성을 단순히 시대적 상황이 부여한 자부심과 자기긍정의 산물로 이해해서는 안 된다는 점을 말해준다.

한국인이 스스로의 역동성을 부정하든 긍정하든 간에, 그 역동성은 주관적 시선과 무관하게 역사 속에서 형성되고 표출되어 왔다. 따라서 한국인의 역동성을 객관적으로 이해하고 설명하기 위해 필요한 것은, 근현대 한국사회의 역사 속에서 표출되어온 역동성이 어떤 사회적 조건으로 인한 것이었는지를 설명하고, 또 그 역동성이 어떠한 이념이나 행동양식과 영향을 주고받았는지를 해명하는 것이다.

사회변동이론에서는 일반적으로 한 사회변동의 원인을 내부적인 것과 외부적인 것으로 나눈다. 그래서 한국인의 역동성에 영향을 미친 요인들도 마찬가지로 내재적인 동력(endogenous impetus)과 외재적인 상황(exogenous situations)으로 나누어볼 수 있다. 여기서 외세의 개입에 대한 저항에서 한국인의 역동성의 원인을 찾으려는 것은 외재적 원인에 주목하는 시각이다. 이와 달리 민란이나 혁명과 같은 아래로부터의 저항에서 한국인의 역동성의 원인을 찾으려는 것은 내재적 원인에 주목하는 시각이다. 그래서 한국인의 역동성에 대한 설명은 이 두 요인이 서로 어떻게 얽히고 있는지를 밝히는 작업이 된다고 하겠다.

(3) 전통과 현대성의 모순적 융합과 다섯 가지 행위양식

우리의 전체 연구과제는 근현대 한국사회에서 역동성이 억압되거나 표출되어온 역사를 복합적, 종합적으로 설명하는 것이다. 앞서 보았듯이 이러한 설명은 내재적 원인(동력)과 외재적 원인(상황)을 함께 살펴보아야 가능한데, 이를 위해서 우선 근현대 한국사회의 역사를 '전통과 현대성의 모순적 융합'이라는 시각에서 바라보고자 한다. 이는 전통을 대체할 수 있는 외부의 요소로 현대성을 이해하려는 것도 아니고, 현대성의 영향에도 불구하고 지켜온 문화적 원형으로 전통을 설명하려는 것도 아니다. 또한 현대성만이 전통의 저항에 맞서 사회발전을 이끈 원동력임을 부각하려는 것도 아니고, 전통을 현대성의 발전에 기여한 내재적 원인으로 호평하려는 것도 아니다.[151] 유교적 전통이 규범적 가치

---
151. 2006년 시점에 와서도 『르몽드』지의 동경 특파원인 퐁스는 한국인의 "완강한 야망"과 한국사회의 강한 활력의 기원을 유교 내에서도 찾으면서, 전체적으로 여전히 억압으로서의 유교와 그에 대한 반작용으로서의 현대적 활력을 대비시키는 논지를 취하고 있다. Pons, Philippe. 2006, 'La "Pop Culture" Coréenne Déferle sur

지향뿐만 아니라 현실적 생존수단으로 이용되는 한국사회의 현실을 보면, 전통과 현대성을 이처럼 단순한 요소로 이해하는 것은 적절하지 않으며, 근현대 한국사회의 복합적 변화양상을 읽어내기도 어렵다.[152] 그래서 전통과 현대성의 단순한 병립이 아닌 모순적 융합의 양상에 주목할 필요가 있다.

근현대 한국사회에서 사회변동의 결정적 계기는 외세의 개입이었다. 그렇다고 해서 외세의 개입으로 유입된 서양의 문물이 당시 한국사회에 존재하던 한국의 문물을 단순히 대체할 수 있었던 것은 아니었다. 여기서 외부적 요인과 내부적 요인이 복잡하게 얽히는 양상을 이해하는 것이 중요한데, 전통이 사회변동의 내부적 요인이었다면, 현대성은 외부적 요인이었다. 물론 여기서 말하는 현대성은 '서구적 현대성'이다.[153] 그래

---

l'Asie', *Le Monde*, (Dimanche 4 lundi/5 juin 2006). 정수복, 앞의 책, 95-96쪽에서 재인용. 한편 비서양인들이 서양인의 시선으로 자기 사회의 전통을 바라보고 그것을 서양적인 것의 결여로 이해하는 것도 이와 유사한 관점을 공유한다(Achille Mbembe, 2001, *On the Postcolony*, University of California Press). 비서구사회에서 설명하기 어려운 부정적인 사회현상의 원인을 곧바로 유교적 전통에서 찾으려고 하는 관행은, 서양 제국주의에 대한 성찰의 결여와 오리엔탈리즘(orientalism)적 사고의 잔영을 보여준다. 역으로 현대화 이론에 대한 비판을 통해 역동적 사회변동의 내재적 계기 또는 한국적 특수성에 주목하는 논의들이, 유교적 전통에 과도한 의미를 부여하는 역편향의 문제도 신중하게 고려할 필요가 있다. 그러한 논의들은 긍정적 의미에서든 부정적 의미에서든 유교를 한국적 정체성의 원형으로 삼으면서 현대화의 한국적 특수성의 핵심적 요인이라고 주장한다. 예를 들어, 다른 개발도상국들에 비해 한국의 경제발전이 급속히 이루어진 것을 유교적 전통의 효과로 설명하려는 시도가 이런 흐름에 속한다고 할 수 있는데, 이것은 유교적 전통의 복잡한 효과를 놓치고 있다.

152. 김동춘, 2000, 「한국의 근대성과 도덕의 위기」, 『근대의 그늘: 한국의 근대성과 민족주의』, 당대.
153. 이 책에서는 'modern', 'modernity'를 기본적으로 각각 '현대', '현대성'으로 번역한다. 서구에서 'modern'은 멀리는 르네상스 시대까지 소급되는 이성(합리성)과 개인주의라는 현대적 원리가 출현하고 확산된 시대를 통틀어 일컫는 말로 사용된다. 그래서 early modern, late modern과 같은 세밀한 시대구분을 하기도 한다. 그

서 서구의 현대적 이념(가치) 및 제도가 한국사회의 전통적 이념(가치) 및 제도와 서로 만나 어떤 충격과 갈등과 변화를 가져다주었는지를 살펴보아야 한다.

한국사회의 현대화 과정에서 한국인의 역동성에 주목해보려면, 이러한 과정이 어떤 방식으로 한국인들의 성격을 변화시켰는지를 해명하지 않으면 안 된다. 그런데 이 과정은 많은 비서구사회의 역사에서도 나타나듯이 서구 현대성의 제도와 가치가 유입되고 확산되어 일방적으로 한국인들의 성격에 영향을 미치는 과정이었다기보다는, 한국 전통의 제도와 가치 속에서 형성된 한국인들의 성격이 서구적 현대성의 영향 속에서 변형을 겪어오는 과정이었다. 이런 점에서 한국인들의 역동성은 한국사회의 특수한 조건들 속에서 형성되었다는 점에 주목해야 할 것이다.

그리하여 여기서 전통과 현대성이 서로 어떻게 만나 한국인들에게서 역동성을 불러일으키거나 억누르게 되었는지를 구체적으로 이해하려

런데 한국사회에서는 1960년대 이후의 공업화 과정을 '조국의 근대화'로 표현하면서 'modernization'을 '근대화'로 번역하는 것이 익숙해진 특유의 역사적 맥락이 존재한다. (근대화라는 번역이 일본의 번역어인 '近代化'에서 유래했다는 점은 서두의 각주에서 이미 언급한 바 있다.) 그래서 '근대화'를 '현대화'로 일률적으로 바꾸는 것이 어색한 경우도 있는데, 이런 경우에는 '근대화'라는 표현을 그대로 사용할 것이다. 그렇지만 그 의미는 '현대화'라는 점을 이해할 필요가 있다. 그런데 '근대화'라는 번역어가 오랫동안 사용되면서 이후 modernity 논쟁이 이루어졌을 때 이것을 근대성으로 번역하는 것이 주류가 되었다. 그래서 그동안 학계에서는 '근대'와 '현대', '근대성'과 '현대성'이라는 번역어들이 함께 사용됐는데, 사실 한국어에서 '근대'는 현대와 가깝지만 중세 이후이자 현대 이전의 시기를 의미하고 있어서, 현재까지 이어지고 있는 시대의 원리나 양상을 '근대', '근대성'이라고 표현하는 것은 어색하다. 예를 들어 '근대화'라는 표현은 현대와 가깝지만 현대 이전 시기, 즉 근대를 지향하는 변화과정으로 오해하기 쉽다. 그래서 학문적으로나 대중적으로나 별로 적절해 보이지 않는다. 따라서 이 책에서는 특정한 시기나 맥락상 필요한 경우가 아니라면, 일반적으로 '현대', '현대성', '현대화'라는 번역어를 사용할 것이다.

면, 무엇보다도 근현대 한국사회에서 전통과 현대성의 양상들을 내포하고 또 표출해온 역사적 행위양식(행동양식)들에 주목하지 않으면 안 된다. 왜냐하면, 이러한 행위양식들은 곧 주어진 사회·역사적 조건 속에서 형성되고 또 변형되어온 한국인의 사회적 성격을 표현하는 양식들이면서, 동시에 이를 통해 역동성을 표출하는 양식이기 때문이다. 그렇다면 근현대 한국사회에서 '역동적 한국인'의 형성에 큰 영향을 미친 행위양식에는 어떤 것들이 있을까?

'역동적 한국인'이라는 큰 주제 아래에서 진행한 전체 연구는, 근현대 한국사회에서 전통과 현대성이 모순적으로 융합—균열, 대립, 갈등, 경합, 결합 등을 포함하여—하는 역사적 과정에서 한국인의 사회적 성격 형성 및 역동성 표출이 이루어진 흐름의 큰 줄기를 이해하는 데 중요한 행위양식으로 '가족주의(familism)', '집단주의(groupism)', '민족주의(nationalism)', '실용주의(practicalism)', '평등주의(egalitarianism)' 등 다섯 가지에 주목하였다. 근현대 한국사회의 현대화 과정은 전체적으로 농업

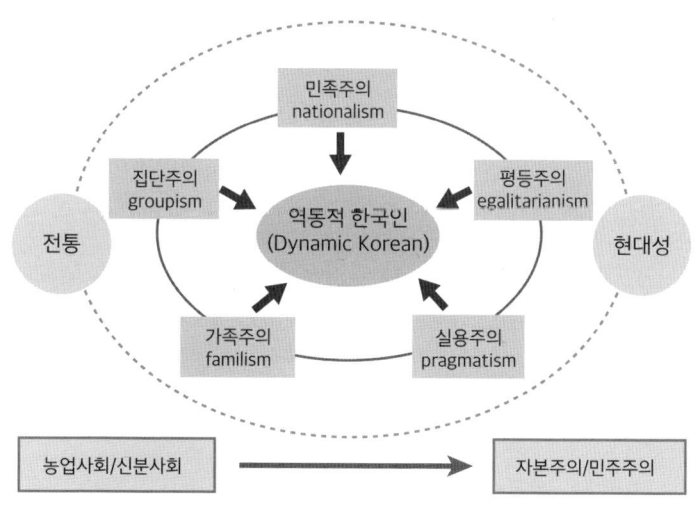

<그림 3-1> 전통과 현대성의 모순적 융합의 역사와 다섯 가지 행위양식

사회, 신분사회에서 자본주의사회, 민주주의사회로 전환하는 과정이라고 할 수 있으며, 이러한 사회구조적 배경 속에서 전통과 현대성의 모순적 융합의 역사가 진행되었다. 그리고 여기서 다섯 가지 행위양식은 전통과 현대성의 다양한 제도나 가치와 결합하면서 새롭게 형성되거나 변형되어왔고, 그 과정에서 다양한 방식으로 한국인의 역동성을 형성하게 되었다. <그림 3-1>은 이러한 근현대 한국사회 역사의 흐름을 전체적으로 조망하기 위한 설명틀을 보여준다.

그렇다면 이제 우리는 근현대 한국사회 역사에서 등장한 다양한 행위양식 중에서 왜 하필이면 이 다섯 가지에 주목하고자 하였는지를 분명히 밝힐 필요가 있다. 이를 위해서는 먼저 다양한 행위양식(행동양식)들이 등장한 역사적 흐름을 개괄적으로 살펴볼 필요가 있겠다.

앞서 살펴보았던 다양한 한국인론 또는 한국인의 사회적 성격 논의에서는, 한국인들의 행동양식들에 대한 다양한 요소 또는 항목이 제시된 바 있다. 역동성의 원천으로 보든 정체(停滯)의 원천으로 보든, 긍정적으로 보든 부정적으로 보든, 이러한 항목들은 몇 가지 요소로 요약될 수 있었다.[154] 이것들은 '이념-가치-심성-성향-태도' 등으로 이어지는 일련의 의식형태들로서, 궁극적으로 '행동양식'들로 표출된다고 할 수 있다. 그런데 여기서 사회변동의 전반적인 흐름을 이해하려면 미시적인 개인 심리나 성격에 주목하기보다는 좀 더 거시적인 사회적, 집합적 심리나 성격에 주목할 필요가 있으며, 특히 사회제도나 사회조직의 형태에 영향을 끼친 이념이나 행동양식에 주목하지 않으면 안 된다. 그래서 거시 차원의 이념-심성-행위양식을 중심으로 근현대 한국사회의 역사적 흐름을 개관해보기로 하자.

---

154. 민문홍은 1996년 상황에서 기존의 것을 28가지로 분류하고 있다. 민문홍, 1996, 「한국인의 사고방식」, 일상문화연구회 엮음, 『한국인의 일상문화』, 한울.

많은 학자가 지적하고 있듯이 근현대 한국사회의 모습을 틀 짓는 데 큰 영향을 미친 전통적인 제도는 가족이다. 물론 이때의 가족은 넓은 의미에서 씨족/친족으로 확장될 수 있다. 혈연 중심의 대가족을 형성하여 살아온 조선시대 양반지배층은 권력을 유지하고 행사하기 위한 자원과 조직을 추구해왔는데, 씨족/친족 단위는 곧 혈연 집단으로서 일체감을 형성해온 사회적 자원이자 중요한 정치적 기반이었다. 이것은 유교에 바탕을 둔 권위주의와 집단주의 문화를 형성하였다. 이것은 농업을 기반으로 해온 조선시대 신분제도를 유지하는 중요한 토대가 되었다.

가족이 상대적으로 미시적인 사회관계의 토대였다면, 신분제도는 거시적인 사회관계의 토대였다. 양민과 천민을 구분하고 또 양민 중에서 양반, 중인, 상인을 구분하였던 조선시대 신분제도는 주로 양반들이 성리학(유교)을 통치이념으로 내세워 상인들과 천민들의 노동력에 의존하면서 이들을 착취하고 지배해온 사회제도였다. 양반들은 농업 중심의 사회에서 한편으로는 군대를 운영하면서 물리력을 독점하고, 다른 한편으로는 식량을 생산하는 중요한 생산수단인 토지를 소유하고 관리하는 권리를 독점함으로써 신분질서를 유지할 수 있었다.

이처럼 신분제도와 가족(친족)제도를 근간으로 하여 유지되어온 조선사회는 후기로 오면서 서양의 문물이 직·간접적으로 유입되고 또 서양과 일본 등 주변국들의 침략이 본격화되면서 한국적 전통과 서양적 현대성이 충돌하고 또 융합하는, 큰 갈등과 균열의 시기를 맞이하게 된다. 내부적으로 시장경제가 발달하는 가운데 양반들의 과도한 수탈에 불만을 품은 농민들이 곳곳에서 반란을 일으키기 시작했다. 중국 등지에서 실용을 중시하는 사상들이 유입되어 성리학적 명분과 현실적 실용이 서로 갈등을 빚기 시작했고, 신분차별과 수탈에 대한 농민들의 저항과 서양의 평등주의 사상의 유입 속에서 신분제도가 크게 흔들렸다. 이런 가운데 서양 제국주의 세력의 강요 속에 개항이 이루어지면서 서양의 현대적 이념, 문화, 제도가 한국사회에 본격적으로 도입되고 확산되기 시작했다.

외세의 침략과 개항으로 본격적으로 유입되기 시작한 서양의 문물은 사상, 문화, 제도 등에서 한국사회의 전통적 삶에 큰 충격을 주었다. 개인의 자유와 평등을 강조하는 다양한 시민사회 사상과 기독교(천주교와 개신교) 사상들이 유입되면서, 신분차별 철폐와 만민평등을 주장한 자생적 평등주의 사상인 동학사상에 영향을 주었고, 또 외세에 대한 대응 방식을 둘러싸고 위정척사파와 개화파의 대립도 격화되었다. 자유주의, 평등주의, 개인주의, 민주주의 등의 사상과 문화가 확산되면서 전통적 위계서열주의, 가부장주의, 권위주의 사상과 문화가 도전받기 시작했다.

농업이 중심이었던 조선사회에서 농촌은 전통적인 동족촌을 유지하게 되면서 여전히 씨족 중심의 가족주의가 자리 잡고 있었고, 양반들을 중심으로 친족, 지역, 파벌 등 연고를 중심으로 하는 집단주의 문화가 형성되어 기득권을 지키기 위한 생존전략에 이용되고 있었다. 반면에 도시에서는 시장경제가 발달하면서 상공업의 규모가 커졌고 사유재산의 형성과 축적이 이루어지게 되었다. 이에 따라 점점 늘어난 상공업자들은 자신들의 직업적 이익을 공유하고 지키기 위해 집단주의를 강화하게 되었는데, 상인들은 도고(都賈)를 조직하여 매점매석으로 이익을 챙기는 등 시장독점의 경향을 보이기도 했다. 이들은 양반들의 명분주의에 맞서 실용주의를 지향하며 실질적인 경제적 이익을 극대화하려고 하였는데, 그럼에도 양반들의 수탈에서 벗어나기는 어려웠다.

서양 선진국들과 일본의 제국주의적 침략은 조선인들에게 민족적 동일체 의식을 형성하는 중요한 계기가 되었다. 한반도라는 공간에서 오랫동안 상대적으로 안정적인 삶을 살아왔던 한민족은 조선왕조국가의 틀 속에서 일본, 중국 등 주변국들의 간헐적 침략을 받으면서 운명공동체라는 의식을 서서히 갖기 시작했다. 개항을 전후한 외세의 침입은 민족의 자율성을 억압하였고, 이에 따라 외세에 맞서 민족적 단결을 호소하는 민족의식이 고취되어 민족주의가 강력한 저항 이념이자 행동양식으로 부상하게 되었다.

개항기 열강들의 경쟁 속에서 일본이 일방적 한일병합으로 조선(대한제국)을 강점하면서 한국사회는 또 다른 변화의 계기를 겪게 되었다. 무엇보다도 일제 강점기에는 침탈당한 국권을 회복하기 위해 식민지배에 저항하는 민족독립의식이 강화되어 민족주의가 점점 더 공고해져 갔다. 1919년 민족독립을 요구한 3.1운동이 실패하면서 임시정부가 수립되어 민족해방과 독립된 국민국가를 형성하려는 저항운동이 조직적으로 전개되기 시작했다. 이 과정에서 서양의 평등주의 사상인 사회주의 사상이 유입되어 민족주의와 서로 연합하거나 경쟁하면서 일제에 맞서는 민족해방운동과 지주를 비롯한 지배계급에 대항하는 계급해방운동을 펼쳐나갔다.

일제 강점기에는 사회주의 사상과 함께 자유주의, 개인주의 사상과 문화가 유입되면서, 도시 엘리트층을 중심으로 성 평등 운동도 일어났고 신분차별에 저항한 노비들의 형평운동도 일어났다. 이러한 저항의 움직임들은 전통적 가족주의, 집단주의, 권위주의, 가부장주의(남존여비) 문화와 갈등을 일으키기 시작했다.

외세의 침략으로 유입된 서양 현대성의 핵심적인 제도는 무엇보다도 자본주의와 민주주의였다. 시장경제가 발달하기 시작했지만 여전히 농업중심이었던 조선사회에 선진자본주의 과학기술문명이 들어오면서 철도, 도로, 항만 등 사회기반시설들이 건설되어 수탈과 함께 시장경제가 확산되었고, 공장이 건설되면서 공업의 발달과 함께 노동자들이 점차 늘어나기 시작했다. 이러한 사회변동은 실용주의의 확산을 가져왔다. 그러면서도 시장경제의 발달 속에서 사적 소유권이 강화되면서, 공장에서 자본-노동관계가 확산해갔고, 농촌에서도 지주-소작관계가 자본주의적 계약관계로 전환되어갔다.

한편 일제 강점기에 임시정부를 중심으로 민주공화국을 건설하려는 운동 속에서 중요한 정치적 이념이자 제도로 자리 잡기 시작한 민주주의는 해방 이후 인민공화국 건설운동에 영향을 미쳤다. 하지만 남북분단과 남한에서의 미군정 지배로 이념논쟁이 격화된 가운데 미군정과 결탁한 반공주의 보수우익세력이 주도권을 잡으면서 미국의 지원하에 남한 단독정부가 수립되었고, 보수우익 이승만 정권이 집권하여 반공주의·권위주의 통치가 강화되면서 민주주의는 점차 후퇴하게 되었다. 이 과정에서 민족주의는 민족해방 이후 점차 분단에 맞서는 조국 통일의 이념으로 전환되어 그 성격이 변화되기 시작했다. 이승만 정권은 자유주의에 기초한 북진통일론을 내세웠고, 이에 반대한 조봉암 등 진보세력은 평화통일을 주장하였다. 이에 따라 민족주의는 통일방법을 둘러싼 논쟁을 낳았고, 이승만 정권이 반공주의를 내세워 진보세력을 탄압하면서 민주주의는 후퇴하게 되었다.

해방 이후 사회주의와 민족통일 이념에 기초한 인민공화국 건설의 열망은 평등주의의 확산에 대한 기대로 이어졌지만, 미군정과 보수우익세력의 반공주의 통치가 강화되면서 평등주의는 사회주의와 함께 억압되었다. 한국전쟁 중 농지개혁이 이루어져 농민들의 저항이 약화되면서 평등주의의 열망은 약화되었다. 하지만 이승만 정권의 권위주의 통치와 부정부패는 도시를 중심으로 정치적 평등주의인 민주주의의 요구를 폭발시켜 1960년 4.19민주혁명을 낳게 되었다.

일제 강점기에는 일제가 식민통치와 수탈의 수단으로 도시를 중심으로 공장을 짓고 철도, 도로, 항만 등 기반시설을 건설함에 따라 인구의 도시이동이 이루어지기 시작했는데, 이것은 해방 이후에도 어느 정도 지속되었다. 특히 한국전쟁 이후 남하한 북한인들과 피난민들이 도시로 몰려들면서 도시화가 이루어졌다. 이 시기에는 농촌이 농지와 농업생산량에 비해 인구가 과잉하여 사람들이 도시로 나가지 않을 수 없었는데, 이 과정에서 농촌에 기반을 둔 전통적인 씨족 중심 가족주의는 점차 약화의 길로 갈 수밖에 없었다. 그렇지만 도시에서 친족들이 모여 종친회를 만들거나 출신 지역이 같은 사람들이 모여 향우회를 만드는 등 혈연, 지연 등 연고에 기초한 집단주의 문화를 형성해갔다. 해방 이후 정치적 혼란과 한국전쟁을 겪으면서 사람들은 농촌에서든 도시에서든 빈곤에 맞선 생존투쟁과 경쟁에 내몰리게 되었는데, 이에 따라 사람들에게서는 수단과 방법을 가리지 않고 실리를 추구하는 실용주의적 태도가 확산되었다.

한국전쟁 이후 이승만 정권이 미국의 원조에 의존하여 경제재건에 힘쓰던 상황에서 1960년에 정권의 권위주의적 통치와 부정부패에 저항한 4.19혁명이 일어났는데, 이것은 민주주의, 자유주의의 부흥을 가져왔다. 하지만 1961년 군사쿠데타가 발생하여 박정희 군사정권의 수립으로 이어졌다. 이에 따라 민주주의는 다시 후퇴하게 되었고, 정치적 정당성이 취약했던 박정희는 경제성장을 통한 빈곤극복을 통해 정당성을 얻고자 하였다. 박정희 정권은 '조국근대화'를 경제성장의 명분으로 내걸면서 국민을 동원하고자 하였고, '조국통일'을 앞세워 반공주의적 민족주의를 민족적 일체감 형성에 이용하려고 하였다. 또한, 공업화를 통한 경제성장을 지원하기 위해 전통적 유교문화의 명분주의를 버리고 허례허식 타파를 요구함으로써 실용주의를 강화하였다.

그런데 국가주도의 자본주의적 공업화 과정은 수출대기업을 지원한

반면에, 저곡가로 인한 농민들의 희생과 저임금, 장시간 노동에 따른 노동자들의 희생을 요구함으로써 평등주의를 억압하는 결과를 낳았다. 그리고 민중들은 사회복지와 같은 제도적 평등 정책이 발달하지 못한 현실 속에서 치열한 생존경쟁에 내몰리게 되었다. 개인들은 지위상승을 추구하는 실리적 실용주의 행위에 몰두하게 되면서, 평등주의의 공적, 제도적 발전은 방해받았다.

박정희 정권에서의 급속한 공업화 전략은 도시에서 일자리를 만들어냄으로써 도시화를 가속화하였다. 농촌에서 도시로의 인구이동은 대체로 핵가족 단위로 이루어졌는데, 이것은 씨족 중심 가족주의를 급속히 해체하기 시작했다. 반면에 도시의 익명적 삶 속에서 정체성과 소속감을 찾고자 한 사람들은 혈연, 지역, 학연 등 연고에 기초한 집단을 형성하게 되었고, 이것은 집단주의를 집단이익을 추구하는 생존수단으로 만들었다.

급속한 경제성장에도 불구하고 박정희 정권은 집권 연장을 위해 권위주의 통치에 의존하려고 하였고, 민중들의 저항을 억누르기 위하여 반공주의에 기초한 억압과 통치를 지속하였다. 특히 '유신정권'을 통해 강력한 권위주의 통치를 함에 따라 대학생들과 지식인들을 중심으로 이루어진 민주화운동의 저항에 부딪히게 되었다. 특히 석유파동 등 세계적인 경제 위기 속에서 추진한 중화학공업화가 오히려 노동자들의 생존을 위협하는 상황을 만들고, 민중들의 저항을 힘으로 억누르고자 한 전략이 벽에 부딪히게 되면서, 부마항쟁을 시작으로 정치적 자유와 평등을 요구하는 민주화운동과 생존권을 요구하는 민중들의 저항이 점점 더 거세졌다. 이 와중에 박정희는 1979년 말 측근에 의해 암살되었고, 박정희 정권은 몰락하게 되었다.

지금까지 개략적으로 살펴보았듯이 근현대 한국 사회, 특히 해방 이후 남한으로 한정된 한국사회에서는 서양 현대성의 중요한 제도인 자본주의와 민주주의가 한국사회의 제도로 정착되어왔고, 이 과정에서 현대적 이념, 가치, 행동양식이 전통적 이념, 가치, 행동양식과 만나면서 갈등하거나 접목되는 양상을 보여주었다고 할 수 있다. 전통적 신분차별이 법적으로 철폐된 이후로도 외세의 개입에 따른 민족차별과 자본주의 계급관계의 확산에 따른 계급불평등, 가부장적 전통에 기초한 성차별 등 다양한 사회 불평등과 차별들이 지속되었다. 반면에, 서양에서 유입된 자유주의, 개인주의, 민주주의, 평등주의, 사회주의 행동양식들은 다양한 불평등과 차별, 억압에 대한 저항하는 에너지, 즉 '저항적 역동성'으로 표출되면서 유교적·신분제적 권위주의, 위계서열주의, 권위주의, 가부장주의, 가족주의, 집단주의 행동양식들과 갈등을 빚어왔다.

외세의 침략은 민족주의의 확산과 강화로 이어져 민주적인 국민국가 형성을 향한 열망으로 나타났고, 양반들 중심의 유교적 명분주의에 대한 반발에서 비롯된 실용주의의 확산은 생존을 위한 '적응적 역동성'의 에너지가 되어 자본주의 시장경제의 발달에 기초가 되었다. 이에 따라 해방 이후 민주주의와 자본주의는 한국사회의 점진적인 현대화의 중심적 제도이자 행동양식이 되었다. 그리고 가족주의와 집단주의는 현대화의 또 다른 양상인 공업화와 도시화의 확대 속에서 일정한 변형을 겪으면서 사회에 적응하는 생존전략이 되어 '적응적 역동성'을 표출하였다.

결국, 한국인의 역동성은 근현대 한국사회에 유입된 서양 현대성의 이념, 가치, 문화, 제도 등이 한국의 전통적인 이념, 가치, 문화, 제도 등에 충격을 주면서 서로 모순적으로 융합하는 과정에서 다양한 행동양식이 형성되고 변형되어온 과정의 산물이라고 할 수 있다. 이 과정에서 다양한 행동양식은 서로 뒤얽히면서 균열과 갈등을 낳기도 하고 접목과 적응을 가져오기도 했던 것이다.

지금까지 개관해본 개항 이후 100년여에 걸친 한국사회 변동 과정에서, 한국인들은 자본주의와 민주주의를 중심으로 하는 제도적 발전과 함께, 가족(친족)주의, 집단주의, 유교적 전통주의, 명분주의, 가부장주의(성차별주의), 위계서열주의, 권위주의, 민족주의, 국가주의, 실용주의(실리주의), 자유주의, 개인주의, 보수주의, 평등주의, 사회주의 등 다양한 이념, 가치, 행동양식을 유지, 형성, 변형시켜왔다. 그래서 한국인의 역동성의 역사를 전체적으로 조망하려면, 이러한 다양한 행동양식 중에서 중요한 역사적 흐름을 포괄하면서도 한국인의 역동성을 이해하는 데 필수적인 행동양식에 주목할 필요가 있다.

앞서 우리는 가족주의, 집단주의, 민족주의, 실용주의, 평등주의를 근현대 한국사회의 사회변동과 한국인의 역동성을 전체적으로 이해하기 위한 핵심적 행동양식으로 제시한 바 있다. 한 사회를 전체적으로 조망하기 위해 사회적 삶의 중요한 영역들에서 나타나는 행동양식을 살펴보아야 하는데, 무엇보다도 사회적 삶의 세 영역인 경제, 정치, 사회·문화에서 핵심적인 행동양식에 주목할 필요가 있다. 여기서 개괄적으로 구분해본다면, '실용주의'와 '평등주의'는 경제 영역에서, '민족주의'와 '평등주의'는 정치 영역에서, '가족주의'와 '집단주의'는 사회·문화 영역에서 근현대 한국사회 역사의 큰 줄기를 형성해온 핵심적 행위양식이었다.

예를 들면, 실용주의와 평등주의는 근현대 한국사회에서 자본주의라는 서양의 현대적 제도가 물질적 토대를 형성해간 경제 영역에서, 한국인들이 개인의 생존을 위해 어떻게 행동했고, 경제성장에 어떤 영향을 미쳤으며, 또 경제적 불평등과 차별에 대해 어떤 대응을 하였는지를 이해하는 데 핵심적인 행동양식이다. 민족주의는 외세의 개입과 분단 등으로 민족문제가 중요한 쟁점이 되었던 정치 영역에서, 민족차별에 저항하여 독립된 국민국가를 형성하고, 이후에 민족통일을 추구하면서 다양한 연대와 갈등이 이루어져 온 정치적 과정을 이해하는 데 핵심적인 행동양식이다. 평등주의는 신분제도가 해체된 후 민주공화국을 건설하는 것이 중요한 시대적 과제가 되었던 정치 영역에서, 정치적 평등을 향한 저항과 경제적 생존을 위한 지위상승 추구의 경향을 이해하는 데 핵심적인 행동양식이다. 그리고 가족주의와 집단주의는 전통과 현대성이 융합되는 현실에서 사람들이 다양한 이념과 가치의 갈등으로 혼란을 겪었던 사회·문화 영역에서, 한국인이 자신의 삶을 어떻게 유지하려고 했고, 또 현대화의 사회변동 과정에서 사회에 적응하며 생존하기 위해 자신이 속한 가족과 집단의 모습을 어떻게 변형시켜왔는지를 이해하게 해주는 핵심적인 행동양식이다.

(4) 다섯 가지 행위양식과 '한국인의 역동성'의 개괄적 이해

지금까지 우리는 앞서 보았던 다섯 가지 행위양식(행동양식)이 근현대 한국사회의 현대화 과정과 한국인의 역동성의 표출을 이해하는 데 핵심적인 행동양식임을 보여주었다. 그렇다면 이제 정치, 경제, 사회·문화 각각의 영역에서 이들 행동양식이 역사적으로 어떻게 작동해왔는지를 좀 더 구체적으로 살펴보기로 하자.

우선 경제 영역에서는 '실용주의'와 '평등주의' 행동양식이, 조선 후기 성리학의 명분주의에 맞서는 실용주의의 확산, 서양 자본주의 제도의 도입에 따라 생겨난 과학기술과 산업의 발달, 사유재산제도와 자본-노동관계의 확산, 지주-소작관계에 대한 저항과 농지개혁에 대한 요구, 시장경제의 발달과 경쟁의 확산, 능력우선주의 논리의 확산, 자본주의적 공업화와 경제성장, 계급갈등의 확대 등의 사회적, 역사적 과정을 해명하는 데 핵심적인 요소가 된다. 실용주의가 자본주의적 실리추구를

뒷받침하는 논리였다면, 평등주의는 자본주의의 불평등 문제에 저항하는 논리를 제공하였다. 여기서 실용주의는 명분주의에 반대하며 실리를 추구해온 양상들을 잘 보여준다면, 평등주의는 자본주의적 불평등 속에서 한편으로는 불평등과 차별에 저항하는 움직임들이 출현하고 다른 한편으로는 사적 지위상승을 추구하는 개인적 평등 지향이 확산된 배경을 이해할 수 있게 해준다.

정치 영역에서는 '민족주의'와 '평등주의' 행동양식이 개항 이후 제국주의 나라들과의 갈등, 일본 제국주의의 민족 억압에 대한 저항과 국민국가형성 운동, 일제 강점기의 독립된 주권국가로서의 민주공화국 건설 운동, 민족해방과 신분·계급차별 철폐를 요구한 사회운동들의 분출, 해방 후 인민공화국 건설 운동과 보수주의, 자유주의, 민족주의, 사회주의, 공산주의 등의 이념 갈등, 민족분단 및 조국통일을 둘러싼 정치적 갈등, 자유민주주의 제도의 도입과 이승만-박정희 정권의 권위주의·반공주의 통치, 군사정권에서 종족적 민족주의의 정치적 동원과 시민적 민족주의와의 경합, 권위주의 통치와 군사독재에 맞선 민주화운동과 민주주의의 발전, 자유주의와 평등주의의 갈등 등의 사회적, 역사적 과정을 해명하는 데 핵심적인 요소가 된다.

민족주의는 초기에는 외세에 맞서는 민족해방을 위한 저항의 정치 논리로, 해방과 분단 이후에는 민족통일을 추구하는 민족통합 또는 국민통합의 정치논리로 작동하였다. 그리고 정치적 평등주의 이념인 민주주의는 시민사회와 제도정치 모두에서 한국인들이 민주주의를 중요한 정치적 목표로 삼으면서 다양한 정치세력 간의 이념적, 정책적 갈등을 불러일으켰다. 특히 이승만 정권과 박정희 정권의 반공주의·권위주의 통치하에서 민주화를 추구한 사회운동은 민주주의, 즉 정치적 평등주의를 추구한 것이었다.

물론 여기서 자본주의의 사상적 기초라고 할 수 있는 '자유주의'도 경제 영역이나 정치 영역에 두루 영향을 미쳤다고 할 수 있는데, 경제적으로는 사유재산제도와 시장경쟁을 뒷받침하는 이념이었다면, 정치적으로는 전통적인 신분제도와 위계서열주의에 저항하고 또 해방 이후 권위주의와 독재에 저항하는 이념이었다. 그런데 다른 한편으로 자유주의는 평등주의를 억압해온 지배 이데올로기로서 권력층과 지배계급에 의해 끊임없이 왜곡되었다. 이런 점에서 자유주의는 근현대 한국사회를 해명하기 위해 중요한 하나의 이념 및 행동양식으로서 독자적으로 연구할 필요가 있는 과제이기는 하다. 그래서 우리의 연구에서는 실용주의나 평등주의 등을 다루는 과정에서 부분적으로 포괄하고 있다.

한편 사회·문화 영역에서는 '가족주의'나 '집단주의', '평등주의' 행동양식이 가족과 집단을 통한 유교적 전통주의(보수주의), 가부장주의(성차별주의), 위계서열주의 등 전통적 규범의 유지, 신분차별 철폐와 평등의 요구, 역사적 격변기에서의 가족 단위의 단합과 생존, 집단이나 연고를 통한 기득권이나 집단이익의 유지, 도시화와 공업화 과정에서 가족의 형태와 역할의 변화, 가족이나 집단 내에서의 권위주의/서열주의에 대한 저항과 갈등, 현대적 개인주의의 유입에 따른 가족주의/집단주의와 개인주의의 갈등, 권위주의/서열주의와 평등주의의 대립과 갈등 등의 사회적, 역사적 과정을 해명하는 데 핵심적인 요소가 된다. 물론 가족주의와 집단주의는 전통을 지키며 현대성에 저항하는 논리를 제공하였지만, 개인주의, 자유주의, 평등주의 등 현대성의 이념 및 행동양식이 확산되면서 변화를 겪지 않을 수 없게 되었다.

지금까지 간략히 살펴보았듯이 다섯 가지 행위양식은 개항 이후 한국사회 변동의 설명에서, 전통과 현대성의 핵심적 요소들을 두루 포괄하고 있으며, 전통과 현대성의 융합을 통한 현대화의 과정과 그 속에서 표출된 한국인의 역동성의 성격을 이해하는 핵심적 요소였다고 할 수 있다. 실용주의와 평등주의는 자본주의의 발전, 민족주의와 평등주의는 국민국가와 민주주의의 발달, 가족주의, 집단주의에서는 개인주의, 자유주의, 평등주의의 확산이라는 큰 역사적 줄기를 포괄함으로써 전통과 현대성의 모순적 융합의 양상을 충분히 해명할 수 있는 것이다.

여기서 전체적으로 보면 일반적으로 가족주의와 집단주의는 전통과, 평등주의와 실용주의는 현대성과 좀 더 가까운 행동양식이라고 볼 수 있는데, 그렇다고 하더라도 이들을 도식적으로 전통이나 현대성 중 하나의 영역에 속한다고 이해해서는 안 된다. 또한, 이들이 경제, 정치, 사회·문화 중 하나의 영역에만 속해있다고 봐서도 안 된다. 이들 다섯 가지 행동양식은 현실의 개인행위들 속에서 서로 영역들을 교차하고 영향을 주고받으면서 존재할 수밖에 없기 때문이다. 그래서 궁극적으로는 서로 다른 영역 간의, 그리고 서로 다른 행동양식 간의 상호작용 속에서 역사적 과정을 이해하지 않으면 안 된다.

이제 이들 다섯 가지 행위양식이 근현대 한국사회의 역사적 변동과 그 속에서 표출된 한국인의 역동성을 다루는 데 있어서, 어떠한 의미를 지니는지 좀 더 구체적으로 살펴보기로 하자. 물론 이것은 앞으로 각각의 행동양식과 연관된 다른 행동양식이나 하위 행동양식을 함께 다루면서 종합적으로 해명하는 작업이 될 것이다.

먼저 가족주의는 기존 한국인론에서 가장 반복적·지속적으로 언급되어 온 행동양식으로서, 한국사회에서 사회관계의 기본틀을 형성하면서 한국인의 정체성 형성에 중심이 된 요소이다. 특히 전통적 한국사회의 모습을 이해하는 데 중요하며, 가족주의의 역사적 변화를 이해하는 것은 현대성의 영향을 해명하는 데에서도 핵심적이다. 혈연 중심의 친족으로 확장되어 있던 가족은 전통적 권위주의, 위계서열주의, 가부장주의 문화가 전승되는 중심적인 공간이었다. 그런데 자본주의와 시장경제의 발달에 따른 도시화와 공업화의 과정에서 직장을 찾아 도시로 나가야 했던 가족은 핵가족 중심으로 분화해야 했고, 생존을 위해 실용주의를 추구해야 했다. 그리고 개인주의와 평등주의가 확산되면서 가족주의는 점차 약화되어갔다. 이 과정에서 가족은 생존공동체로서 사회적 경쟁에 뛰어들어 소득상승과 지위상승을 추구하는 중요한 단위로 작동하면서 한국인의 '적응적 역동성'을 강화하는 데 영향을 미쳤다.

집단주의는 가족주의를 모태로 하여 집단을 구성하도록 하고, 또 집단 속에서의 개인행위를 규율하는 중요한 행동양식이었다. 집단 또는 공동체의 단합을 강조하고, 집단이익을 개인이익에 우선하도록 하는 강력한 이데올로기로 작동했다. 집단을 묶어주는 매개체는 혈연, 지역, 학연과 같은 연고였는데, 이런 점에서 연고주의는 집단주의의 중요한 구성요소이다. 집단주의 역시 한국사회의 전통적인 행동양식으로 토지를 비롯한 다양한 경제적 자원과 권력을 유지하기 위해 동원되어온 핵심적인 행동양식이었다. 그리고 무엇보다도 나이 위계서열에 따른 권위주의와 긴밀히 결합해 있었다. 그런데 집단주의 역시 가족주의와 비슷하게 자유주의, 개인주의, 평등주의와 같은 현대성의 가치나 행동양식이 유입되면서 도전받기 시작했고, 도시화와 공업화 등의 영향 속에서 점차 약화되어 왔다. 이처럼 집단주의는 주로 사본수의 시장경제의 발달 속에서 집단이익을 추구하며 공동체의 결속을 다지는 데 필요한 주요 행위전략으로 작동하였다. 그런데 때로는 사회운동과 같이 공익을 위한 사회개혁을 추구하는 집합적 행동이나, 대중문화를 공유하거나 공동의 가치를 추구하는 군중행동의 형태로 표출되기도 하였다. 그리하여 집단주의는 현대화에 맞서는 '적응적 역동성'을 표출하는 에너지가 되기도 했고, 문화혁신이나 사회개혁을 추구하는 '저항적 역동성'을 표출하는 에너지가 되기도 했다.

민족주의는 선진 제국주의 나라들의 침략이라는 현대성의 충격 속에서 한국인들의 중요한 생존전략이자 존재근거로 작동한 행동양식이다. 한국인들은 비록 이전부터 한반도라는 공간에서 주변국의 침략에 맞서면서 '민족'이라는 생존공동체로 존재해왔지만, 개항을 전후하여 외세의 침략에 의한 현대적 문물의 충격을 받으면서 '민족공동체'라는 강력한 상상이 필요하게 되었다. 이에 따라 민족주의는 특히 일제 강점기에 독립된 국민국가를 추구하는 강력한 에너지가 되었고, 자유주의, 민주주의, 평등주의, 사회주의 등은 민족주의와 때로는 경쟁하고 갈등하면서도 민족주의를 지원하는 이념이자 행동양식이 되었다. 그럼에도 해방과 함께 분단이 되고 미군정에 의한 분단의 고착화가 진행되면서 민족주의는 위기를 맞이하게 되었고, 이후 분단국가에서 민족주의는 다양한 이념논쟁 속에서 정치적 동원수단이 되거나 민족통일을 열망하는 에너지가 되면서 한국인들이 지속적으로 '저항적 역동성'을 표출하는 원천이 되었다. 그런데 '종족적 민족주의'가 중심을 이룬 가운데 '시민적 민족주의'가 서서히 성장하면서 민족주의는 다양한 변형을 겪게 되는데, 이런 점에서 민족주의는 전통과 현대성을 이어온 중요한 행동양식이었다고 하겠다.

실용주의는 조선 후기에 서양문물의 간접적인 영향 속에서 자생적으로 발달하기 시작한 행동양식이다. 양반들의 농민수탈이 심화되고 또 시장경제가 발달하는 상황에서 성리학의 명분주의와 갈등하였는데, 이에 반대하며 실사구시를 주장한 '실학'은 실용주의 행동양식을 추구한 대표적인 사상이었다. 명분주의는 성리학에 기초한 양반들의 지배 이데올로기였는데, 이에 맞서며 신분차별 철폐를 요구했던 실용주의는 점차 평등주의를 수용하게 되었고, 이에 따라 '저항적 역동성'을 표출하는 행동양식이 되었다. 또한 개항 이후 서양 현대성의 제도인 자본주의의 이식이 강화되면서, 자본주의의 실리추구와 친화성을 지녔던 실용주의는 점차 자본주의를 뒷받침하는 강력한 행동양식이 되었다. 특히 다수의 민중이 착취와 빈곤 속에서 치열한 생존경쟁에 내몰리게 되면서, 실용주의는 이전의 명분에 대한 반대를 넘어서 현세적 실리를 적극적으로 추구하는 이기적 실리주의의 성격이 강화되었다. 그리하여 실용주의는 도시화와 공업화를 통해 자본주의가 발달하는 국면에서 개인주의와 결합하면서, 개인들이 생존을 위한 '적응적 역동성'을 표출하는 강력한 행동양식이 되었다.

평등주의는 전통사회 조선에서 수탈과 차별에 저항한 농민들과 천민들의 자생적 행동양식으로 출현하여, 동학사상으로 체계화되고 동학혁명을 낳은 행동양식이다. 그런데 서양 현대성의 중요한 요소이기도 했던 평등주의가 자유주의, 공화주의, 민주주의, 천주교 등의 사상과 문화를 통해 유입되어 자생적 평등주의와 결합하게 되었고, 이에 따라 평등주의는 점점 더 널리 확산되면서 강력한 저항적 행동양식으로 발전해갔다. 서양 선진국들과 일본의 제국주의 지배에 맞서면서 민족해방과 함께 신분차별과 계급차별의 해체를 원했던 민중들은, 민족주의와 더불어 평등주의를 강력한 저항의 행동양식으로 삼을 수밖에 없었다. 이에 따라 평등주의는 '저항적 역동성'의 핵심적 원천이 되었다. 일제 강점기와 해방을 거치면서 자본주의 시장경제가 발달하고, 남한 단독정부 수립으로 자유민주주의 공화국이 수립되면서, 평등주의는 한편으로는 계급불평등에 저항하는 에너지가 되었고 다른 한편으로는 정치적 평등, 즉 민주주의를 요구하는 에너지가 되었다. 또한 일제 강점기 신여성의 등장을 계기로 분출되었던 성 평등에 대한 요구도 점차 확산되면서, 평등주의는 다양한 차별과 불평등에 맞서 '저항적 역동성'을 보여주는 핵심적인 행동양식이 되었다.

　지금까지 살펴보았듯이 우리의 연구과제 전체가 주목하고 있는 다섯 가지 행위양식은 근현대 한국사회에서 외세의 개입으로 전통과 현대성의 모순적 융합이 이루어져 온 역사적 과정에서 한국사회 변동을 이해하기 위한 중심적 요소들을 두루 포괄하면서, 그 속에서 한국인들이 지향했던 행동양식들의 큰 줄기를 잘 보여주고 있다. 여기서 역동적 한국인은 하나의 통일된 존재라기보다는 다양한 이념 및 행위양식이 교차하는 속에서 다양하게 분화되고 서열화되고 균열되어온 존재들이다. 한국인의 역동성은 통일성보다는 차이와 다양성, 차별과 서열화(불평등) 속에서 형성되고 표출되었다.

　한국인의 역동성은 늘 단일한 방향성을 지닌 것은 아니었다. 따라서 '다이내믹 코리안'을 주제로 하는 전체 연구는, 다양하고 복잡한 사회·역사적 조건이 한국인의 사회적 성격 및 행동양식의 형성과 변화에 어떤 영향을 미쳤고, 또 이를 통해 한국인의 역동성의 표출방식에 어떤 영향을 미쳤는지를 해명하는 것을 목표로 한다. 이것은 한국인의 역동성이 표출되는 다양한 형태와 사회적 맥락을 보여주는 작업이 된다. 이러한 연구는 한국인의 사회적 성격이나 행동양식을 초역사적 정체성이나 문화적 원형으로 보려는 시각, 한국인의 역동성을 아무런 근거 없이 비하하거나 일방적으로 찬양하려는 시각과는 아무런 관계도 없다. 오히려 한국인의 역동성이 다양한 역사적 뿌리를 가지는 것이며, 무엇보다도 다양한 사회적 배경과 역사적 맥락의 변화 속에서, 그리고 전통과 현대성의 모순적 융합 속에서 형성되고 변형되어온 행위양식들의 산물임을 보여주는 것이다.

IV. 한국인의 역동성과 그 원천들: 이념과 행위양식

지금까지 우리는 한국인의 역동성을 역사적 과정에서 해명하기 위한 준비 작업으로서, 근현대 한국사회에서 출현한 '역동적 한국인' 논의와 관련된 다양한 시선과 담론을 비판적으로 검토하면서, 한국인의 역동성을 사회학적 관점에서 객관적으로 해명하는 데 기초가 되는 개념들과 설명틀을 구성해보았다. 그래서 여기서는 이러한 개념들과 설명틀에 기초하여 다섯 가지 행위양식이 앞으로 어떻게 연구될 것인지를 개괄적으로 보여주고자 한다.

개항 이후 100여 년에 걸친 근현대 한국사회의 급속한 사회변동은, 기본적으로 외세의 개입으로 유입된 서양 현대성과 한국사회에서 존속해온 전통이 서로 융합하는 과정에서 이루어졌다고 할 수 있다. 물론 전통과 현대성을 각각 한국적인 것과 서구적인 것으로 단절적으로 구분하는 것은 적절하지 않으며, 한국사회 역시 시장경제의 발달 속에서 내재적으로 현대성의 싹을 틔워가고 있었음에 주목할 필요가 있다. 그렇지만 근현대 한국사회의 제도적 기초가 된 자본주의와 민주주의는 한국사회에 큰 영향을 미친 서양 현대성의 제도적 요소임이 틀림없다. 그래서 외재적 요인과 내재적 요인이 서로 어떻게 결합하여 한국사회의 변동에 영향을 미쳤으며, 이 과정에서 역동성이 표출될 수 있었는지를 구체적으로 해명하는 것이 중요하다.

앞서 언급한 바 있듯이, 본 연구에서 다루는 실용주의와 평등주의 행위양식들은 서양에서 발달한 현대성의 이념이나 제도인 자본주의, 산업(공업)주의, 민주주의, 자유주의, 개인주의 등과 연관되어 있다. 예를 들어 서구열강의 침략에 따른 과학기술 및 공업적 생산방식의 유입과 자본주의 시장경제의 확산은 실용주의가 확산되는 중요한 계기가 되었고, 민주주의, 시민사회 사상, 자유주의, 공화주의, 사회주의 등 서양 이념의 유입은 전통적 신분차별과 불평등에 맞서는 평등주의를 확산시키는 중요한 계기가 되었다.

그리고 민족주의는 전통사회에서 지리적 공간, 혈통, 언어, 문화 등과 같이 민족정체성을 형성할 유리한 조건들을 갖춘 상황에서 외세의 침략에 직면하여 곧바로 저항의 이념으로 등장하게 되었으며, 서양의 민주주의, 공화주의 이념의 영향으로 민주공화국에 기초하여 국민국가의 형성을 추구하는 행위양식이 될 수 있었다.

반면에 가족주의와 집단주의는 전통적인 규범이나 가치를 지키는 중요한 행위양식으로 존재해왔는데, 서양 현대성의 이념 또는 가치인 자유주의와 개인주의가 평등주의와 함께 유입되면서 점차 도전을 받게 되었다. 하지만 가족주의와 집단주의 행위양식들은 전통적 사회관계의 근간을 형성한 문화로 서양의 이념이나 가치에 맞서면서 변형되어갔다. 한편으로는 저항하면서 다른 한편으로는 현대적 변화에 적응하여 경제성장을 이루는 데 기여하는 역동적 행위주체가 되었다.

이처럼 다섯 가지 행위양식은 전통과 현대성의 모순적 융합과정에서 다양한 방식으로 변형해갔고, 이에 따라 때로는 '저항적 역동성'을 때로는 '적응적 역동성'을 표출하는 중요한 요인들이 되었다. 이처럼 다섯 가지 행위양식은 외세의 개입 속에서 현대성과 전통이 결합하는 복합적인 양상들을 잘 보여주는 요소들인데, 이들 각각에 대한 연구를 개괄적으로 살펴보기 전에, 각 연구가 어떤 관점에서 이루어지고 있는지를 간단히 언급할 필요가 있다.

첫째, 각각의 행위양식은 연관된 다른 행위양식들과의 관계 속에서 해명된다. 예를 들어 가족주의와 집단주의는 자유주의나 개인주의와의 연관 속에서, 실용주의는 명분주의와의 연관 속에서, 평등주의는 권위주의, 서열주의, 성차별주의 등과의 연관 속에서 해명된다. 물론 이들은 서로 친화성을 가지며 결합하기도 하고, 또 경합하거나 대립하기도 한다. 그래서 각각의 연구가 하나의 행위양식에 주목하고 있기는 하지만, 역사적 과정에서 다양하게 출현한 연관된 행위양식들과의 관계 속에서 그 복합적인 양상들을 해명한다는 점을 밝혀둔다.

둘째, 각각의 행위양식은 역사적 과정에서 다른 행위양식들과 서로 복잡하게 얽히면서 역동성의 형성 및 표출에 긍정적 영향을 주기도 하고 또 부정적 영향을 주기도 했다는 점에 주목한다. 그리고 이러한 역동성은 '적응적' 성격을 띠기도 했고, '저항적' 성격을 띠기도 했다. 예를 들어 가족주의나 집단주의는 전통적인 유교적 명분을 지키며 집합적 결속을 다지는 데 기여해 왔지만, 자본주의 시장경제의 발달 속에서 실용주의적 태도와 결합하면서 성공과 출세를 위한 역동성, 즉 적응적 역동성을 표출하는 중요한 수단으로 작용하였다. 이처럼 현대화 과정에서 전통적 행위양식은 현대성에 기초한 역동성의 표출을 억제하거나 방해하기도 했지만, 현실적인 변용을 거치면서 역동적인 행위양식으로 변화하기도 했다. 바로 이러한 점이 한국사회 현대화의 특수한 양상을 구성하였다.

한편 다양한 행위양식은 어떤 고정된 정체성이나 문화적 원형을 구성하는 것이 아니라는 점을 분명히 해둘 필요가 있다. 이런 점에서 이것들은 역사적, 사회적 조건 속에서 그 변화가 설명되어야 하는 사회적 성격이라는 점을 염두에 두어야 한다. 본 연구에서는 가족주의, 집단주의, 민족주의, 실용주의, 평등주의 등을 '행위양식'으로 규정하는데, 앞서 보았듯이 이것은 이념(이데올로기), 아비투스, 사회적 성격, 성향, 심성, 심리, 태도, 실천 등의 복합체라는 의미를 전제한다. 행위는 이런 요소들과의 연관 속에서, 그리고 그 영향 속에서 이루어지는 것이며, 이런 점에서 이것들은 하나의 복합체로 이해될 필요가 있다. 그래서 본 연구에서는 각각을 간략히 행위양식으로 표현하고 있지만, 그 속에는 이러한 다양한 요소와 맥락을 포함한다는 점을 이해할 필요가 있다.

이러한 점들을 염두에 두면서 이제 한국인의 역동성의 원천들로서 각각의 행위양식에 관해 진행되는 연구의 개요를 살펴보기로 하자.

1. 가족주의: 씨족 가족주의에서 핵가족 가족주의로

충보다는 효를 으뜸으로 여긴 우리의 유교적 전통 속에서는 유교적, 가부장적 가족주의 도덕이 가족이나 혈연을 넘어서 이웃이나 촌락, 더 넓은 사회에 적용될 수 있는 기본적인 규범으로 자리 잡고 있었다. 우리 조상들은 개인으로서 '나'를 독립된 인격체로 인식하기보다는 가족에 속하는 '우리'로 바라보고 있었다. 여기서 '가족'은 먼 과거에서부터 현재에 이르기까지 가부장적인 '혈연'관계로 맺어진 구체적이지만 동시에 상상된 공동체였다. 최봉영이 정리하는 바처럼, 가족은 단순히 가문만을 의미하는 것이 아니라, 구성원으로서 가장과 가족, 생업으로서 가업과 가산(家産), 행위의 규범으로서 가례(家禮), 종교로서 가통(家統)과 가묘(家廟)를 구성요소로 하여 하나의 전체적이고 완결된 구조를 갖추고 있었다. 여기서 가족은 개인 이전에 존재하는 것으로서 하나의 독자적인 조직으로 구성원을 조직하고 생업을 영위하며 종교적 의례를 행하는 단위인데, 그 구성원들 역시 독립된 개인으로서가 아닌 가족의 일원으로서 자신을 실현한다.[155]

한국 민족뿐 아니라 현대 자본주의 문명이 자생적으로 발전하지 않았던 곳, 특히 아시아의 유교국가에서는 가족적 유대가 대단히 중요하게 취급되는 경향이 있었다. 그러나 한국의 가족주의는 일본은 물론 중국의 그것보다도 훨씬 더 강렬하였다. 일본에서는 전근대 사회에서 일반 사람들의 충성심이 가족에만 국한되지 않고 그것을 초월한 촌락, 사회계급으로도 연장되었다. 중국도 한국보다는 자연촌락의 공동체적 유대가 가족의 유대만큼 중요한 비중을 지녔으며, 한국보다 더 일찍 유교적 가족주의가 붕괴하였다. 한국의 전통적 공동체 관계는 서구 자본주의

---
155. 최봉영, 1994a, 앞의 책 참조.

의 전사였던 봉건체제나 자본주의에 선행했던 다른 공동체적 생산관계와도 다른 것이었다. 전통사회의 한국에서 가족, 친족 단위의 유대는 가장 핵심적이었고, 가족을 떠난 지역, 동리 단위나 국가 단위의 소속감은 대단히 희박하였다. 즉 한국에서 공동체란 주로 친족, 혈연 공동체를 의미하였다.

가족주의 관계는 그것에 기초한 친소(親疎)의식이 있다. 결국, 자신과 피를 더 많이 나눈 사람들이나 연고가 있는 사람들에게는 쉽게 마음을 열고 자신이 가진 것을 나누기도 하지만, 그렇지 않은 사람들에게는 남으로 여기며 차갑게 대한다. 즉 같은 성씨나 같은 문중(門中)이라고 해서 가족이 되는 것이 아니라 촌수(寸數)의 거리감에 따라 남이 되어버리고, 여기서 벗어난 개별 가족은 원자화된 존재로 남아 다른 가족과 소원해진다. 이렇듯 혈연에 기초한 가족주의는 이기주의와 배타성을 내포하고 있었다.

이를테면 서울의 거리, 뒷골목에 있는 건물의 계단 입구에서 가장 흔히 발견할 수 있는 간판은 ○○○ 동창회, ○○○ 향우회, ○○○ 종친회 등이며, 동호회, 노동조합, 협동조합 등의 간판은 거의 찾을 수 없다. 이것은 한국인들의 모임이 주로 친족, 혈연, 지연, 학연 중심으로 이루어지며, 한국인들은 혈연, 학연, 지연 등으로 연계된 사람에게만 마음을 열고 그렇지 않은 사람에게는 남으로 대처하는 현실을 반영하고 있다. 오늘날 한국인 특히 도시의 중산층에게 가장 강력한 종교가 있다면 바로 '가족'이라는 종교일 것이다. 미국의 역사학자이자 사회비평가인 라쉬(Christopher Lasch)가 말한 것처럼 가족은 "비정한 세상 속의 안식처(haven in a heartless world)"[156]인데, 힘겨운 현대사를 헤쳐서 살아온

---

156. Christopher Lasch, 1977, *Haven in a Heartless World: The Family Besieged*, New York: Basic Books Inc. 같은 문제의식으로 1950년대 한국을 대상

한국인들에게 가족은 곧 신앙과 헌신의 대상이었다. 가족 밖의 삶의 조건이 팍팍할수록 가족과 연고 집단의 중요성은 그만큼 더 커진다. 신앙이 그렇듯이 가족주의는 안식이요 에너지의 원천이다. 사람들은 1960-70년대 경제성장의 동력이 한국 사람들의 근면성에 기인한다고 말하곤 했는데, 이러한 근면성의 내적인 동력은 두말할 나위도 없이 가족의 안녕과 복리를 위한 헌신과 열정이었다. 한국인들이 이룩한 경제성장은 지금의 40대, 50대, 60대들이 지난 30년 동안 해온 가족을 위한 희생의 산물이라고 볼 수 있다.

(1) 가족, 가족주의의 개념적 이해

가족은 시간과 공간을 넘어서 존재해 온 인류의 가장 보편적인 삶의 단위이자, 제도이자 법이고, 관념이자 이데올로기이다. 전인격적이고 온정적이며 상호의존적인 공동체로서 가족은 모든 사회의 기본단위이며 세포와 같다.[157] 모든 인간관계나 사회관계는 가족관계에서 출발하고, 가족 구성원 간 관계의 성격과 가족 내 질서와 윤리는 확대되어 사회전체의 관계와 질서, 윤리를 형성한다. 한 사회의 문화적 전통은 무엇보다도 가족을 통해 다음 세대로 전승되기 때문이다. 인간이 가족에게 헌신히고 봉사하려는 가족주의의 내노는 동서양을 막론하고 인류가 존재한 이래 지속되어온 보편적인 현상이다. 그렇지만 가족관계의 특성이 얼마나 사회관계로 확산되느냐는 나라마다 지역마다 다르다.

한국의 전통사회에서 '가족'은 오래전 조상으로부터 현재에 이르기까

으로 한 연구로는 Kim, Dong-Choon, 2017, "A Permitted Haven in a Heartless World: Colleges and Churches in South Korea in the 1950s", *Journal of American-East Asian Relations*, 24.

157. 이효재, 1979, 「전환기에 선 가족주의」, 고려대학교, 『高大文化』 19, 43-50쪽.

지 가부장적인 '혈연'관계로 맺어진 구체적이고 실제적인 동시에 관념상의 공동체였다. 현대 한국사회에서 가족은 외형적으로는 부부와 자녀로 이루어진 핵가족이지만, 일제가 호주제도를 정착시킨 후 법적으로나 관념적으로 종법(宗法)적인 친족까지 확대되었다.[158]

그럼에도 세계 모든 나라나 지역에서 그러하듯이 과거 농경사회의 생산단위였던 가족은 현대사회에서 그 기능이 분화를 겪을 수밖에 없었기에, 근대 이후 한국에서도 가족, 씨족, 종족이 개인에게 갖는 의미나 비중 자체는 많이 축소됐다. 특히 일제 이후 근현대 자본주의 사회에서 직업집단, 지역사회, 기업, 학교, 국가 등 다른 사회조직이 가족의 전통적 기능을 담당하게 되면서 가족의 성격과 의미는 크게 변했다. 일본에 의한 식민지화, 전쟁 등 정치적 격변, 경제개발 등에 따라 조선사회에서 양반 사족(士族)이 갖고 있던 지위도 무너졌고,[159] 이제는 지역과 출신학교의 관계망이 중요해졌다. 이에 덧붙여 일제 식민지 침략을 받으면서 더 확대된 가족 관념으로 볼 수 있는 '동포', '민족'의 관념이 형성되기 시작했고, 서구 사회과학에서 발전된 '사회'의 개념이 수입되어 일반화되었다. 그래서 가족은 주로 사적 영역을, 국가와 사회는 공적 영역을 지칭하게 되어 가족과 친족이 개인의 관계망에서 차지하는 중요성은 점차 축소되었다.

그러나 산업화, 도시화가 자유롭고 평등한 개인을 자동적으로 탄생시

---

158. 근대 이후 한국가족은 단순히 전통적 가족과 다른 핵가족도 아니고, 그렇다고 해서 일본의 호주제도가 이식된 것도 아닌 제3의 형태를 지닌 것이 되었다. 양현아, 2011, 『한국 가족법 읽기』, 창비.
159. 그러나 이광규는 한국의 가족을 친족관계의 틀에서만 설명하였기 때문에 다른 요인과의 상관성을 충분히 고려하지 못했다. 즉 가족을 사회적 현실로 보기보다는 문화체계의 표현기제로 간주함으로써 역사적 과정보다 구조와 체계의 분석에 치중한 결과였다. 김광억, 2002, 「국가와 사회, 그리고 문화-가족과 종족연구를 위한 한국 인류학의 패러다임 모색」, 『한국문화인류학』 32권 2호.

킨 것은 아니다. 남성 가장, 이성애 부부와 자녀를 기초로 하는 '정상가족' 관념은 여전히 각종 사회보장 제도와 기업의 임금정책을 지배하는 기준이 되기 때문에 여기서 개인이 설 자리는 매우 협소하다. 그렇지만 현대화의 실제 과정이 가족, 친족관계, 가족 유대의식이나 연고의식을 축소하는 역할만을 한 것은 아니다. 오히려 산업화, 도시화, 직업조직의 확산 속에서 가족과 연고 네트워크는 개인의 정서적 공허함과 친밀감의 욕구를 채워주는 공동체로 기능하였다. 그래서 모든 사회적, 공적 관계를 여전히 가족, 혹은 사적 관계가 확대된 형태로 간주하고, 그러한 전제 위에 사고하고 실천하는 가족주의는 근대 이후 지속되거나 오히려 강화되었다. 한국인의 사회적 행위에 여전히 큰 영향을 미치는 연고주의, 지역주의는 가족주의의 확대된 형태라고 할 수 있다. 요컨대, 혈연적 유대를 기초로 한 '1차 집단'인 가족이 일상에서 차지하는 비중은 한국에서도 축소되는 경향을 보이나, 가족에 대한 집착이나 가족의 확대된 형태인 친족, 연고 집단에 대한 유대감은 지속되거나 강해졌다.[160]

따라서 가족주의, 혈연주의, 그리고 연고주의는, 19세기 말 개항과 위로부터의 현대적 개혁이 시작된 이후 20세기 전 기간 한국인의 의식과 행동을 설명할 때면 항상 거론되는 사회현상이자 행위양식들이다. "한국인은 혈연, 지연에는 매우 민감하고 소집단적인 규범은 잘 따르지만, 큰 집단이나 국가의 준칙, 법과 같은 전국적인 순직에는 매우 둔감하다."는 것은 국내외 거의 모든 연구자들이 공통으로 지적하는 내용이다.[161]

그래서 최재석은 한국사회에서 개인은 가족에서 독립하지 못하고, 가족 내의 관계가 여타의 사회관계를 지배한다는 점에서 "한국은 여전히

---

160. 신수진, 1998, 「한국의 가족주의 전통과 그 변화」, 이화여자대학교 박사학위논문.
161. 배용광·변시민, 1984, 『한국사회의 규범문화』, 한국정신문화연구원, 69쪽.

가족주의의 논리에 기초해 있다."고 말한다.162 박영신은 "우리 사회의 조직원리는 가족주의다."라고 단언하였다. 또한, 그는 가족 내 인간관계를 사회적으로 반복 재생할 경우 가족주의가 가족이기주의, 집단이기주의, 연고주의와 정실주의와 같은 양상으로 나타난다고 지적했다.163 조혜정도 가족주의 현상에 대해 주목을 했고, 최봉영은 그것을 현재의 가족과 후일의 자손을 위해서 사회 일반의 요구 혹은 공익을 무시하거나 희생할 수 있다는 가족이기주의 사고방식이라고 정의했다.164 한편 송재룡은 가족주의를 혈족적·씨족적 근친관계에 두드러진 가족중심주의 논리를 집단이나 조직의 통합과 질서를 유지하기 위한 제1의 준거기준으로 삼고 그 정당성을 강화해나가는 집합적인 행태나 현상이라고 정의했다.165

외국이나 국내 학자들은 가족주의를 가족이 다른 어떤 집단과도 비교할 수 없을 정도로 중시되어 개인의 일상과 정신세계와의 관계에서 압도적인 비중을 차지하며, 확대된 가족인 친족이나 연고 집단에 집착하여 가족 밖의 사회를 무시하는 사고와 실천을 주로 지칭한다. 즉 가족 혹은 가족 단위의 사적인 이익과 가치, 가족에 대한 헌신 등을 공(公), 혹은 사회나 국가에 대한 관심이나 헌신성보다 크게 앞세우는 태도를 가족주의라고 지칭한다. 한편, 가족주의는 개인의 독자적인 판단이나

---

162. 최재석, 1994, 앞의 책, 27쪽.
163. 박영신, 1983, 「한국사회발전론 서설」, 『한국사회 어디로 가고 있나』, 현대사회연구소; 1990, 「한국의 전통종교 윤리와 자본주의」, 한국사회사연구회, 『한국의 종교와 사회변동』, 문학과지성사.
164. 최봉영, 1994a, 앞의 책, 168쪽.
165. 송재룡, 2002, 「가족주의와 한국사회의 '삶의 유형': 두 언어의 게임 사이에서」, 한국인문사회과학원, 『현상과 인식』 통권86호; 박영신, 1978, 『현대사회의 구조와 이론』, 일지사; 1995, 『우리 사회의 성찰적 인식』, 현상과인식; 1987, 『역사와 사회변동』, 민영사.

선택을 무시하고 개인이 가족 내의 유기적 존재로 행동하도록 요구하는 것을 의미하기도 한다. 즉 가족주의는 개인성, 독립성과 대립되는 것으로 보기도 한다.

가족주의의 확대판인 연고주의와 정실주의는 근대 사회에서 법의 중립성, 공정성, 합리성을 침식하는 대표적인 경향으로 지목되기도 한다. 자기 가족이 저지르는 잘못이나 범죄를 가족의 이름으로 감싸주는 것도 가족주의의 결과다. 이런 맥락에서 공공의 대의나 법과 질서 등을 무시하고서라도 오직 자신이 속한 가족, 친족, 연고집단의 입장만 옹호하는 태도를 탈도덕적 가족주의(amoral familism)라 부르기도 한다. 이를테면 한국에서 조직의 비리를 고발한 사람에 대해 조직의 명예를 훼손했다는 이유로 집단으로 따돌리거나 해고하는 일, 자신과 연고를 갖는 사람의 잘못을 무조건 옹호하는 일, 그리고 일부 교회에서 목회자가 심각한 범죄를 저질러도 신도들이 이를 감싸주는 일 등도 가족주의의 일종이라 볼 수 있다.

그런데 과연 가족주의라는 것이 하나의 특징만 갖고 있을까? 장경섭은 한국의 가족, 가족주의는 다차원적인 특징을 갖고 있다고 주장한다. 즉 한국은 압축 근대화를 겪는 동안 세대, 학력, 성 등에 따라 매우 다양한 가족 관념이 공존한다고 말한다. 즉 유교적 가족, 도구적 가족, 정서적 가족, 개인주의 가족 등의 개념들이 현대 한국인들에게 복합적으로 공존하고 있다고 본다.[166] 이명호는 한국의 가족주의는 가족애착주의, 가족지향주의, 가족중심주의 등 여러 차원을 갖고 있다며 가족주의를 분석적으로 구분했다.[167] 즉 가족애착과 가족지향은 보편적으로 나

---

166. 장경섭, 2001, 「가족이념의 우발적 다원성: 압축적 근대성과 한국가족」, 『정신문화연구』 24권 2호.
167. 이명호, 2013, 「가족 관련 분석적 개념의 재구성: 가족주의에서 가족중심주의로」, 『사상과 문화연구』, 28집.

타나지만 가족중심은 주로 한국에서만 나타나는 현상이며, 한국, 중국, 일본 모두 혈연을 중시하고 있으나 그 강도는 다르다고 말한다.

(2) 한국 가족주의의 특수성과 보편성

일본의 정치사상가 마루야마 마사오(丸山 眞男)는 동아시아의 가족주의가 유교의 산물로서 수직적인 관계에서의 의무에는 민감하나, 수평적 사회관계에서 개인의 권리와 의무에 대해서는 무관심한 태도라고 말했다.[168] 일본의 가족주의를 연구한 카와시마 다케요시(川島武宜)는 "일본사회의 가족적 구성에서 가족을 지탱하는 관념 형태가 일본을 구성하는 지배원리다. 가족질서가 권위로 간주되고 질서와 서열이 그대로 권력 서열을 낳았다. 그래서 가족 구성원의 권리는 의식되지 않는다. 강압에 의한 복종이 아니라 자발적인 복종을 발생시켰다."고 주장했다.[169] 이는 가족주의를 통해 일본사회를 볼 수 있다는 주장이었다.

논농사를 위한 가족 노동 동원의 규칙과 유교문화의 전통을 가진 동아시아에서는 가족, 특히 가부장적 가족 제도가 개인의 행동과 사회의 조직 운영에 미치는 영향이 오늘날까지 다른 어떤 문명권보다 크다. 특히 부계조상을 중심으로 한 남계혈통의 계승, 여성에 대한 차별, 가족 밖의 사람들에 대한 차별이 한국과 동아시아의 기본적인 가족 관념이었다. 효의 윤리는 충과 더불어 모든 윤리의 기초가 되었으며, 국가는 확대된 가족으로 간주되었다.

---

168. 한편 마루야마 마사오는 "일본 국가주의의 근본적인 특질은 가족의 연장체로서… 즉, 가족국가로 표상되고 있다"고 보았다. 마루야마 마사오, 1995, 『일본 정치사상사연구』(김석근 옮김), 통나무.
169. 川島武宜, 2000, 『日本社會の家族的構成』, 岩波書店.

그러나 한국인들에게 가족의 의미는 유교문화권의 이웃 나라와도 다른 유별난 점이 있다. 한국 사람들에게 사회구성원을 연결하는 가장 중요한 요소는 동창관계, 배우자, 형제 순서인 경우가 많다. 한국, 중국, 일본 세 나라에서 학연, 혈연, 지연은 모두 능력보다 삶에 더 큰 영향을 미친다는 통설이 있는데, 학연, 혈연, 지연의 중요성을 묻는 설문에 대해 한국인들은 일본과 중국인 이상으로 그것들이 중요하다고 보는 경향이 있다. 즉 한국인들의 가족주의는 유교문화권인 중국, 일본과 유사한 것이지만, 한국은 이들 동아시아 국가들과 비교해 보아도 혈연주의나 연고주의의 경향이 두드러진다. 중국은 혈연을 중시하나 지연과 학연의 중요성을 낮게 평가하였으며, 일본은 학연은 비교적 중요하다고 대답하였으나 지연과 혈연에 대해서는 한국만큼 중요하다고 보지는 않았다.[170]

요컨대 동아시아 유교문화권 국가 중에서도 한국은 특히 혈연과 지연 등 연고에 집착하는 경향이 가장 강하다. 이는 중국, 일본, 한국에서 가(家), 혹은 집의 개념이 같지 않기 때문일 것이다.[171] 일본은 가족 외의 집단, 특히 지역사회 내의 집단성과 통합성을 추구하지만, 한국은 지역공동체성은 거의 없고, 문중, 씨족 중심의 강한 유대감이 지배적이다.[172] 앞의 다카하시 도루가 "조선의 사회 단위는 개인이 아니라 가문이다"[173] 라고 지적할 정도로 한국인들에게 가족은 가장 중심적인 사회 단위였다. 앞

---

170. 이 조사는 한국, 중국, 일본의 성인 남녀 각 1,000명을 무작위로 추출해서 의식을 조사한 것이다. KBS·연세대학교, 1996, 『한국·중국·일본-국민의식조사 백서』, 66쪽.
171. 이만갑, 1989, 「가족제도 연구의 몇 가지 문제점」, 한림대학교 아시아문제연구소, 『아시아문화』 5, 109-122쪽.
172. 라이샤워는 가족 외의 집단에 대한 충성심이 근대적 민족주의로 발전되었다고 지적한다. 에드윈 O. 라이샤워의 『일본 근대화론』(이광섭 옮김, 1977, 소화)를 참조하라.
173. 다카하시 도루, 앞의 책, 44쪽.

서 언급한, 식민지 시기 조선 민속을 연구한 무라야마 지준 같은 사람들도 한국인들의 유별난 가족 애착에 주목하였다. 이들은 조선 사회사상의 특징을 "가족주의에 순치된 전통적 사회사상"에서 찾았으며 그것을 조선의 일관된 특질로 보았다.

최재석은 한국 가족주의의 기본적 속성으로 부계적 성격, 직계가족적 규범 등을 거론했다. 그는 한국의 '전통'으로 이해되는 한국가족에 있어 부계성, 직계가족의 형태란 한국인들이 일반적으로 생각하는 것과 달리 조선 후기 이래의 현상이라고 주장하였다.[174] 그런데 전통사회 이래 20세기 초 중반까지 한국에서 집, 혹은 가족이라는 관념은 현대사회의 핵가족을 의미하지 않는다. 한국 전통사회의 지배층인 양반들에게 가(家)란 부부 중심의 소가족이 아니라 부계 조부모와 방계까지 포함하는 확대가족, 씨족, 혹은 문중을 의미했으며, 가족을 적어도 조부모 범위까지 확대된 가족으로 이해하는 관념은 최근까지도 그대로 남아 있다. 다만 평민층은 현실적으로 확대가족을 유지할 수 있는 물질적 기반이 취약했기 때문에 오늘날과 유사한 핵가족 형태를 유지했을 것으로 판단할 수 있다. 이렇게 보면 한국의 가족주의는 조선 후기 이래의 부계가족주의, 확대가족주의, 혹은 씨족적 가족주의를 의미하는 것이었고, 최재석은 조선후기에 생겨난 가족주의가 오늘날까지 연결된다고 보았다.

한국의 부계 가족주의, 직계가족주의 규범은 조선후기 주자학적 규범과 가부장주의가 강화되는 것과 상관성이 있어 보인다. 그러나 가족주의는 유교문화의 산물로만 보기는 어려우며 가족, 씨족집단이 가장 중요한 근린 공동체였던 농경사회에서 일반적으로 나타나는 현상이기도 하다. 그래서 정도의 차이는 있지만 동아시아뿐만 아니라 유럽이나 북

---

174. 최재석, 1983, 『한국가족제도사연구』, 일지사.

미 등지의 모든 농경사회, 농촌사회에서 가족주의 경향이 발견된다. 남부 이탈리아, 폴란드 등 유교문화와 무관한 세계 여러 곳에서도 한국의 가족주의와 유사한 형태의 가족주의가 존재하였다.[175] 현대사회에서 가족주의가 강하게 작동하는 곳은 동아시아 국가, 이탈리아 등 라틴 유럽, 라틴 아메리카 국가들, 그리고 미국에서 아시아계 소수자 집단과 라틴 아메리카 소수자 집단에서다.[176] 후쿠야마(F. Fukuyama)는 유럽의 경우 이탈리아(특히 남부의 농촌지역)를 동아시아와 유사한 '저신뢰사회'로 본다.[177] 저신뢰사회의 공통적인 기반이 바로 가족주의다.

이렇듯 특정 시대, 특정 사회에서의 가족의 구조와 성격, 가족 구성원 간의 관계, 가족과 다른 사회조직과의 관계, 가족에 대한 사회일반의 의미부여 등에 따라 가족주의는 역사적으로, 그리고 세계 여러 지역마다 매우 다양한 방식으로 나타난다.

(3) 가족주의와 한국사회의 역동성

앞에서 근현대 한국인들의 역동성은 긍정적 측면과 부정적 측면을 모두 갖고 있다는 점을 강조한 바 있다. 이 점은 아마도 가족주의에서 가장 두드러질 텐데, 가족주의는 정치경제적 위기 상황에서 스스로를 보호하기 위한 방어적 대응의 산물이기도 하시만, 지위의 유지, 계층 상승을 위한 적극적이고 능동적인 전략이기도 했다. 그것은 긍정이든 부정이든 한국사회를 움직인 강렬한 원동력이었다. 이 점을 이해하기 위해서는 가족

---

175. E. C. Banfield, 1958, *The Moral Basis of a Backward Society*, New York: The Free Press.
176. Bron B. Ingoldsby, 1991, "The Latin American Family: Familism vs Machismo", *Journal of Comparative Family Studies* Vol. 22 No. 1.
177. Francis Fukuyama, 1995, *Trust*, New York: Simon & Schuster.

주의 발생의 원인 그리고 그것에 의해 나타난 결과, 양 측면을 모두 보아야 할 텐데, 먼저 가족주의가 나타나게 된 배경을 보기로 하자.

가족주의 현상 및 그에 대한 담론들이 주로 외국인들과의 접촉이 본격화된 조선 말기 이후에 제기되었다는 점에 주목할 필요가 있다. 즉 가족주의는 분명히 전근대 시기의 유교문화, 전근대적 가족, 씨족제도에 기원을 두고 있다. 그러나 그것이 두드러진 것은 일제 강점기의 식민지 근대화, 특히 1950년대 이후 현대화, 산업화 과정에서였다. 가족주의는 흔히 문화, 일상, 가치나 사고방식으로만 다루어지곤 하지만, 가족이라는 제도가 경제질서 및 정치사회의 산물인 만큼 가족주의 역시 그러한 맥락에서 보아야 한다. 특히 한국의 식민지 근대 이후 어떤 문화적 현상도 식민지 지배, 전쟁, 군사독재 등 정치경제 현상과 무관하지 않다.[178]

일본의 통치체제, 천황제가 가족국가의 관념에 기초해 있기 때문에 국가권력의 강화가 오히려 가족주의를 강화시켰다고 볼 수 있다.[179] 현대 정치질서 하에서 "국가가 혹독한 짓을 할수록 가족주의가 강화된다."[180]는 지적이 있다. 국가가 매우 억압적일 경우 그것을 피해서 가족으로 도피하려는 태도, 가족단위의 생존을 도모하려는 경향이 나타나 가족주의를 강화할 수 있다는 것이다. 정치적으로는 '법의 지배(the rule of law)'의 부재, 즉 법이 약자를 보호할 수 없는 상황에서 나타나는 행위자들의 적극적인 적응 행동일 수도 있다. 가족, 친족, 씨족 연대의 비중을 낮출 수 있을 정도로 국가의 행정이나 법이 구성원인 개인을 충분히 보호

---

178. 미국 사회학의 근대화론을 받아들인 80년대 이전의 학자들은 대체로 동양/서양, 전근대/근대 이분법의 틀로서 가족주의의 전근대성을 강조하였다. 배용광·변시민, 앞의 글, 22-25쪽. 이에 대한 비판으로는 김동춘, 2002, 「유교와 한국의 가족주의: 가족주의는 유교적 가치의 산물인가?」, 『경제와사회』 통권 55호, 93-118쪽 참조.
179. 전미경, 2005, 『근대 계몽기 가족론과 국민생산 프로젝트』, 소명출판.
180. 후지타 쇼조, 2007, 『전향의 사상사적 연구』(최종길 옮김), 논형, 247쪽.

해준다면, 아마 가족 간의 유대는 그리 강조될 필요가 없을지도 모른다. 하지만 반대로 일본의 통치체제, 천황제가 가족국가의 관념에 기초해 있기 때문에 국가권력의 강화가 오히려 가족주의를 강화시켰다고 볼 수도 있다.[181] 이처럼 가족주의가 강화되는 데에는 문화적 요인 외에도, 정치 경제적인 요인 모두가 작용하는 것으로 보아야 한다.

그래서 한국인의 가족주의는 조선후기 이래의 양반 지배층의 문화에 기원을 둔 것이라 볼 수 있지만, 전통 확대가족의 해체, 그리고 신분해방과 근대화가 이루어진 일제 강점기 이후에도 그것이 잔존, 변형되어 사라진 양반 지배층 대신에 이제는 온 국민의 태도, 가치, 심성으로 재구축되는 과정을 주목할 필요가 있다. 물론 현대 한국인들의 가족에 대한 집착과 열정, 가족주의에 대한 강도는 출신 신분 계층, 성 등에 따라 달랐을 것이다. 현대화, 산업화와 더불어 전통적 양반 지주층의 물질적 기반이 와해되고, 확대가족, 씨족 공동체가 무너졌고, 따라서 그들의 가족, 씨족/친족 관념도 크게 약화되었지만, 현대의 위기 속에서 자신의 지위를 유지하기 위해 더욱더 가족, 씨족 유대에 집착했을 수도 있다. 반면에 전통사회에서 차별받던 평민층이나 여성들은 자신의 존재를 인정받기 위한 방편으로 새로운 가족, 즉 핵가족의 복리와 지위추구에 더 집착했을 수도 있다.

즉 식민지적 근대화, 전쟁, 분단 등의 정치경제적인 조건은 전통가족주의를 현대 가족주의로 변화시키는 중요한 계기가 되었을 것이다. 한국전쟁 전후의 혼란과 가족 파괴, 양반지주층의 몰락, 도시에서의 핵가족화, 제도적 차원에서의 남녀 차별의 철폐 등의 급격한 변화는 지배 세력으로 하여금 여성의 가정 내 역할을 강조하거나 실제로 정상적이고 안정된 가족을 욕망하는 '현모양처'와 '정상 가족' 이데올로기를 강조하도록

---

181. 전미경, 앞의 책.

만들었을 수도 있다. 다시 말해 현대화는 전통사회의 가족/씨족 유대를 파괴하기도 하지만, 동시에 가족주의를 강화하는 요인으로 작용하기도 한다.

일본 제국주의는 억압적인 힘을 사용해서 민중들의 저항을 강압적으로 억누르고, 그들 사이에서 자발적인 결사나 대항적인 조직이 형성되는 것을 차단하면서, 민중들이 오직 호주의 책임하에서 가족생존을 위해 생업에만 종사하도록 유도하였다. 해방 이후의 친일세력과 군부엘리트의 통치방식 역시 그것의 연장이었다. 그들은 국가에 충성하며 질서를 지키라고 요구하고, 가족이기주의를 극복하여 국가와 사회에 대해 좀 더 책임 있는 자세를 취하길 요구해왔지만, 권력에 불신감을 가진 한국인들은 오히려 가족에 더욱 집착했다. 이런 맥락에서 볼 때 과거 지배자들의 통치방식은 사실상 성취 불가능한 요구를 국민들에게 부과한 것이었다. 왜냐하면, 자발적 시민사회의 활성화, 그리고 공공도덕, 공공질서 구성을 위한 시민들의 자발적 참여나 신뢰의 형성을 억제하면서 국가에 무조건 충성하라고 할 경우, 시민들은 오히려 가족, 연고 집단에 더욱 기댈 수밖에 없기 때문이다.

한편 개발독재 시절에 정착된 저(低)복지, 국가와 사회의 책임 부재 등의 조건도 가족주의 강화와 관계가 깊다. 군사정권 이래 중산층을 겨냥한 '자산기반 생활보장체계', 그리고 가족 재산 축적을 위한 부동산 투자 의존은 모두 재산증식을 통한 가족 단위의 자립과 경제적 재생산을 의도한 국가정책의 결과였다. 이를 위해 금융소득 종합과세를 유보하고 근로소득 면세제도가 활용되었다. 소득세 감면과 재산형성의 촉진은 한국의 재분배 정책을 규정하는 중요한 요인으로 공공복지 대신에 가족복지를 선호하게 하는 기반이 된다.[182] 그래서 국가의 억압성은 사회 참

---

182. 김도균, 2013, 「한국의 자산기반 생활보장체계의 형성과 변형에 관한 연구-개발

여의식, 민족공동체 의식의 발전을 가져오기보다는 오히려 소집단주의, 가족이기주의를 조장하였다.[183]

요컨대 가족주의, 나아가 연고주의는 한국사회의 역동성을 가져온 매우 중요한 동력인데, 그것은 극히 어려운 조건에 처했던 한국인들의 문제해결 방식, 문제처리 방식, 즉 생존을 위한 전략적 선택과 무관하지 않다. 생존과 관련된 이런 선택과 압박은 정치경제적 조건이 강제한 것이다. 그것은 정치적 억압, 시장의 불투명성과 예측 불가능성, 법의 지배의 미정착 등이 만들어낸 것으로, 이에 따라 가족은 이제 가장 중요한 복지기관으로 부상할 수밖에 없다. 가족은 경쟁적인 사회에서 입은 고통과 상처를 치유해주는 병원이자, 생존경쟁의 충격을 완화해 주는 완충제 역할을 한다. 가족은 사회에서 상처받은 사람들이 분노를 곧바로 표출하지 않을 수 있도록 순화시켜주는 사회질서 유지의 안전판이기도 하다. 이 점에서 가족은 현상유지 혹은 구성원의 사회 적응적 실천을 훈련하는 도장(道場)이기도 하다. 그래서 정치권력은 많은 경우 가족을 동원하고 이용하여 체제를 유지하고자 하였다.

가족주의는 가족에 대한 집착과 열정을 앞세워 기존의 불법과 부패 등 잘못된 사회적 관행을 묵인하는, 보수적이거나 심지어 반동적인 이데올로기이기도 하다. 특히 법이나 질서, 공적인 가치를 무시하고서 오직 가족의 복리만 추구할 경우 사회나 정치공동체는 심각한 질병을 앓게 된다. 가족주의에 기초한 행동은 이기적 반사회적 성격이 강하며, 이는 주로 근대화 과정에서 성공한 계층의 행동에서 두드러진다. 가족주의는 재산을 상속하거나 문화자본을 투자할 여력이 있는 중산층 혹은

국가의 저축동원과 조세정치를 중심으로」, 서울대학교 대학원 사회학과 박사학위 논문.
183. 김태길, 2001, 『유교적 전통과 현대한국』, 철학과현실사, 101쪽.

상층에서만 주로 작동할 수 있는 원리이기도 하다. 즉 노동시장에서 불안한 위치에 있는 하층의 가족생활은 가족, 혈족관계를 유지하기 어렵게 만드는 경우가 많다.[184]

자녀를 독립된 인격체로 보기보다는 자신과 가족의 일부로 간주해서 자녀 교육에 목숨을 거는 부모들의 행태는, 한국의 경제발전을 가져온 중요한 동력이기는 하나 매우 부정적 역동성을 상징한다. 1950년대 이후 우리 교육 현장에서 나타난 '치맛바람', '돈 봉투 내신조작', '도피성 조기유학', '고액과외', '과외비 마련을 위한 엄마의 파출부 일', '촌지', '명문대 예체능계 학생 부정입학' 등의 모든 부정과 비리 현상들은 내 가족의 번영을 위해 무슨 일이든지 할 수 있다는 가족주의의 발로이다. 자녀 교육에 대한 과도한 열정, 내 자식 제일주의 사고는 자녀의 인격 수양, 인간됨의 육성과는 애초부터 거리가 멀었다.

재벌기업의 불법·편법 상속은 가족주의의 매우 부정적인 양상 중의 하나다. 부분적으로는 개인과 가족이 노력한 결과이지만 동시에 공동의 노력과 기여로 이루어진 사회의 산물인 재산을, 그 재산형성에 기여한 바가 없는 자식에게 물려주려는 것은 가장 반사회적인 가족주의라 볼 수 있다. 한국인들은 3대 세습을 한 북한을 현대판 왕조체제라 비판한다. 그런데 남한에서 북을 가장 강경하게 비판하는 쪽이 사실상 북과 가장 닮은 집단들이라는 사실은 참으로 역설적이다. 재벌, 보수언론, 사학재단 등 거대 사회조직에서 이런 2대, 3대 세습은 일반적이며, 세습을 정당화하는 논리도 유사하다.

한국인들은 가족, 친족, 동창회 등 사적 연고를 갖는 집단 외의 사회조직에는 거의 참여하지 않는 경향을 보여준다. 환경, 인권, 복지 등 시

---

184. 이효재, 앞의 글.

민단체에 참가하는 사람은 매우 드물고,[185] 한국인들의 자원봉사 참가율은 성인의 경우 16%에 불과하다.[186] 이는 일본의 25%, 영국의 37%, 미국의 55%에 크게 못 미치는 수치다. 한국인들은 직접적인 이익을 가져다주지 않는 자발적인 결사체(voluntary associations)와는 거의 담을 쌓은 채 살고 있다. 물론 2000년을 전후해서부터 시민들이 외환위기 극복을 위한 금 모으기 운동이나 서해안 기름유출 사고 처리를 위한 자원봉사활동 등 국가적 재난 극복에 적극적으로 참여하는 모습은 상당히 이례적이긴 하다. 이것은 한편으로는 일상적으로 공적인 사회단체활동에 참여한 결과로 나타난 것이라기보다는 주로 국가위기나 대재난 시에 표출되는 강력한 정서적 '공동체 의식' 또는 '민족주의' 정서의 산물이라 볼 수 있으며, 다른 한편으로는 그동안 사회가 발전하면서 시민의식이 성장한 결과로 이해할 수 있겠다.

한편 가족주의는 경제성장의 동력이었다는 점에서 매우 긍정적인 기여를 해오기도 했다. 사람들은 1960년대 이후 30여 년 동안 비약적인 경제성장을 이룬 한국인들의 에너지의 원천이 근면성에 있다고들 말하지만, 그 근면성이 어디에 기인하는지는 잘 말하지 않는다. 그것은 두말할 나위도 없이 가족 복리, 가족의 행복, 자녀의 성공과 출세를 향한 한국인들의 헌신과 열정에 기인한다고 말할 수 있다. 즉 한국사회가 이룩한 경제성장은 기성세대들이 1960년대 이후 40여 년 동안 가족, 특히 자녀의 성공을 위해 부모들과 형제들이 헌신하고 희생한 결과라고 할 수 있다. 우리나라의 기성세대, 특히 어머니들은 가족을 위한 일에 엄청난 에너지를 발휘해 왔다. 가족주의는 한국인들의 에너지 원천으로서, 치열한 경쟁사회의 버팀목이자 안식처의 역할을 해왔다. 가족의 지지와

---

185. 공보처, 1995, 『1995 정부여론조사 자료집』, 245쪽.
186. 『시민의 신문』, 660호 조사.

후원이 없었다면 한국인들은 이 힘든 현대사를 헤쳐 나올 수 없었을 것이다.

지금 남북한 정치사회에서 나타나는 매우 뚜렷한 가족주의 현상도 근대 이후의 만성적인 위기와 불안의 산물이자 새로운 도전에 대한 적응의 결과이기도 하다. 가족주의는 상황이 만들어낸 적응 행동이었지만, 동시에 적극적인 선택이자 전략이기도 하다. 한국인들은 가족주의, 연고주의 전략을 통해 적극적으로 생존과 발전을 도모해 왔고, 이 가족주의에 기초한 엄청난 열정이 한국사회의 역동성, 특히 적응적 역동성의 가장 중요한 원천이었다.

(4) 1980년대 이후 가족주의의 전개와 전망

지구적인 차원에서 보거나 한국의 상황에서 봐도 21세에 들어선 지금은 확실히 개인주의가 대세인 시대다. 그렇다면 지난 한 세기 동안 작동해온 한국인들의 가족주의와 연고주의는 앞으로도 지속될 것인가? 한국이 좀 더 서구화되고 사회경제적으로 발전되면, 가족보다는 개인이 가장 중심적인 가치가 되는 사회로 나아갈 것인가? 그렇다면 가족주의의 폐해와 함께 그 긍정적인 역동성도 사라지는 것이 아닐까?

우선 가족의 형태, 가족관계의 성격 자체의 변화에 대해 주목할 필요가 있다. 먼저 뚜렷한 것은 1950년대 이후에 형성된 남녀 성별 분업에 기초한 핵가족은 해체되고 있는 징후가 나타났다. 산업사회와 조응하는 핵가족은 안정된 직장을 가진 남편과 가사를 돌보는 아내, 그리고 2~3명의 미혼 자녀들로 구성된 가족 모델이다. 그러나 핵가족은 한국이 탈산업사회, 혹은 제2차 근대사회로 진입하면서 크게 바뀌고 있다. 여성의 경제활동 참가율이 크게 증가하면서 전통적인 남녀 성 역할 분업

구조도 크게 붕괴되었으며, 여성의 독립성과 개인주의는 더 강화되었다. 일터가 서로 떨어져 있거나 출장 등 직업상의 이유로 상당 기간 함께 거주하지 않는 부부도 점차 늘어가고 있다. 부부의 직장이 멀리 떨어져 있고, 어느 한쪽이 직장을 포기하지 않으면 오랜 세월 주말 부부로 지내게 된다. 이에 따라 가족의 기본 요건이었던 '주거의 공동성'이 해체되어 가족적 유대도 크게 흔들리고 있다.

그러나 핵가족이 흔들리는 가장 대표적인 지표는 이혼율과 비혼인구의 증가다. 20세기 초반인 1938년 영국의 이혼은 결혼 58건당 1건이었으나 1980년대 중반에는 2.2건당 1건이 되었다. 다른 유럽 국가에서도 20세기 후반 들어서 이혼율은 20세기 전반기의 2배, 3배로 증가했다. 혼자 사는 사람들의 수 역시 급격히 증가하기 시작했다. 영국에서 20세기 초기 3분의 1 기간에 그 비율은 6%에 불과했으나 1991년에는 인구의 25%를 넘었다. 미국의 전체 흑인 가정 가운데 58%가 독신여성 가장이었고, 흑인 아동의 70%가 혼외출생아였다.[187] 서구의 여러 대도시에서 고전적 핵가족은 명백히 후퇴하고 있다. 이혼, 혼외 출산, 한부모 가정의 증대 등은 전통적·표준적 가족이 해체되는 징후로 해석해도 좋을 것이다.

지난 15년 사이 한국의 주된 가구 유형은 3·4인 가구에서 1·2인 가구로 변화한 것으로 나타났다. 전체 가구에서 4인 가구가 차지하는 비율은 1995년 31.7%에서 2010년 22.5%로 떨어진 반면 1인 가구와 2인 가구는 각각 12.7%에서 23.9%, 16.9%에서 24.3%로 증가하면서 우리나라의 주된 가구 유형이 되었다. 급기야 2019년에는 1인 가구의 비중이 30%에 육

---

187. Eric Hobsbaum, *The Age of Extremities: The Short Twentieth Century, 1914-1991*, London: Abacus Books, 1994, p22.

박하여 가구 유형 중에서 가장 높은 비중을 차지하게 되었다.[188] 1인 가구의 비중이 늘고, 부모와 2명의 자녀로 구성된 '통상적인 가족'의 비중이 줄어들면 당연히 가족주의도 약화될 수밖에 없을 것이다.

서구에서 현대적 개인과 현대적 핵가족은 자본주의 산업화 과정과 더불어 생겨났다. 그리고 현대적 개인은 국가 및 사회의 관념과 동시에 생겨났다고 볼 수 있다. 이 경우 '개인'은 주로 권리의 주체이지만, 그 기반은 바로 재산 소유자로서의 존재였고[189] 재산 소유는 가족질서의 기반이다. 1인 가구가 증가하여 전체의 30%에 육박하는 현상은 가족을 구성하기 어려운 조건에 처한 사람들의 비중이 늘어남을 의미한다. 여기서 자발적 비혼(非婚)의 비중이 높지 않다는 것은 결국 개인주의 없는 '개인화'가 사회적으로 일반화되고 있음을 보여준다. 그렇다면 개인화 현상, 즉 비혼자와 1인 가구의 증대는 단순하게 가족형태의 변화만을 의미하는 것이 아니라 가족주의의 약화로 이어질 가능성이 크다.

한국에서도 가족과 가족주의의 약화는 주로 개인화, 혹은 개인주의의 확대와 동시에 논의된다. 현대 자본주의 사회는 기본적으로 개인주의에 기초한다. 자본주의 시장경제 질서, 정치사회에서의 투표권 확대, 핵가족의 증대 등은 모든 판단과 의사결정을 개인이 하도록 유도한다. 이런 조건에서 가족주의는 점차 후퇴하지 않을 수 없다. 특히 1인 가구의 증대, 높은 이혼율 등의 현상은 가족주의를 밑으로부터 허무는 객관적 현실이다.

한국사회에서는 1997년 외환위기 이후 시장자유 논리가 확대되면서, 위험의 개인화와 신자유주의적 개인화 현상들이 확산되기 시작했다. 신

---

188. '1인가구 비중 가장 많아져…29.8% '나 혼자 산다'」, 『연합인포맥스』, 2019. 09. 18.
189. 박주원, 2004, 「근대적 '개인', '사회' 개념의 형성과 변화-한국 자유주의의 특성에 대하여」, 역사비평사, 『역사비평』 통권67호, 207-238쪽..

자유주의의 확산으로 개인들이 사회의 보호를 받지 못하고 시장경쟁에 내몰리면서 모든 것을 개인이 자기경영의 주체이며, 모든 문제는 스스로 책임져야 한다는 생각을 하게 되었는데, 흔히 '신자유주의 통치성'이라고 불리는 현상이 한국사회에 일반화되었다고 볼 수 있다.[190]

그렇다면 90년대 이후 한국사회는 가족주의가 후퇴하고 개인주의가 확대되는 사회로 나아가고 있는가? 한국에서 개인화는 제도, 의식, 실천으로서 개인화하거나 개인주의가 정착해가고 있다기보다는 '시장에 맡겨진 개인화'라는 지적도 있다. 후기자본주의 사회에서 개인은 법적으로는 자율적인 개인이 되었지만, 실질적으로는 자율적 존재가 될 조건을 갖추지 못한 상태에 놓여있으며, 사회적인 문제에 대한 책임을 모두 개인이 져야 하는 경향이 나타나고 있다. 개인은 자기주장을 해야 하지만, 실질적으로는 그렇게 할 수 없는 존재가 된다는 것이다.[191] 이런 '개인'은 자기 충족성이 현저히 결여되었다고 할 수 있으며, 이 경우 개인화, 혹은 개인주의 경향 강화는 가족주의를 대체한 것도 아니다.

개인화와 개인주의의 확대는 한국 가족주의의 가장 큰 약점이라 할 수 있는 공적 윤리, 혹은 공적 참여를 확대할 것인가? 근대 서구의 공공성, 공적 참여의 근원은 주로 개인의 독립성과 자율, 권리의식에 기초하는 것도 사실이다. 그러나 근현대 한국에서의 항일 독립운동이나 민주화운동, 그리고 금 모으기 운동 등에서 나타난 공적인 참여나 공공성은 개인주의보다는 민족, 이웃, 공동체와의 유기적 일체의식에 바탕을 두는

---

190. 개인들이 신자유주의적 윤리를 내면화함으로써 국가가 직접적인 통치를 하지 않아도 스스로를 관리 경영, 규율하는 상황이 되었다는 것이다. 이에 대해서는 서동진, 2009, 『자유의 의지 자기계발의 의지-신자유주의 한국사회에서 자기 계발하는 주체의 탄생』, 돌베개 참조.
191. 신경아, 2013, 「시장화된 개인화와 복지욕구」, 『경제와 사회』, 통권 98호, 266-303쪽.

경우가 많았다. 따라서 한국에서의 개인화, 개인주의의 확대가 곧 과거 서구에서처럼 권리의식의 확대, 그리고 공적 참여로 반드시 연결된다는 보장도 없고, 한국의 가족주의 자체가 부정적인 측면만 갖고 있었던 것도 아니다. 가족주의의 부정적 측면을 넘어서 가족공동체의 정신을 사회의 공적 영역으로 확산시켜 나갈 수 있다면, 가족주의는 공공성의 발전을 향한 새로운 역동성의 원천이 될 수도 있을 것이다.

2. 집단주의: 개인과 전체의 모순적 결합

한국인은 집단주의적인가, 개인주의적인가? 이에 대한 학계와 일반 여론, 그리고 외부 서구인들의 답변은 매우 집단주의적이라는 것이다. 대부분이 한국인은 고도로 집단주의적인 인간형을 대표하며, 한국사회는 개인이 주체적 존재로서 존중받거나 행위하는 경우가 매우 드문 집단주의 사회라고 답변한다. 65개국(53개 문화권)을 대상으로 한 연구에서 집단주의와 개인주의 개념이 세계문화를 구분하는 상반된 가치 차원임을 규명한 문화심리학자 호프스테데(G. Hofstede)는, 한국을 집단주의 문화의 유형으로 분류하였다.[192] 실제로 한국인들은 한국사회와 한국인이 집단주의적이라는 것을 당연한 듯 가정하곤 한다. 한국 근현대사를 장식하는 수많은 집단적 사건들, 가족, 회사, 민족, 국가 등 '우리' 집단을 위한 헌신과 단합을 목청 높이 외치는 모습, 그리고 일상 속에서 집단을 통해 위로를 받는 모습 등은 부정할 수 없는 증거로 보인다. 이는 또한 개인의 의견을 묵살하는 집단주의적 압력이나 연고로 개인을 평가하려는 연고주의의 폐해로 나타나기도 한다.

그런데 여기서 한국인의 또 다른 면이 심심치 않게 눈에 띈다. 한국 사람들은 공공의식이 심각하게 결여되었고 매우 이기적이며 각자도생에만 골몰한다는 개탄이, 예나 지금이나 그리고 남녀노소나 계층을 불문하고 많은 사람에게서 흔히 나오고 있다. 이는 한국인이 홀로는 강하고

---

192. G. Hofstede, 1980, *Culture's Consequences: International Differences in Work-related Values*, Beverly Hills: Sage. 이와 유사하게 21개국의 대학생을 대상으로 한 연구(M. H. Bond, 1988, *The Cross-Cultural Challenge to Social Psychology*, CA: Sage)나, 15개국을 대상으로 한 연구, 세계 55개국을 대상으로 한 연구(H. C. Triandis, 1989, "The Self and Social Behavior in Differing Cultural Contexts", *Psychological Review*, 96: p.506-520)에서도 한국은 집단주의가 강한 나라로 분류되었다.

유능하지만 합쳐놓으면 아무 힘도 발휘하지 못하는 '모래알'이라는 얘기인데, 한국인에 대한 이러한 부정적 평가 또는 전통적 개탄은 일제 강점기의 '조선인론'에서 시작되어 어느덧 우리 자신에 대한 끈질긴 자기비하 의식으로 자연스럽게 내재화되어 있다.

한편 한국사회에서는 '개인'으로 언급되는 것이 실상 집단을 의미하는 경우가 많다. 예를 들어 개인주의적 경쟁이라고 하는 것도, 사실은 독립된 개인 간의 경쟁을 의미하기보다는 가족 간의 경쟁이거나 가족의 대표자로서 개인 간의 경쟁을 의미하는 경우가 빈번하다. 말하자면 가족을 단위로 하는 개별화된 경쟁인 셈이다. 그래서 가족 구성원 중 한 사람이 출세하면, 마치 가족 전체가 출세한 것처럼 그 사람을 추켜세우고 또 다른 사람에게 자랑하는 일을 흔히 볼 수 있다.

어찌 되었건 한국인이 단지 '개인주의적' 인간으로 정의되기는 힘들며, 최소한 서구적 의미에서의 개인주의적 인간들이 아니라는 점은 한국인 스스로나 외국인들이나 모두 일반적으로 동의하는 바이다. 엄연히 존재하는 한국인들의 집단주의적 모습이나 집단이 개인에게 가하는 일상적 압력을 보면, 이런 집단주의 현상을 개인의 고유한 성격이나 심리를 통해 직접 설명하기는 어려울 것이다. 이러한 맥락에서 한국인, 한국사회에 대해 제기되는 "집단 없는 집단주의",[193] "개인주의 없는 개별화"[194]라는 진단들 각각은 내적으로 모순적인 듯이 보이지만, 개인주의와 집단주의가 서로 완전히 분리되어 있는 것처럼 주장하는 논의가 보여주지 못하는 것들을 보여준다.

---

193. 그레고리 헨더슨, 2000, 『소용돌이의 한국정치』(박행웅·이종삼 옮김), 한울.
194. Chang, Kyung-Sup, 2014, "Individualization without Individualism: Compressed Modernity and Obfuscated Family Crisis in East Asia.", in Ochiai Emiko and Leo Aoi Hosoya(eds.). *Transformation of the Intimate and the Public in Asian Modernity*, Leiden: Brill, pp.37-62.

이처럼 한편에서는 공공의식이 결여되어 있거나 단결하지 못하여 고질적인 '모래알 근성'을 보인다거나 '개인주의적'이라고 비난받는 한국인들이, 다른 한편에서는 공동체나 집단에 헌신적인 모습을 보이는 것도 특기할 만하다. 예를 들어, 한국의 역사에는 왕조국가들이 위기에 처했을 때마다 등장한 의병들, 일제 강점기의 국채보상운동과 3.1운동, 1997년 외환위기 때의 금 모으기 운동 등과 같이 전체 공동체를 위해 헌신하는 집합행위가 결코 드물지 않았다. 이러한 사례들을 볼 때, 한국인들은 개인주의적이면서도 집단주의적이며, 개인주의적 자아와 집단주의적 자아가 공존하는 존재로 보인다. 다만 특이한 것은 한국인들은 일상 속에서 두 자아 간에 모순적인 상황이 있더라도 큰 심리적 갈등 없이 그 모순을 해소해온 것처럼 보인다는 점이다. 그래서 이것이 어떻게 가능한지를 해명하는 것이 집단주의 연구의 중요한 과제이다.

여기서 한국인들의 개인화된 행위양식은 서구 선진국 사람들의 개인주의와는 분명히 다르다는 점은 확인되는데, 그렇다고 해서 한국인들이 과연 어떤 점에서 집단주의적이고, 반대로 어떤 점에서 개인화되어 있는가 하는 점은 아직 그리 명쾌하지는 않다. 어떻게 보면 앞서 보았듯이 개인주의와 집단주의가 서로 모순적이고 대립적인 가운데 융합하여 개인의 행위로 나타나는 것처럼 보인다.

또한 집단화(collectivization)하는 양상도 종친회, 향우회, 동창회 등과 같은 연고주의적이고 공동체적인 모임에서의 집단화 양상부터 단체, 기업, 기관 등과 같은 조직에 바탕한 공식적 집단에서의 집단화 양상, 그리고 소비나 집합행동의 사건에서처럼 대중으로서의 집단화 양상까지 매우 다양하다. 한국인의 집단주의에서 특징적인 점은 이런 여러 수준과 유형의 집단화가 꽤 활성화되어 있으면서도 그것이 개인주의적 추구와 열망을 전적으로 배제하거나 격리시키기보다는 오히려 그와 결합하여 더 유동적이고 열광적으로 일어난다는 점이다.

이렇듯 일견 이해하기 쉽지 않은 한국사회와 한국인들의 고유한 집단주의를 정식화하고 그 내포를 규명하기 위해서는, 먼저 '집단주의(groupism)'[195]라는 개념뿐 아니라 그 이해에 결정적으로 작용한 대립 개념인 '개인주의(individualism)' 개념을 명확히 하면서, 집단화의 다면적이고 다층적인 모습을 개관할 필요가 있다.

(1) 집단주의의 개념적 이해

집단주의는 현대성 발달의 중심지인 서유럽과 북미 사회를, 한국사회뿐만 아니라 나머지 다른 사회와도 구분 짓는 가장 결정적인 지표로 얘기된다. 이는 서구인이나 비서구인 모두에게, 그리고 학술적 담론에서나 일반적 여론 모두에서 그러한 것처럼 보인다. 그래서 동아시아의 여러 사회는 그 내적 다양성에도 불구하고 일괄적으로 '집단주의적' 사회로 특징지어지곤 하는데, 이러한 경향은 명시적이라기보다는 묵시적인 경우가 많고, 학술적 연구에서도 흔히 나타나고 있다. 그럼에도 '집단주의'라는 개념은 사회학 또는 사회과학에서의 '이익사회(gesellschaft)'와 '공동사회(gemeinschaft),'[196] 사회계약론과 사회유기체론의 이원적 구분만

---

195. 집단주의에 대한 우리의 연구는 '집합주의'가 아닌 '집단주의'라는 용어를 그리고 그에 대응하는 영어 개념으로 'collectivism'이 아닌 'groupism'을 채택한다. 이런 선택과 관련된 논의는 구자혁, 2020, 『한국인의 에너지, 집단주의』, 피어나, 92-94쪽 참조.
196. 페르디난트 퇴니에스, 1990, 『정치적 낭만/ 공동사회와 이익사회』(황성모 옮김), 삼성출판사. 퇴니스(F. Tönnies)는 집단을 결합의지에 따라 구분하고자 하였는데, 집단의 내재적 가치를 추구하는 '자연적 의지'에 입각한 집단을 '공동체'(공동사회)로, 집단의 수단적 가치를 추구하는 '합리적 의지'에 입각한 집단을 '결사체'(이익사회)로 분류하였다.

큼이나 추상성을 면치 못하고 있으며, 이념형적 개념으로서 개별 사회의 집단화 현상 간의 다양성과 차이를 적절히 반영하지 못하고 있다.

집단주의 개념과 개인주의 개념 간의 밀접한 관련을 이해하기 위해 먼저 유념해야 할 문제는, 집단주의 개념이 서구의 현대적 개인주의(western modern individualism)의 거울상(mirror image)으로서 구축되었다는 점이다.[197] 서구사회가 개인주의를 자기표상으로 삼아왔다는 사실은, 넓게는 서구 문명의 역사적 발전과 고유성에 대한 자기이해(self-understanding)에서부터, 좁게는 현대사회학자 파슨즈(T. Parsons)의 구조기능주의 이론과 현대화 이론의 서구 중심적 단선적 발전론에서까지 일관되게 드러나고 있다. 이들 논의에 고질적인 문제는, 서구 문명과 현대성을 "개인의 신화"[198]로 바라보면서 서유럽의 개인과 사회를 개인주의의 이념형에 입각하여 단선적이고 통체적으로 이해하였고, 동시에 집단주의를 그렇게 이해된 개인주의의 타자(他者), 즉 개인주의의 단순한 대립물로 정의하는 데 그쳤다는 데 있다.

개인주의와 집단주의의 이분법적 정의를 최초로 주창하고 체계적으로 진행해온 호프스테데를 비롯한 몇몇 연구자들의 작업은 집단주의에 대한 심리학적 연구 중 가장 잘 알려진 것인데, 여기서 개인주의와 집단주의의 구분은 개인의 뜻과 집단의 뜻이 상치될 때 어느 쪽이 존중되고 선택되느냐 하는 변별기준에 따라 이루어졌다.[199] 그런데 이러한 기준은 집단주의에 앞서 개인(주의) 자체에 대해서도 지나치게 단순화하고 이상

---

197. 집단주의 개념과 서구 현대적 개인주의 간의 이런 거울상적 관계에 대한 보다 상세한 논의는 구자혁, 앞의 책, 2장 2절 1항을 참조할 것.
198. 이안 왓트, 2004, 『근대 개인주의 신화』(이시연·강유나 옮김), 문학동네.
199. 정영태, 2015, 「동아시아 사회의 집단주의 연구에 대한 비판적 고찰: 관계중심 집단주의론의 관점에서」, 『동아시아 3국의 사회변동과 갈등관리: 한국, 일본, 중국』, 소명출판, 265-331쪽.

적으로 개념화했음을 볼 수 있을 뿐 아니라, 그런 문제 설정 자체가 개인주의의 규범적 우월함과 방법론적 보편성을 전제한 것이라고 볼 수 있다. 당연히도 집단주의에 대한 기존 연구들도 이런 상황에 제약을 받아, 집단주의의 정의에 내포된 함의(definitional implications)나 개념적 문제(conceptual problems)에 대한 충분한 숙고 없이 총체화되고 단순화된 정의에 기초하여 경험적 작업을 진행하는 경우가 많았다.

서구학계의 선도적인 동아시아 및 일본 연구가인 라이샤워(Edwin O. Reischauer)는 다음과 같이 말한다.

> "… 인류는 개인으로 이루어진다. 그러나 개인은 태어나면서부터 계속해서 집단이라는 문맥 안에서 그 생의 대부분을 보낸다. 단, 개인과 집단의 어느 쪽에 더 중점을 두는가는 사회에 따라서 다르다. …"[200]

이러한 진술은, 인간이 무리를 형성하는 집단화 현상이 보편적인 것임에도, 인류의 사회적 삶의 분류가 '개인 우위' 대 '사회 우위'라는 이분법에 따라 비록 가장 효과적이지는 않을지라도 매우 유의미하게 이루어질 수 있으며, 한 사회와 국민의 핵심이 '개인이냐, 집단이냐'라는 단순 선택으로 환원될 수 있다는 가정을 담고 있다. 그것은 어느 인간사회에서나 나타나는 개별화와 집단화의 동시적 공존을 탐구하는 일에 아주 단순화된 출발점을 제안하고 있으며, 그 결과 비서구사회의 개인화 현상이나 반대로 서구 사회의 집단화 현상에 대해 매우 잘못된 접근으로 우리를 이끈다.

---

200. 에드윈 O. 라이샤워, 1979, 『더 제페니즈』, 문예춘추사(일역판). 하마구치 에슌, 1992, 「일본적 집단주의란?」, 하마구치 에슌·쿠몬 슌뻬이 편저, 『일본인과 집단주의』(황달기 옮김), 형설출판사, 20쪽에서 재인용.

그렇다고 해서 개인주의와 집단주의라는 구분법이 전적으로 신화나 이데올로기인 것만은 아니다. 집단 규범이 가하는 압력의 차별성이라는 기준에 의해 집단주의 사회와 집단주의 사고를 변별할 가능성은 분명히 존재한다.[201] 이를 좀 더 정교하게 정식화하려면, 먼저 집단화와 집단주의의 양상이 작동하는 상이한 집합적 수준, 그리고 사회조직이나 집합체(collectivity)의 다양한 유형(type)과 단위(unit) 등을 고려해야 한다.

먼저 집단화의 수준을 보면, 사회적 단위의 수준에 따라 가족, 친족, 근린이웃, 마을공동체에서 지역, 국민에 이르는 다양한 수준의 집단 유형들을 구분해볼 수 있다. 그리고 나아가 집단화의 상이한 내적 논리(logic)와 집합행위의 특유한 양식에 따라 집단의 유형들을 나누어볼 수 있다. 예를 들어 집단주의의 가장 두드러진 양상으로 지목되곤 하는 관계지향적 행위를 분류기준으로 삼으면, 가족, 친족, 연고 집단 등은 '공동체적' 집단에 속한다. 그리고 이들이 귀속(歸屬)적 성격을 갖는다고 볼 때, 이들과 달리 2차적, 선택적, '결사체적' 집단을 또 다른 유형으로 분류할 수 있다. 여기에는 의도적이고 목적지향적인 집단인 현대적 '조직(organizations)'이나 '법인(corporation)' 등이 포함된다. 이러한 의도나 목적에 따라 형성된 집단들은 규모에 따라 다시 두 개의 하위유형으로 구분할 수 있는데, 하나가 국가기구나 대규모 기업에서 전형적으로 나타나는 권위조직으로서의 관료제라면, 다른 하나는 자발적인 가입과 참여 등으로 특징지을 수 있는 각종 자발적 결사체들이다. 여기서 전자의 경

---

201. 여기에 추가될 것은 집단주의적 사회·문화·행위양식과 집단주의적 (사회)체제(collectivist regime)를 개념적으로 구분할 필요성이다. 후자는 일반적으로 자유주의적 자본주의 정치경제체제에 입각하지 않은 사회주의, 공산주의 그리고 파시즘과 같은 체제를 지칭한다. 비록 서구문명의 타자(他者)로서 이들 집단주의적 사회체제의 존재가 개인주의-집단주의(혹은 문명과 비문명)의 대립구도를 개념화하는 데에 지속적인 영향을 미쳐오긴 했지만, 우리의 탐구 대상은 집단주의적 행위양식, 사회(문화)이지 집단주의적 사회체제는 아니다.

우 '조직인(organization man)'[202]이라는 문제가 나타나는데, 이것은 조직윤리를 강조함으로써 개인을 조직에 강한 소속감을 가지고 조직이익을 위해 헌신하는 인간으로 만든다는 점이다. 후자의 경우는 자발적 결사체는 '집단이익'의 추구를 목적으로 형성됨에 따라 '집단이기주의'가 나타난다는 문제점이 있다.

한편 의도나 목적을 지닌 엄밀한 집단으로 보기는 어렵지만, 집단화의 유형으로 구분할 수 있는 존재로 '군중(群衆, crowd)', 그리고 그와 유사하지만 전적으로 근현대사회의 산물이라고 할 수 있는 '공중(公衆, public)'이나 '대중(大衆, mass)'이 있다. 이들은 공통적으로 관계지향적 인간이나 조직인과 구별되며, 특정 공동체에 소속되지도 않고 조직화되지도 않는 집합들이다.[203] 여기서 유념할 것은 사회학의 전통적 논의에서 이들 군중, 공중, 대중은 단지 비일상적이고 비정상적인 상황에만 출현하는 존재로 '사회적 집단(social group)'이 아닌 것으로 분류되었고, 따라서 중요한 사회학적 연구 대상이 아닌 것처럼 취급되어왔다는 점이다.[204] 이는 사회학에서 고질적으로 문제적인 몇몇 고정관념 중 하나인데, 사실 사회적 집단 속 개개인의 존재 양상은 군중과 대중에서 그들의

---

202. William H. Whyte Jr., 1956, *The Organization Man*, NY: Dobleday Anchor Books. 그에 의하면 하나의 사회윤리(social ethic)로서 조직인(organization man)의 윤리는 서구의 이전의 신교윤리(protestant ethic)의 개인주의적 면모와는 극적으로 대비되는 것으로 다음의 세 명제로 구성된다: 창조성의 원천으로서의 집단에 대한 신념, 개인의 궁극적 필요로서의 '소속(belongingness)'에 대한 신념, 이러한 소속을 성취하기 위해 과학을 적용하는 데에 대한 신념(같은 책, p.7).
203. 군중, 공중, 대중 각각의 특징적 면모에 대한 개관은 구자혁, 앞의 책, 2장 2절 2항. 혹은 그보다 더 상세한 논의인 김은영·구자혁·최윤영, 2014, 『차별과 연대: 집단, 열광, 미디어의 사회심리학』, 나경, 12장을 참조할 것.
204. 이 점은 교과서적인 사회학 개론서들에서 전형적으로 나타난다. 권태환·홍두승·설동훈, 2009, 『사회학의 이해』, 다산출판사, 138-41쪽; 비판사회학회 엮음, 2018, 『사회학, 비판적 사회읽기』, 한울아카데미, 190-93쪽.

존재 양상과 밀접히 관련되어 있으며, 특히나 이는 한국인과 한국사회의 집단화 양상에서 더욱더 그러하다.

요컨대 광의(廣義)의 집단화 또는 집단주의 현상은 크게 다섯 가지 양상으로 정리해볼 수 있다. 이것들은 그동안 국내외 연구에서 섬세한 변별과 맥락에 대한 충분한 규정 없이 제시되어왔다.

1) 관계지향적 자기규정: 개인은 자신을 원초적, 유사가족적 귀속집단(가족이나 친족, 여타 혈연, 지연, 학연 등)에 소속된 존재로 규정하고 그 소속의 유지와 결집의 강화를 추구함.

2) 내집단과 외집단의 강한 구별: 자신을 외집단과 구별되는 내집단의 일원으로 인식하고 외부인에 대해 높은 배타성, 차별의식을 가지고 이를 집단적으로 강화함.

3) 집단 내 동질성, 획일성을 향한 압력이 강한 공동체의 추구.

4) 단일 기준에 따른 사회적 위계서열을 형성하고 적용함(사회적 일원화).

5) 사회적 동조(social conformism)와 대중적 '쏠림'의 확산과 우세.

위의 다섯 가지 항목 중에서 앞의 세 가지는 집단주의의 일반적인 특징으로 지목되는 것들이다. 그런데 뒤의 두 가지는 주로 소규모 집단이나 공동체에서 나타나는 집단주의의 양상으로 보기는 어렵다. 하지만 이는 근대사회, 특히 현대사회에서 전형적으로 등장하는 현상으로, 조직화되지 않은 다수 사람들의 느슨한 군집(즉, 군중, 공중, 대중 등)이지만 일상적이고 사적인 영역에서 두드러진다는 특징이 있다. 공식적이지는 않을지라도 일원화되고 위계화된 사회적 척도의 발달은 무엇보다 근현대사회가 대중사회(mass society)로 발전해 감에 따라 등장하는 것으로, 이는 결코 현대사회의 다원성 및 분화와 양립불가능한 것은 아니다.

그런데 이 마지막 두 가지 양상은 광의의 집단주의에 해당되는 현상이지만 안정된 집합적 정체성의 요건과는 거리가 멀다는 이유로 오히려 '개별화'의 지표로 취급되기도 한다. 이로 인해 한국이든 서구든 집단주의에 관한 비교사회적, 비교문화적 논의들은 일반적으로 1), 2), 3)의 집단주의 양상에 집중하는 경향이 있다. 이로 인해 4), 5)의 양상들은 뭔가 다른 방식의 집단주의이거나 집단주의라는 개념으로 포괄할 수 없는 현상으로 취급된다. 그래서 심지어 이런 현상은 언론과 학계의 비평을 통해 그저 서구사회의 질서 있는 양상과는 대비되는 후진적인 사회, 혹은 피지배 무산(無産)대중에서 특징적으로 나타나는 무질서한 무리지음, 비합리적인 집단적 동조 정도로 그려진다.

여기서 문제가 되는 것은 단순히 대중, 공중이라는 존재 양상이 집단주의의 범주에서 누락되어 있다는 사실만이 아니다. 더 중요한 점은, 위의 4), 5)의 양상이 사실 앞의 세 양상과 범주적으로(categorically) 다른 현상이라기보다는, 때때로 배치되기도 하지만 기본적으로 서로 유기적으로 연관되고 상호 작용하여 사회마다 다양하고 차별적인 집단주의의 모습을 주조해 낸다는 것이다. 다시 말해 사회 내 소규모 집단이나 부분적 공동체 안에서 관계지향성이나 집단동질성을 추구하는 등의 양상들은, 전체 사회의 사회적 일원화나 사회적 동조 등의 양상들과 분리하여 파악할 수 없다. 뒤에서 보게 되겠지만, 한국 집단주의의 고유성과 그 내적으로 모순적인 면면은 그것을 전체적 차원에서 대중(대중운동) 개념으로 접근할 때 더 일관되게 이해할 수 있으며, 또 그러할 때 집단주의가 한국적 역동성에 기여하는 경로를 이론적으로 더 쉽게 식별할 수 있다.

우리는 사람들의 집단화나 집단주의 양상이 단지 관계지향성이 명확히 드러나는 가족, 친족 등 1차 집단이나 소규모 집단에서의 인격적 관계(관계인)만이 아니라 대규모 조직(조직인)이나 사회 속의 군중, 대중(대중인)들 속에서 나타나는 집단화의 맥락 속에서도 드러난다는 점에 유념해야 한다. 따라서 집단주의와 집단화를 구성하고 있는 이런 복합성과 다차원성을 고려하지 않으면, 현대적인 사회집단의 다양한 유형들 각각에 고유한 사회적 결과와 의의가 간과될 수 있으며, 이때 집단주의는 단순히 가족주의나 연고주의의 확장으로만 사고되어 그 실체와 내적 메커니즘에 대한 잘못된 일반화로 나아가게 된다.

이런 점들에 유념할 때에만 우리는 '개인 우선인가? 집단 우선인가?'라는 단순한 이분법에서 벗어나, 서구의 개인주의 및 집단화의 양상과 한국을 포함한 동아시아 사회 내의 개별화와 집단주의의 양상과의 차이를 이론적 언어로 세밀하게 식별해낼 수 있다. 요컨대, 특정 사회의 집단주의의 양상을 치우치지 않게 해명하려면, 사람들이 형성하는 집단 또는 집합의 서로 다른 관계 형성 논리들이 서로 교차하면서 경합하거나 결합하는 복합적인 양상을 세밀하게 추적할 필요가 있다. 그리고 이런 관점에서 비로소 집단주의의 보편성과 그 한국적 특수성을 제대로 이해할 수 있게 된다.

(2) 집단주의의 보편성과 한국적 특수성

한국 집단주의의 고유한 특성에 접근하려면 우선 이와 비교할 대상을 찾아보아야 하는데, 이를 위해 자유주의적 개인주의가 발달한 서구 근현대사회의 집단화 양상과 그 역사적 궤적을 살펴볼 것이다. 그다음에 같은 동아시아 국가인 일본의 집단주의와 한국 집단주의 간의 대비점을 약술하고자 한다.

서양사회의 현대화는 봉건적, 기독교적 질서에서 벗어나 이성과 과학에 기초한 합리적 사고를 발전시켰고, 이것은 개인성의 발달을 낳았다.

자유주의와 개인주의는 르네상스 시기에서 시작된 초기 현대의 대표적인 이념이자 문화였다. 그런데 서양 현대사회가 자본주의의 산업적 단계로 진입하면서 개인주의와 대립하는 것처럼 보이는 새로운 사회적, 집합적 정체성이 부상하기 시작했다. 그 대표적인 두 가지는 바로 국민 정체성(national identity)과 계급 정체성(class identity)이었다. 봉건국가가 서서히 해체되면서 국민국가를 형성하려는 운동이 나타나기 시작했고, 이에 따라 특정 지역의 사람들을 하나의 국민으로 묶어낼 수 있는 국민 정체성의 형성이 필요해졌던 것이다. 또한, 자본주의의 발전으로 노동자들이 공장을 중심으로 모이게 되고 또 수적으로 늘어나면서 일상생활과 노동을 공유하는 집단으로 형성되기 시작했고, 계급은 이들의 동일한 처지를 묶어주는 표상이 되었다.

 국민국가의 확립과 계급 간 대립의 확산 과정에서 점차 강화되어간 민족주의 운동과 노동자계급운동은 당연히 사회적, 집합적 정체성을 통한 집단화를 심화시키는 것이었지만, 그렇다고 해서 이들이 서구 현대성의 전통적 개인주의와 완전히 배치되는 것은 아니었다. 민족주의와 사회주의는, 최소한 서유럽에 있어서는 여전히, 인간으로서의 천부적인 권리와 사적 자율성을 존중받고 보호받는 개인과 이들이 자유롭게 그 집합적 결정과 조형에 참여하는 '사회(society)'라는 이념적 바탕을 여타 정치 이념들과 공유하는 이념이자 운동들이었기 때문이다.[205] 집단화가 이루어지고 집합적 정체성이 형성된다고 해서 모든 집단화가 '집단주의'로 규정되지 않는 사정은 바로 이런 역사적 맥락에 기인한다. 그에 따라 서구에서 이루어진 집단화의 양상은 '집단주의'에서 제외되었고, 결과적

---

205. A. D. Lindsay, "Individualism", *Encyclopedia of the Social Science*, New York, 1930-1935, Vol. VII, p.677. Steve Lukes, 1973, *Individualism*, Oxford: Basil Blackwell, p.42에서 재인용.

으로 서구사회와 다른 집단화 양상들만 집단주의, 또는 '비정상적' 집단화로 간주되었다.

한편 유럽사회의 집단주의 이념형(개념)과는 차이가 있지만, 일본사회의 집단주의는 집단과 조직의 응집성과 통합성, 자발적 수용이라는 측면에서 유럽인들에게 매우 인상적이었으며, 따라서 문제가 덜한 것으로 인식되었다. 이런 이유로 일본사회 집단주의는 '협동단체주의,' '집단적 자립주의'와 같이 매우 우호적인 이름이 부여되기도 했다.[206] 여기서 강조되는 일본사회의 사회·문화적 차원의 특징적인 면은 '유기체주의(corporatism)'[207]라고 부를만한 것으로, 일반적으로 유동적이고 분파주의(factionalism)적인 특성이 강한 것으로 묘사되는 한국사회의 집단화 및 집단주의 양상[208]과는 대조를 이룬다.

일본에서는 '이에(家)'와 그에 대비되는 '잇끼(一揆)' 또는 '무라(群)'라는 용어로 무리짓기의 집합적 양상 유형을 구분하는데 일본의 집단주의는 전자의 특징이 우세하다.[209] 먼저 '이에'적 집단주의의 전형적인 경우는, 집합체 자체의 역사적 연속성과 발전성에 높은 가치가 부여되고, 직분을 나누는 방식에 기능적, 계층적 성격이 강하며, 각 이에의 단위가 사회적 존재로서 강한 자율과 자립력을 갖는 것을 목표로 하고 실제로도 그것을 상당히 달성한다. 반대로 전형적인 '잇끼'적 집단주의는 그 공유 목적이 매우 한정되고 특징된 무리지음의 유형으로, 여기서 직분이나

---

206. 하마구치 에슌, 앞의 글.
207. 'corporatism'이라는 개념에 대한 역어는 '조합주의'가 일반적이다. 하지만 어의적으로 볼 때 이는 '유기체주의'보다 덜 정확한, 역사적으로 대단히 특정한 양상만을 지칭하는 역어로 그런 제한적 양상을 넘어 지나치게 일반적으로 통용되고 있는 사례라 생각된다.
208. 그레고리 헨더슨, 앞의 책.
209. 쿠몬 슌뻬이, 1992, 「일본사회의 조직원리」, 하마구치 에슌·쿠몬 슌뻬이 편저, 앞의 책.

신분의 분화는 가능한 한 회피되고 서로 평등한 수평형의 분화가 시도되며, 구성원 상호 간의 경쟁이 심하기 때문에 집단 자체의 강한 자율과 자립력의 수립을 중시하지 않는 특성을 갖는다.[210]

일단 전체적으로 본다면, 구조화되고 안정화된 면모가 강한 일본의 집단주의가 '이에적 집단주의'에 가까운 반면, 한국적 집단주의는 '잇끼적 집단주의'에 가깝다고 할 수 있다. 왜냐하면, 최소한 현대적 상황에서 일본사회는 상대적으로 안정되고(혹은 고정된) 관료적 과두제와, 이를 정점으로 그 아래 순차적이고 위계적으로 구축된 나름 자족적인 소집단이나 지역공동체로 특징지을 수 있기 때문이다.[211] 그에 비해 현대 한국사회에서는 일반적으로 그 정도의 엘리트와 상층의 사회적 권위나 지역/소집단의 자족성과 응집성은 보기 어렵고, 그로 인해 대중과 엘리트 모두 유동적인, 다시 말하면 '잇끼적' 집단주의에 함몰되는 경우가 많다.

물론 한국의 집단주의와 일본의 집단주의의 특징을 이렇게 구분해본다고 해서 두 사회가 각각 단일한 원리에 따라 집단화되어있다고 볼 수는 없다. 이러한 구분은 비교를 위한 상대적인 것이다. 전근대사회에서든 현대사회에서든 모든 사회는 '이에'와 '잇끼'라는 두 집단화 양상을 함께 갖고 있다. 그래서 일본사회가 이에적 집단주의가 우세하다고 해서 '잇끼적 집단화'의 모습, 즉 일본어의 원뜻인 피지배인민의 소요나 민란의 사례가 없었다고 말하는 것은 아니다. 또한 어느 사회든 소집단은 늘 좀 더 '이에'의 성격이 강하고, 대중집단은 좀 더 '잇끼'적 성격이 강하기 마련이다. 여기서 중요한 것은 두 사회가 전통의 측면에서, 그리고

---

210. 같은 글, 103-104쪽.
211. 일본사회에 대한 이러한 특징화는 대체로 학계에서 공유되고 있다. 이를테면, 이시재 외, 2001, 『일본의 도시사회』, 서울대 출판부; 이시재·이종구·장화경, 2005, 『현대일본: 사회학으로 풀어본』, 일조각; 김창현, 2002, 『한일소설형성사: 자본이 이상을 몰아내다』, 책세상.

지배적인 집단화 양상의 원리와 이념의 측면에서 서로 대비되는 점을 이해하는 것이다.

앞서 제시한 집단적 인간의 세 유형(관계인, 조직인, 대중인)과 관련하여 관계인(관계지향, 연고추구 인간)이나 조직인이라는 면에서 한국인의 집단주의를 보면, 개인들은 가족의 일원이 되는 가족주의적 집단주의의 경우를 제외하고는 매우 도구(주의)적이며 내면적 헌신의 정도가 상당히 낮고 유동적인 양상을 보인다. 1950년대와 60년대 초의 한국사회에 대해 헨더슨이 말한 것처럼, 이런 유동성 속에서 한국인은 집단에 대한 항구적 집착이나 본질적 헌신을 유보하고, 그것을 대부분 개인적 상승의 사다리로만 대하게 되는 것이다.[212] 그런데 이러한 양상이 일본의 집단주의처럼 좀 더 '조화롭고(?)' 응집적인 원리나 양상에 배치된다고 해서 이것을 집단주의적이지 않다고 말할 수는 없다. 아이러니하게도 이처럼 집단을 상대적으로 더 도구적으로 취급하는 경향을 내포하는 개별화된 역동성이, 어떤 면에서는 한국적 집단주의를 더 집단주의적으로 만들고 더 큰 폭발력을 갖게 한다.

일반적으로 집단주의는 단순히 도구적 차원만이 아니라 규범적, 이상적 차원을 동시에 가지고 있는데, 무엇보다도 한국인은 그토록 개별화되어 있고 공격적이면서도 항시 집단을 형성하고 또 그 속에 있으려고 하는, 집단 소속의 욕망을 강하게 보여 왔다. 한국인의 경우, 이러한 양가적 태도의 사회적 토대는 바로 공중, 대중으로서의 존재 양식이 중심성을 지니며 우세한 양상을 보였다는 데에 있으며, 특히 한국인의 집단주의적 쏠림, 몰입, 참여는 바로 이러한 존재 양식이 우세한 상황의 산물이었다.

일반적으로 공중, 대중으로서 한국인은 '전(全)사회적인 것'에 높은 정

---

212. 그레고리 헨더슨, 앞의 책.

도의 관심과 관여, 그리고 거의 '강박적'이라고도 할 만한 주의를 기울이면서, 사회에 접근하는 주요 통로인 매스커뮤니케이션에서 배제되지 않으려는 열렬함을 보여 왔다. 이에 따라 한국사회에서는 현대화 도정에서 여느 신생 탈식민지 사회보다도 높은 대중매체 보급률과 그에 대한 열광을 보여왔다.[213] 한국인의 이러한 공중으로서의 존재 양태는 뒤처지지 않으려는, '전체 현실의 흐름'에서 소외되지 않으려는 강한 욕망을 보여주는 동시에, 타인의 삶에 대한 높은 관심과 관여로 특징지을 수 있다. 이러한 특징으로 인해 한국적 집단주의는 결과적으로(그리고 대단히 역설적으로) 더 높은 정도의 사회화, 즉 더 강하게 '사회'가 개인에게 부과되고 강제되는 양상을 보여주게 된다.

요컨대, 한국적 집단주의, 집단화의 이러한 특징적 양상들은 그 내부에 양방향의 힘, 즉 고도의 구심력과 동시에 원심력을 가진 것으로서, 서구나 일본과 비교하여 집단주의에 대한 통합적 이론화를 더 어렵게 하는 요인이기도 하다. 다시 말해, 한국인의 집단'주의'적 모습은 단순히 민족과 전체에 대한 고도의 강박이나 가족과 연고, 소집단에의 집착 중 하나를 택일해서 봄으로써 온전히 그 모습을 다 담아낼 수가 없다. 또한, 집단이나 전체에 대한 헌신에만 초점을 맞추는 시각은 한국인의 집단주의, 특히 집단주의의 역동성을 보여주는 데 있어서 전체를 포착하지 못하고 한편에 치우친 설명으로 귀결될 것이다. 이 점은 단순한 분파

---

213. 강준만, 2007, 『한국대중매체사』, 인물과사상사; 유선용, 2009, 「근대적 대중의 형성과 문화의 전환」, 『언론과사회』 17권 1호, 42-101쪽. 인켈스와 스미스의 개별적 현대성(individual modernity) 연구(Alex Inkeles and David Horton Smith, 1974, *Becoming Modern: Individual Change in Six Developing Countries*, Harvard University Press)에 의하면, 현대화의 주요한 사회적 지표 중 하나는 바로 매스미디어에 대한 노출의 정도인데, 이 점에서 본다면 한국인은 대단히 높은 정도의 '심리적 현대성(psychological modernity)'을 보유한 근대인으로 존재해왔다고 할 수 있다.

화의 양상과 달리 한국 집단주의의 특유한 또 다른 개별화, 즉 강한 개인 주장의 양상을 통해 관찰될 수 있다. 그것은 고도의 개인화된 지향과 초개인적인 지향이 서로 결합한 양상을 띠기 때문에 역시 일의적인 것과는 거리가 멀다고 하겠다.

한국인은 내면에서 승인하지 않은 질서나 집단의 압력을 규범적으로는 받아들이지 않으면서 오직 도구적으로만 수용하고, 복종하는 척하며 이것을 공리(功利)적 고려에 종속시키곤 하는 모습을 자주 보여준다. 이것은 집합적 차원에서도 마찬가지이다. 우리는 이런 모습을 현대 한국인이 서구 중심적 질서와 문화에 대해 가진 양가적 태도에서나, 일제 하 조선인의 총독부에 대한 '면종복배(面從腹背)'의 태도에서 확인할 수 있다.[214]

이렇듯 개인주의적 태도나 집단주의적 태도 사이의 외견상 모순되는 듯한 이중적 태도는, 관계인이나 조직인의 모습뿐만 아니라 대중인(mass man)의 모습에도 똑같이 주목할 때 비로소 일관되게 이론적으로 설명할 수 있게 된다. 이것은 한국사회의 현대화 과정에서 발휘된 한국인 특유의 역동성의 원천이 무엇인지 식별하는 문제와도 긴밀히 연관되어 있는데, 격동의 근현대사 속에서 상황을 타개하고 스스로를 형성하고자 했던 한국인의 노력의 핵심에는 바로 이 대중인으로서의 한국인의 모습이 있었다. 그리고 이러한 모습은 관계인이나 조직인으로서의 한국인을 지배하면서 이에 의미를 부여할 만큼 강력한 것이었다.

---

214. 특히 일제 강점기의 상황에서 한국인의 이런 모습에 대한 논의는 구자혁, 앞의 책, 제4장 3절 3항을 참조할 것.

(3) 집단주의와 한국인의 역동성

현대화 속에서 한국인의 개별화된 역동성을 야기한 적응의 압력과, 성취와 상승을 향한 열망은 단지 도구적이고 개별적인 차원에서만 존재하고 성립하는 것은 아니었다. 그것은 동시에 어느 정도 동일한 역사적 체험을 공유하는 사람들의 집합으로서 한국인들이, 그들 전체 운명의 궤적으로 표상하는 일종의 '집단적 자아(collective ego)', 혹은 동일한 '자아들'의 '집합의식'의 형태로 표출한 것이기도 했다. '의사(擬似) 사회주의'[215] 혹은 인민주의(populism), 그리고 그와 결합된 '열광주의'[216]로 불리곤 하는 한국 집단주의의 이러한 심성과 정조는 집단주의 역동성의 주요한 원천이자 중심적 요소라 할 수 있다.

앞서(3장 1절) 개관되었듯이 개항 이후 한국 현대사는 구한말 정치사회 질서의 문란, 형식화, 혼돈에 뒤이은 국권의 상실과 식민지 전락으로 나라 없는 삶, 즉 난민(難民), 유민(流民)의 삶이 지속된 역사였다. 대외적, 대내적 난민, 즉 '디아스포라(diaspora)'의 의식이 한국인의 지속적인 자기형상이자 상상임을 암시하는 부분이 바로 이 지점이다. 이상과 같은 역사적 체험으로 인해 한국인에게는 두 가지 종류의 자기비하 의식(집합적으로 공유된)이 깊이 뿌리박히게 되었고 이는 세대를 가로질러 여전히 강하게 작동하고 있는 것으로 보인다. 그것은 먼저 하나의 집단, 국민(nation)으로서의 자기 자신에 대한 비하이고, 다음은 자기가 살아온 방식이자 물려받은 삶의 방식인 전통에 대한 비하라고 할 수 있다. 이에 상응하여 한국의 집단적 자아는 공동체에 강한 열망을 가졌음에도, 과

---

215. 송호근, 앞의 책; 정수복, 앞의 책.
216. 김형효, 1997, 「열광주의와 「추상의 정신」」, 『형성과 창조 4: 한국문화에 있어서 이상주의와 열광주의』, 한국정신문화연구원.

거와 전통을 미화하고 이상화하기보다는 경멸하며, 반대로 미래와 변화를 향한 총화적 노력을 더 높이 평가한다. 이러한 집단적 자아의 표현으로, 외부의 어떤 세계 중심으로부터 유래한 사조, 문물, 그리고 그것을 대변하는 국내적, 전지구적 '대세', '주류'에 대해 높은 정도로 내면화된 추종의식과 순응주의가 심화되었는데, 이는 역설적으로 조선의 지배계급인 사대부 엘리트의 특징적 태도가 계승된 것이기도 하다.

집단주의는 이러한 전체화되고 강요된 순응주의가 역설적으로 스스로 역동적 행위자(agency)가 되도록 재촉하는 학교이자 훈련장이다. 또한, 집단주의는 그 거대한 대중적 압력과 함께 삶에 대한 특유의 상상과 기대의 방식을 대변한다. 이를테면 1960-70년대 산업화 과정 당시 새마을 운동의 "잘살아보세!"라는 구호는, 표면적으로는 잘 사는 대열에 끼고자 하는 개별화된 역동성에 호소하는(부추기는) 구호이지만, 그 이면에는 잘살려고 하는 '우리'의 노력에 참여할 것을 강권하며, 이 국내적, 세계(사)적 '대세'에 어서 동참하라는 집합적 압력을 표현한다. 따라서 한국 근현대사에서 가장 성공적인 정치마케팅 중 하나라고 할 만한 이 구호가, 한국사회의 군사적 규율화를 가장 심도있게 실행하고 또 '근대화'로의 맹목적 질주를 설파한 박정희 정부[217]에 의해 제창되었다는 것은 결코 논리적으로 모순이 아니다. 즉 이것은 개인이 어떠해야 하고 어떻게 살아야 한다는 구호 속에서 사실 개인과 집단은 하나임을 선언한 것인데, 여기에는 동일한 목표를 향해 동일한 방식으로 경쟁하는 개인만이 존재하는 것이 아니라, 협력하고 동참하라는 순응(conformation)에의 압박을 가하는 거대한 대중이 그 뒤에 동시에 존재하는 것이다.

한편 이러한 면면들은 '전 사회적', '전 국민적', '전 지구적' 사안에 참여하려 하고, 대세적 흐름의 일부가 되고자 하는 대단히 높은 열망을

---

217. 조희연, 2010, 『동원된 근대화』, 후마니타스.

지닌 한국인의 모습을 단적으로 보여주는데, 이는 단지 국가에 의한 유사 전체주의적 동원에의 순응과 쏠림으로만 나타난 것은 아니다. 집합적 주체로의, 대중화된 주체로의 열망은 전통적인 유교적 민본주의를 계승한 인민주의적인 정치적 분출 또한 야기하였는데, 한국 근현대사를 장식한 수많은 사건, 즉 국채보상운동, 3.1독립운동, 광주학생운동, 4.19혁명, 87년 민주화 항쟁, 그리고 2000년대의 촛불시위 등이 바로 그것들이다.

이것들은 비록 서구적 시민의 참여적 양상과 정확히 일치하는 것은 아닐지라도, 한국사회와 한국인의 역동성이 단지 경제적 차원에서만 발휘되는 것이 아님을 웅변적으로 보여준다. 그리고 이는 경제성장의 경우에서도 그랬던 것처럼, 개인으로서나 전체 집단으로서나 한국인에게 '시대'와 인류보편사적 '현실'을 구현하는 '주체'가 되고자 하는 욕망이 얼마나 강하고 절실한지를 보여준다. 현대적 인간, 현대성의 심리적 요건이라 할 '변화 지향적 인성(mobile personality)'[218]으로 한국인이 변모한 것은, 한국인의 집단주의가 형성된 이런 복합적이고 전체적인 맥락에 따른 것이었다. 또 이러한 집단주의 출현의 맥락과 독특한 논리는 다시 제도적 질서와 국가정책 속에 기입되었고, 무엇보다 한국인의 일상적 문화와 행위양식에 그 흔적을 남기며 뿌리내리게 되었다.

---

218. Daniel Lerner, 1966, *The Passing of Traditional Society*, Free Press; Alex Inkeles and David Horton Smith, 앞의 책. 이런 변화지향적 인성이 한국인에게 특유한 꿈꾸기의 방식으로 이어져 구축된 한국적 주체성의 구조에 관해서는 구자혁(2018, 「한국적 꿈꾸기의 역설」, 박명규·김홍중 외, 『꿈의 사회학』, 다산출판사)을 참조할 것.

(4) 1980년대 이후 집단주의의 전개와 전망

1980년대에 접어들면서 한국자본주의는 새로운 국면에 진입하게 되는데, 특히 3저호황에 힘입은 경제성장과 물질적 풍요의 사회적 확산, 그리고 개발의 가속화로 인한 도시화와 수도권 집중의 심화 등은 한국사회의 물질적 토대의 급속한 변화를 낳았다. 또한 86년 아시안게임을 계기로 개방되기 시작한 문화, 위락, 여가의 공간은 87년 민주화와 더불어 더욱 활성화되어 1990년대의 문화·소비 자본주의로의 사회·문화적 변동으로 이어졌다. 하지만 이러한 '풍요사회(affluent society)'와 '문화의 시대'의 도래가 한국적 집단주의에 근본적으로 새로운 양상을 추동한 것으로 보이지는 않는다.

다만 대학 학생회를 중심으로 한 학생운동의 조직화가 전면적으로 급속히 진전되었던 효과로서 '신좌파' 경향의 후속세대들('신좌파'세대)에 대한 집단주의적 훈련과 사회화가 이루어지고, 또 노동-자본 갈등의 심화 속에서 노동자들의 조직화가 진전되면서, 이 두 요소가 새로운 집단정체성의 맹아들을 보여주었다. 그것은 '형제애(fraternity)'에 의거한 집단주의의 출현이었다. 그런데 좀 더 근본적인 충격은 1990년대 말부터 전지구적으로 진행된 개별화와 지구화, 정보화의 추세에 의해 가해졌다고 볼 수 있다.

집단주의는 다차원의 함의를 갖는 현상으로서, 무리의 유형이나 집합단위의 수준에 따라 상이한 변형과 적용을 갖게 마련이다. 앞서 '조직인(조직의 구성원)'으로서의 집단주의적 양상은, 일본의 경우와 유사하게 유사가족(주의)적 요소와 면모가 많이 있음을 지적했다. 하지만 이런 양상은 기업의 조직합리화, 고용유연성의 제고 등 1997년 IMF구제금융 위기 이후에 가속화된 신자유주의적 경제재편으로 상당히 약화되는 추세를 보이게 되었고, 이로 인해 연공서열적, 온정주의적 통합도 점차 약화되는 양상을 보였다. 게다가 개별 기업에서의 노동시간이나 노동강도는 그다지 줄어들지 않았고, 생존경쟁을 위한 가혹함과 그 경쟁에서 살아남기 위해 헌신하는 '모습을 보여줄 필요성'은 여전히 매우 높았다.

이런 상황에서 가족중심주의, 가족주의적 "모나디즘"[219]은 더욱 강화되는 양상이지만, 가족 또한 사회변동의 격랑을 상처 없이 빠져나가지는 못하고 있다. 여성의 노동시장 진출 증가에 따른 맞벌이 부부 가구의 급속한 증가, 양성 평등의식의 제고, 전반적인 실업률 상승과 신규노동력 진입의 협소화, 가족의 전통적 돌봄 기능의 쇠퇴, 노인 인구 증대 등의 추세 속에서, 1인 및 2인 가구 비율의 증대(2010년 47.8%, 2016년 54.7%)와 이혼율 증대, 출산율 저하, 비혼율 증대 등의 경향이 확산되면서 가족의 쇠퇴가 나타나고 있다. 이렇듯 관계지향 윤리의 요람이라 할 이른바 '정상적(?)' 핵가족이나 확대가족의 영향력 쇠퇴는, 사회 전체적인 개별화(individualization) 경향의 확산과 맞물려 관계지향 행위양식의 쇠퇴를 낳고 있는 것으로 보인다.

또한 확장일로에 있는 수도권 도시화와 아파트단지 개발의 확산은 지역사회에 바탕을 둔 사회적 연결과 연대를 지속적으로 잠식해가고 있다. 1960년대 여의도 개발로 시작되어, 1970년대 초반의 강남 개발, 1990년대와 2000년대 '신도시' 아파트단지의 연속적인 개발과 확산 등으로 이어진 수도권 팽창 및 집중화 현상은 이전과는 그 규모를 비교할 수 없을 정도로 확대되었다. 농촌의 고유한 공동체적 생활양식과 특유의 공동체적 집단주의와는 전혀 이질적인 사회·문화적 공간인 아파트에 거주하는 사람들의 비율은 2000년대 중반에 이미 인구 절반을 넘었고, 한국 인구의 절반에 가까운 사람들은 이제 수도권에 거주하고 있

---

219. 강수택, 2004, 『모나디즘과 연대주의』, 한길사.

다. '아파트형 생활양식'은 갈수록 확대되어 전국화, 전국민화되고 있다. 이에 조응하듯 한국 사람들이 서로 인맥을 쌓고 결연(networking)하는 양상은, 전인격적인 관계를 추구하기보다는 개인적 관심이나 이해관계에 따라 분화, 전문화, 칸막이화(compartmentalization)되는 추세를 보이고 있다.

따라서 전체적으로 본다면, 삶의 안정성을 제공하지 못하는 조직이나 사회체계에 대한 불신이 확대되면서, 집단주의 '규범'이 요구하는 전체에 대한 헌신이나 관계에 대한 부응의 호소는, 사회'의식'의 차원에서 이제 그 힘을 잃게 되었다. 또한 도시화 및 개별화 속에서 이루어진 '민주화'는 일상생활에서 '탈권위주의적' 감정을 확산시키면서 가족주의에 착근되어 있던 권위주의를 해체시켰고, 이로 인해 가족주의마저 쇠퇴하면서 사회 전반에서 관계윤리적 행위양식의 쇠퇴를 가져왔다.

이렇듯 급속한 사회변동과 탈권위주의화 속에서 나이에 따른 위계서열의식이 약화되긴 했지만, 여전히 상하로 위계화되거나 중심-주변으로 서열화된 사회공간에 대한 상상과 이미지, 지각양식은 사회적 삶과 환경을 바라보는 한국인의 시각에 여전히 결정적인 듯하다. 이는 아마도 정보화, 지구화와 더불어 전반적으로 사회적 경쟁이 완화되기보다는 더욱 격심해져 가기 때문으로 보인다. 요약하면, 과거와는 사뭇 달라진 사회 환경, 관계적 행위 윤리들을 추동해온 가족의 쇠퇴(특히 확대가족의 쇠퇴), 회사인간(회사조직의 요구에 속박된 삶을 살아가는 인간) 모델의 설득력 상실, 소비사회의 심화와 대중적 유행, 그리고 집단적 '쏠림현상' 등은 정보화와 지구화의 추세 속에서 더욱 강화되고 있는 듯하다.

여기서 한국인의 공중, 대중으로서의 존재양상에 토대적인 변화를 의미하는 정보화의 영향을 좀 더 자세히 보기로 하자. 정보화를 통한 온라인 네트워킹과 플랫폼의 발달은 1980년대 전두환 군사독재정권에 의해 '선구적으로' 확충된 정보통신 인프라에 힘입은 바 크다. 하지만 무엇보다 결정적인 것은 대중적 유행과 대중소통매체(mass-communication media), 그리고 집합적 사교의 공간에 대한 한국사회의 전통적 열광은, 소통 수단으로서의 인터넷 기반 사회매체(social media)에 내재하는 감염적인(viral) 본성과 만나[220] 인터넷 공간을 새로운 집단화와 집단주의의 요람으로 부상시켰다. 자생적인 수많은 온라인 동호회, 홈페이지, 네트워킹 툴의 활용 등을 통해 사교와 문제해결, 무리지음의 장소로서 한국의 온라인 생태계는 지난 20여 년 동안 현기증 날 정도로 확장일로에 있어왔다고 할 수 있다.[221] 물론 집단화의 도구로서 인터넷 커뮤니케이션이나 사회매체가 만들어내고 있는 것이 과연 '공동체'라고 불릴 수 있는 어떤 것인가는 여전히 회의적이긴 하지만, 이러한 새로운 인간 의사소통의 인프라가 한국사회에서 단순히 도구적 집단주의를 추구하는 사람들, 다시 말해 원하는 것만 얻고 떠나는 "밀렵자(poacher)"[222] 군중만을 만들어낸 것은 아니다.

비록 '미디어 풍요(media affluence)'라는 기본 경향이 매스커뮤니케이션에 의한 전국적 통일이나 사회통합의 양상을 약화시키기도 하지만, 온라인 공중의 발호는 여전히 한국적 집단주의의 전체화 양상의 제약요인이기보다는 전체화, 집단화가 일어나는 기반을 변용하면서 어떤 면에서는 자발적인 속성을 더 강화시키는 방향으로 작용했다. 노무현 정부 집권 이래 한국 집단주의는 정치인 팬클럽과 온라인 행동주의(online

---

220. 구자혁, 2012, 「현대성의 개성화, 탈분화 과정으로서의 소셜미디어의 부상」, 『사회과학논총』 제15집.
221. 이호영, 2008, 「온라인 문화수용자와 새로운 문화권력」, 김상배 편, 『인터넷 권력의 해부』, 한울.
222. 헨리 젠킨스, 2008, 『팬, 블로거, 게이머: 참여문화에 대한 탐색』(정현진 옮김), 비즈앤비즈.

activism)의 활성화에 따라 대중적 세력화와 당파화로의 진행이 더 격렬해지고 있고, 또 집단의 발생-융기-절정-쇠퇴-대체의 주기 역시 더 빨라지고 짧아지는 추세에 있다. 이는 현실관여, 정치참가의 여러 유형 중 특히 거리를 둔 관심에 머무르는 '관망적 관여(spectator involvement)'[223]에 경도되는 모습을 주로 보여온 한국적 대중과 이들의 집단주의가, 정보화의 매개를 통해 훨씬 더 큰 활동성을 띠게 되었다. 이런 변화는 1960년대와 70년대를 통해 한국 집단주의의 모습으로 우세하게 등장했던 '조직인'으로서의 양상이, 점차 증대하는 인민주의의 요소들이나 '공중, 대중'으로서의 양상에 의해 잠식되어가는 상황이 더 진전된 것으로 생각된다. 이러한 변화가 다른 사회구조적 변동과 맞물려 장기적으로 어떠한 사회적 함의, 특히 정치적 결과를 낳을지는 아직 예단하기는 힘들다. 하지만 한국적 집단주의, 집단화, 집단적 주체화 속에 흐르는 장기지속적 속성과 시간적 변이들, 그리고 국면적 변형의 요소들을 섬세히 구별하는 작업을 통해 그 변화의 흐름에 대해 확정적인 진단을 내놓을 수 있을 것이다.

---

223. Lester M. Milbrath, 1965, *Political Participation: How and Why Do People Get Involved in Politics?*, Chicago, IL: Rand McNally & Company.

3. 민족주의: 종족적 민족주의와 시민적 민족주의의 경합

민족주의는 한국 사회의 역동성을 설명할 수 있는 중요한 개념인 동시에 현실적인 힘이라 할 수 있다. 전 민족적인 독립항쟁이었던 100여 년 전의 3.1운동에서부터 가장 최근의 일본상품 불매운동에 이르기까지 민족주의는 한국 사회가 위기에 처할 때마다 대중들을 민족의 이름으로 동원함으로써 위기를 극복할 수 있게 했던 중요한 이념이며 행위 양식이었다. 따라서 한국 민족주의의 성격을 탐색한다는 것은 한국 근대의 핵심적 동학을 이해하는 것이며, 또한 한국인의 정체성을 해명하는 길이기도 하다.

한국의 근현대사에서 민족주의는 우리의 생각과 행동의 기준이었기 때문에 우리에게 민족주의란 너무나 자명한 것처럼 보이지만, 사실 민족주의는 "민족의 수만큼 많은 민족주의가 있다"라고 할 만큼 다양할 뿐 아니라 정의하기도 힘들다. 다시 말해서 '오천 년 단일민족으로 이어져온 한민족'이라는 우리 국민 대다수가 가진 민족에 대한 일반적인 이해와 달리, 세계사적으로 보면 우리와 다른 민족 및 민족주의가 대단히 많고 그렇기에 민족주의는 매우 복합적인 개념이며 현상이다.

민족의 수만큼 다양한 민족주의가 있는 만큼 민족 및 민족주의의 형성에 대한 이론 역시 다양하지만, 민족 및 민족주의는 일단 현대적인 현상으로 이해할 필요가 있다. 다양한 쟁점에도 불구하고, 근현대 민족 및 민족주의는 전근대 시기의 그것과 다른 성격을 갖는다는 사실에 거의 모든 학자가 동의하기 때문이다. 한 걸음 나아가, 민족이 현대에 만들어졌다는 주장에 따르면, "민족이 민족주의를 만든 것이 아니라, 민족주의가 민족을 만들었다." 말하자면 현대에 들어 어떤 사람들이 민족이라는 이념을 동원하여 특정 지역의 사람들을 민족공동체로 구성해냈다는 것이다.

일단 민족주의를 현대적 현상으로 이해한다고 해서 민족주의에 대한 모든 것이 해명되는 것은 아니다. 민족주의는 단일 이데올로기로 존재하는 것이 아니라 다양한 이데올로기와 결합하여 존재하기 때문이다. 민족주의는 민주주의와 결합하여 시민적 민족주의의 성격을 가질 수도 있고, 인종주의와 결합하여 파시즘적 성격을 가질 수 있다. 민족주의는 역사적으로 다양한 이데올로기와 결합해 왔으며, 규범적으로도 항상 긍정적인 가치만을 지닌 것이 아니었다. 따라서 민족주의는 "야누스의 얼굴"[224]을 가진 대단히 복합적인 이데올로기로 이해하는 것이 타당하다.

민족주의를 현대적이고, 야누스의 얼굴을 한 것으로 받아들인다면, 우리는 한국 민족주의에 대해 일반 상식과는 다른 새로운 관점을 얻게 된다. 다양한 이론적, 방법론적 차이에도 불구하고 대다수의 한국 민족주의 연구는 '종족적 민족주의(ethnic nationalism)'라는 관점을 전제하고 있다.[225] 이는 한국 민족주의가 하나이고, 나아가 한국인이 정태적인 하나의 성격을 가졌음을 전제한다. 그러나 근대적, 복합적 관점에 따르면 한국 민족주의를 다양한 세력에 의해 형성되었고 지금도 형성 중인 민족주의로, 따라서 단일한 민족주의가 아니라 복합적인 민족주의로 이해할 수 있다. 즉 한국 민족주의는 근현대에 와서 다양한 사람들에 의해 형성되었고 지금도 형성되고 있는 역동적인 민족주의로 이해할 수 있다.

과연 한국의 민족주의는 종족적 민족주의이기만 했을까? 종족적 민족주의의 상대개념인 '시민적 민족주의(civil nationalism)'가 존재하지 않았을까? 만약 시민적 민족주의가 존재하지 않았다면, 세계사적으로 유

---

224. Tom Nairn, 1975, "The Modern Janus", *New Left Review I* 94(Nov./Dec.).
225. 신기욱, 2009, 『한국 민족주의의 계보와 정치』(이진준 옮김), 창비.

례없이 아주 단기간 내에 산업화와 민주화를 동시에 이루어낸 우리 역사는 무엇으로 설명할 수 있을까? 다시 말해서 민주화와 산업화를 향한 구성원들의 적극적인 노력은 과연 어떤 민족주의에 근거하는 것일까?

민족주의를 복합적이고 역동적인 개념이자 운동으로 이해하면 민족주의 내부의 역동성을 인식함으로써 역동적인 근대화 과정 및 근대적 정체성 형성 과정을 이해할 수 있을 것이다. 다시 말해서 한국 민족주의를 종족적 민족주의라는 관점에서만 보는 것이 아니라 종족적 민족주의와 시민적 민족주의의 역사적이고 우연적인 접합과정으로 파악한다면, 민족주의의 역동성과 다양성을 드러낼 수 있을 뿐 아니라 민족주의를 통해 형성된 한국인의 역동성도 드러낼 수 있을 것이다.

(1) 민족주의의 개념적 이해

많은 사람이 한국 사회의 중요한 갈등 중의 하나로 보수와 진보의 이념 갈등을 이야기한다. 보수와 진보의 이념 갈등이 얼마나 한국 사회의 구조적 갈등을 대변하고 있는지는 토론의 여지가 있지만, 격렬하게 갈등하는 두 세력이 모두 민족주의에 근거하고 있다는 점은 대단히 흥미로운 일이다. 보수 세력은 스스로를 애국 세력이라 부르고, 진보 세력 일부는 스스로를 민족주의 세력으로 부른다.[226] 초대 대통령인 이승만의 행적이 잘 보여주듯이 해방 이후부터 민족주의는 적어도 담론적으로는 매우 중요한 이념 중의 하나였다.

보수와 진보 두 세력 모두가 근거하고 있는 한국의 민족주의에 대한

---

[226] 이는 이들이 주장하는 민족주의 담론이 모두 규범적으로 정당하다는 것을 의미하는 것은 아니다. 또한 1990년대 이후 진보 세력 내부에서 민족주의에 대한 비판적 관점이 나타나기도 하였다. 그러나 2019년 일본상품 불매운동에서 알 수 있듯이 민족주의는 여전히 한국사회를 움직이는 중요한 이념이다.

주류적 이해는 종족적 민족주의이다. '단군 이래 오천 년 단일민족의 역사'라는 주장은 어린아이도 알고 있는 국민적 상식이다. 또한 개천절이 국경일로 지정되어 있다는 사실에서 알 수 있듯이 종족적 민족주의는 국가에 의해 보증되는 공식 민족주의 담론이다.

그런데 우리의 이러한 인식이 세계사적 보편성을 갖는 것일까? 서구의 민족주의 연구자들에 따르면 민족에 대한 이러한 인식은 보편적인 것은 아니다. 예를 들어 보자. 알퐁스 도데의 <마지막 수업>으로 잘 알려진 프랑스의 알사스, 로렌지방 사람들은 소설에서 잘 그려지고 있듯이 프랑스인이라는 정체성을 갖고 있다. 하지만 흥미로운 점은 알사스, 로렌지방 사람들은 혈통적·언어적으로 독일계통에 가깝다는 점이다. 독일에 점령당한 독일계통의 사람들이 프랑스인 정체성을 주장했다는 사실은 민족이 과연 무엇인지에 대해 근본적인 질문을 던진다. 우리의 상식과는 달리 민족은 르낭(Ernst Renan)의 말처럼 '매일 매일의 국민투표'[227]일 수 있다는 것이다. 다시 말해 혈통, 언어, 문화 등의 객관적 요인보다는 '우리의식'이라는 주관적 요소가 더 중요할 수 있다는 것이다.

세계에는 민족을 우리 식으로 생각하는 사람들도 있고 그렇지 않은 사람들도 있다. 민족의 수만큼이나 많은 민족주의 이론을 거칠게 구분하자면, 민족이 민족주의를 만들었는지 아니면 그 역인지에 따라 두 개의 관점으로 구별할 수 있다. '원초수의(primordialism)' 혹은 '영속주의(perennialism)'가 민족이 민족주의를 만들었다는 관점이라면, '근대주의' 혹은 '탈근대주의'적 접근은 민족주의가 민족을 만들었다고 주장한다.[228] 전자의 관점에 따르면 근대 이전에 존재했던 혈통적, 지정학적, 문화적, 언어적 연속성을 가진 민족이 근대적 형태의 민족 및 민족주의를

---

227. 에르네스트 르낭, 2002, 『민족이란 무엇인가』(신행선 옮김), 책세상.
228. 앤서니 D. 스미스, 2012, 『민족주의란 무엇인가』(강철구 옮김), 용의숲.

탄생시킨 반면, 후자의 관점에 따르면 "민족주의란 민족들이 깨어나 자기의식을 갖게 되는 것이 아니"라 민족주의가 "민족이 없는 곳에서 민족을 발명"한 것이다.[229]

중요한 것은, 민족이 민족주의를 만들었다고 하더라도 현대 민족은 과거의 그것과는 다르다는 점이다. 현재의 민족 및 민족주의는 시작부터 현대적인 정치적 공중(公衆)의 창출과 관련된 현상으로, 민족주의는 첫째, 정치적 정당성의 원천이 인민이라는 새로운 이데올로기, 둘째, 물질적 하부구조인 교통, 통신기술의 발달, 셋째, 경제적 통합, 넷째, 국가행정능력의 발달과 결합되어 있다.[230] 이처럼 민족주의를 현대적 현상으로 이해하면 민족주의는 민족국가의 형성, 산업화, 민주화 등과 일정한 상관관계를 갖는 것으로 이해할 필요가 있다. 즉 민족주의는 겔너(Ernest Gellner)의 정의처럼 '정치적 단위와 민족적 단위를 일치시키려는 노력'[231]이며, 민족은 앤더슨(Benedict Anderson)의 주장을 빌리면 다양한 방식으로 만들어진 '상상의[상상된] 공동체(imagined communities)'[232]이다.

민족주의를 현대적 산물로 이해한다고 해도 그것은 또 한 번 우리의 상식을 벗어난다. 우리 사회에서는 보수와 진보 모두가 민족주의자임을 자처할 만큼 민족주의는 좋은 의미로 받아들여지지만, 서구사회에서 민족주의는 대단히 나쁜 의미를 갖기 때문이다. 파시즘, 나치즘의 역사가 민족주의에 대한 서구인의 인식에 커다란 영향을 미친 탓이다. 따라서 민족주의는 좋은 의미의 민족주의와 나쁜 의미의 민족주의가 있다. 전

---

229. Ernest Gellner, 1964, *Thought and Change*. London: Weidenfeld & Nicolson, p.169.
230. Craig Calhoun, 1997, *Nationalism*, Minneapolis: University of Minnesota Press.
231. Ernest Gellner, 1983, *Nations and Nationalism*, Oxford: Blackwell, p.1.
232. 베네딕트 앤더슨, 앞의 책.

자에 시민적 민족주의, 애국주의(patriotism)가 들어간다면, 후자에 종족적 민족주의, 파시즘 등이 들어간다.

민족이 상상된 공동체라면, 그리고 민족주의가 규범적으로 양가적이라면 한 나라의 민족주의는 참으로 다양한 성격을 가질 수밖에 없다. 개별민족의 종족적 연원, 국가형성 과정, 민주주의의 성격 등 다양한 사회구조적 조건 속에서 한 나라의 민족주의 담론이 형성될 수밖에 없기 때문이다. 따라서 특정 국가의 민족주의는 특정한 역사적 경험 속에서 형성된 담론구성체이며 역으로 특정한 민족을 형성하는 담론구성체라 할 수 있다.[233]

민족주의를 역사적으로 형성된 담론구성체로 인식하게 되면, 우리가 근대에 들어 어떻게 민족을 상상했으며, 그렇게 상상한 민족을 어떻게 정치적 단위와 일치시키려 노력했는지를 분석할 수 있다. 이는 여전히 일치되지 않고 있는 민족적 단위와 정치적 단위의 문제, 즉 한 민족의 통일과 민족주의의 문제를 새로운 관점에서 이해할 수 있게 한다.

(2) 민족주의의 보편성과 한국적 특수성

한국에서는 민족 및 민족주의가 언제 형성되었을까? 한국 민족 및 민족주의에 관한 연구는 위에서 언급했던 관점을 반복하고 있다. 민족형성의 시기에 관해서는 영속주의적 입장과 근대주의적 입장이 대립하고, 규범적인 의미에서는 긍정적 시각과 부정적 시각이 대립하고 있다.

한국 민족주의의 연원, 성격에 대한 다양한 논쟁에도 불구하고, 근대 한국 민족주의의 특징이 민족의 독립을 추구하는 '저항 민족주의'로[234] 규정하는 데 대해서는 학자들 대부분이 동의한다. 한국 민족주의는 그

---

233. Craig Calhoun, 앞의 책.

출발점부터 민족의 독립을 추구하는 저항 민족주의였기 때문에, 그리고 분단 이후에는 통일을 추구하는 이념이었기 때문에 규범적으로 정당한 이념이었고, 동시에 헤게모니 담론이었다는 것이다. 제국주의 세력에 대항해 민족의 독립과 해방을 추구하는 것은 너무나 당연한 민족의 권리라는 점에서, 그리고 분단된 민족을 하나로 통일하는 것은 너무나 당연한 민족의 사명이라는 점에서 한국에서 민족주의는 누구도 정당성을 의심할 수 없는 정의로운 이념임과 동시에 민족구성원들의 행위양식을 지도하는 이념이었다. 분단으로 인해 민족주의와 공존하기 힘들었던 분단 정권을 수립할 때에도, 남북한 정권이 서로를 괴뢰정권이라 비난하고 자신만이 민족적 정통성을 계승하고 있다고 주장한 것만 보아도, 한국 근현대사회에서 민족주의가 얼마나 중요한 정당성의 원천이었으며 헤게모니를 가진 담론이었는지를 알 수 있다.

민족주의를 긍정적으로 개념화했다는 사실은 한국의 민족주의가 비서구 민족주의의 보편성에 입각하고 있음을 보여준다. 서구의 민족주의가 프랑스의 시민적 민족주의에서 독일의 나치즘으로 변색되면서 대단히 부정적인 평가를 받는 것과는 달리, 한국의 민족주의는 겔너의 민족주의 정의 그대로 제국주의에 맞서 민족의 독립을 추구하는 이념으로 작동했고, 그런 의미에서 비서구사회 민족주의의 일반적인 흐름에 속한다고 할 수 있다.

한반도 이남에서 단독정부가 수립된 이후를 보더라도, 민족을 부정한다는 것은 반공주의를 부정하는 것만큼이나 위험한 일이었다. 실질적 내용이 비록 민족의 이익과 부합하지 않는 말뿐이라 하더라도, 모든 행위는 민족의 이름으로 이루어져야 정당성을 획득할 수 있었다. 그러한

---

234. 이용희, 1975, 「한국 민족주의의 제문제」, 이용희 외, 『한국의 민족주의』, 한국일보사.

한국 사회에서 민족주의에 대한 부정적 사유가 발생한 것은 1990년대에 이르러서이다. 1990년대에 이뤄진 냉전의 해체, 세계화, 민주화, 개인화라는 사회구조적 변동과 탈구조주의, 탈식민주의 등의 탈현대 담론의 도입으로, 이제 영속주의적 접근뿐 아니라 현대주의적 접근마저 국가주의적, 권위주의적 사유로 비판받기 시작했던 것이다.[235]

민족주의는 개념상 한 공동체의 구성원이 모두 동일하다는 주장임과 동시에 그 구성원들이 다른 공동체의 구성원들과 다르다는 주장을 내포한다. 같음은 동일한 권리라는 연대의 원리일 수 있지만, 외부의 적에 대한 내부의 단결이라는 의미에서 차이의 억압일 수 있다. 따라서 민족주의는 내적·외적 차이를 억압하는 배제의 논리, 기득권의 논리일 수 있고, 탈현대주의자들은 우리의 민족주의에서 바로 이러한 배제의 논리를 발견했던 것이다.

한국 민족주의의 태생이 저항적이었다는 점을 부정할 수는 없을 것이다. 이런 점에서 한국 민족주의는 비서구 민족들에서 보이는 전형적인 논리 및 규범적 성격을 담고 있다. 또한, 여느 민족주의와 마찬가지로 쉽게 지배집단의 정당화 담론으로 활용되었다는 점에서 한국 민족주의는 부정적 측면도 역시 그대로 갖는다.

한국 민족주의가 다른 나라의 민족주의와 비교해 독특한 성격을 갖고 있다면, 그것은 그 민족주의 논리 혹은 성격 때문이라기보다는 다른 비서구국가보다 상대적으로 빨리 현대적 민족 및 민족주의를 형성했고 이에 따라 대단히 강력한 영향력을 가지고 있었기 때문이다. 홉스봄(Eric Hobsbawm)이 주장하듯이 한국, 일본, 중국의 동아시아 3국은 세계적 관점에서 볼 때, 예외적으로 전근대 시기에 단일한 정치적, 문화적 동

---

235. 민족주의 논쟁을 촉발시킨 대표적 저작으로는 임지현, 1999, 『민족주의는 반역이다: 신화와 허무의 민족주의 담론을 넘어서』, 소나무.

일성을 유지해왔다.[236] 바로 이런 사실이, 다른 비서구국가에서 저항적 민족주의가 형성되어 민족을 구성하는 데 상당한 시간이 필요했던 것과는 달리, 한국의 경우 아주 급속하게 민족 및 민족주의가 형성되는 중요한 요인이 되었다. 또한 한국의 민족주의는 과거의 동질성을 유지하는 데 머문 것이 아니라 서구의 민주주의 사상을 적극적으로 수용하여 민주공화국 수립을 추구하는 등 일찍부터 시민적 민족주의를 받아들이기 시작했다. 1919년 3.1운동과 잇따른 임시정부의 수립은 한국의 민족주의가 단지 종족적 민족주의가 아니라 시민적 민족주의를 내장하고 있음을 잘 보여준다.[237] 빠른 민족형성과 시민적 민족주의의 성장으로 인해, 근현대 한국사회에서는 강하고 끈질긴 민족독립운동이 형성될 수 있었고, 특히 해방 후에는 전 세계적으로 예외적인 빠른 산업화 및 민주화를 이룰 수 있었다.

민족주의 자체가 단일 이데올로기가 아니라 담론구성체라는 사실, 그리고 민족주의가 헤게모니 담론이었다는 사실은 한국 민족주의를 역동적으로 이해하게 해준다. 한국 민족주의는 단순히 종족적 민족주의, 체제 유지이데올로기도 아니고, 또한 단순히 시민적 민족주의, 체제 저항 이데올로기도 아니다. 한국 민족주의는 어떤 주체에 의해 상상되었느냐에 따라 자유주의, 민주주의, 사회주의 등 다양한 정치사상과 결합했을 뿐 아니라 때로는 규범적으로 긍정적인 역할을 하기도 했고, 때로는 권위주의를 정당화하는 이론으로 활용되기도 했다. 다시 말해서 민족주의에 서구형과 비서구형이 있다면 한국 민족주의는 비서구형 민족주의의 전형적인 경로를 걸었다고 볼 수 있지만, 그 구체적인 성격은 19세기 말

---

236. 에릭 홉스봄, 1994, 『1780년 이후의 민족과 민족주의』(강명세 옮김), 창작과비평사.
237. 일제 시기 독립운동과 민주주의의 관계에 관해서는 김정인, 2017, 『독립을 꿈꾸는 민주주의: 민주주의 개념으로 독립운동사를 새로 쓰다』, 책과함께.

이후 한국 근대화 과정의 역사적 경험과 그 경험을 민족주의적 방식으로 해석한 다양한 주체들에 의해 아주 다양하게 구성되었고 그런 의미에서 대단히 역동적인 과정이었다.

(3) 민족주의와 한국인의 역동성

비서구사회의 특정 공동체가 서구 근대와 접촉하게 될 때, 이 공동체는 스스로와 타자를 동시에 규정해야 한다. '우리'가 누구인지, 그리고 우리를 괴롭히는 저들이 누구인지를 정의해야만 '우리'가 존재해야 할 이유와 현재의 임무, 그리고 미래의 비전을 제시할 수 있기 때문이다. 비서구사회의 민족주의는 이러한 자기정체성 확립과정을 통해 형성된다. 따라서 비서구사회의 민족주의는 그 시기의 다양한 이념, 예를 들어 세계주의, 인종주의, 사회주의 등 다양한 이데올로기와 경쟁할 뿐 아니라 그것과 결합되어 나라마다 아주 독특한 민족주의를 형성한다.

이렇듯 비서구사회의 민족주의는 다양할 수 있지만, 그 형성 과정을 관통하는 핵심논리가 있다. 비서구사회의 공동체는 서구 제국주의의 침략으로부터 스스로를 방어하기 위해 자신의 정체성을 확보하면서도 서구를 부정해야 하지만, 동시에 서구의 힘에 맞서기 위해서는 서구를 받아들여야 하는 이중적인 과제에 봉착하기 때문이다. 다시 말해 압도적인 서구의 물리적 힘에 대항하여 스스로를 지키기 위해서는 서구의 대포와 군함을 받아들여야 하지만, 서구에 대항하여 스스로를 지켜야 할 이유인 자기정체성 역시 확보해야 한다. 따라서 비서구사회의 민족주의는 개항기의 위정척사운동(衛正斥邪運動)처럼 서구를 전반적으로 무시하고 기존 가치를 옹호할 수 있지만, 생존을 위해서는 두 개의 가치, 즉 비서구와 서구를 적절히 결합할 수밖에 없다. 이런 의미에서 비서구사회의 민족주의는 대단히 복합적이며 역동적일 수밖에 없다.

한국도 예외는 아니다. 조선 후기부터 식민지 시기에 이르는 동안 한국 민족주의는 다양한 방식으로 자신과 타자를 규정했다. 일본의 영향을 받아 우리를 범아시아의 일원으로 규정하기도 하였고, 또 그 영향하에서 반(半)문명화된 민족으로 스스로를 규정하기도 하였다. 또한 전통을 대단히 부정적으로 규정하기도 하고, 다른 한편으로는 신채호가 잘 보여주었듯이 민족의 역사 및 전통을 발굴하고 재구성하기도 했다.

이러한 한국 민족주의의 구성에 있어 동도서기(東道西器)적 인식은 한국 민족주의의 중요한 핵심축이다. 중국의 중체서용(中體西用), 일본의 화혼양재(和魂洋才)의 한국판이라고 할 수 있는 동도서기론은 개화파부터 현재에 이르기까지 한국 기득권 세력의 민족주의를 관통하는 논리라 할 수 있다.

비서구사회 민족주의의 딜레마를 해결하기 위해 동과 서를 구별하는 인식의 핵심은 동과 서를 무엇으로 정의할 것인가 하는 문제이다. 다시 말해 동을, 즉 우리를 '충효사상'으로 정의할 수도 있고, 아니면 '민본주의'로 정의할 수도 있다. 또한 서를 단순히 기술 또는 합리적 이성으로 정의할 수도 있고, 민주주의, 인권, 시민의식으로 정의할 수도 있다. 그리고 이러한 정의는 누구에 의해 이루어지는가에 따라 아주 다양한 의미와 사회적 결과를 가질 수 있다.

한국의 민족주의가 대단히 복합적이고, 다양하다는 사실은 다른 한편으로 한국의 민족주의가 대단히 역동적임을 의미한다. 그것은 한국의 민족주의가 단순히 종족적 민족주의이고 권위주의적 민족주의이기만 한 것이 아니라, 시민적 민족주의의 성격을 가지고 있으며 이런 의미에서 민주주의의 핵심적 동력일 수도 있다는 것을 의미한다.

앞서 보았듯이 한국의 민족주의는 저항 민족주의에서 출발했다. 전근대적 민족에서 근대적 민족으로의 전환기에 일본제국주의의 식민지배에 대항해 민족주의를 구성함과 동시에 민족을 구성하게 되었던 것이다. 다시 말해 일제의 침략에 맞서 '삼천리 금수강산' 혹은 '2천만 동포'로 민족을 구성하면서 동시에 의병항쟁, 3.1운동, 상해임시정부 수립 등을 통해 정치적 단위를 상상하고 그것을 실천하기 위해 노력했던 것이다.

한국 민족주의의 역동성은 여기서 드러난다. 전 세계적으로 드물게 높은 문화적 동질성을 가지고 있어 아주 빠르게 종족적 민족(주의)이라는 근대적 민족(주의)으로 전환하는 한편, 상해임시정부가 임시 헌장 제1조에서 '대한민국은 민주공화제로 함'으로 규정한 것에서 알 수 있듯이 아주 빠르게 공화제적 민족주의로 전환했다. 이는 한국 민족주의에 종족적 민족주의와 시민적 민족주의가 결합해 있음을 의미하며, 특정 시기, 특정 주체에 따라 아주 역동적으로 민족주의의 성격이 변화될 수 있음을 의미한다.

해방을 맞이했을 때 한국사회의 헤게모니 담론은 민족주의와 민주주의, 즉 시민적 민족주의라고 할 수 있다. 이것이 얼마나 대중적 삶에 뿌리박혀 있는지는 논란의 여지가 있지만, 해방 이후 어떤 세력도 왕정복고과 같은 전근대적 주장을 하지 않았다는 점에서, 그리고 적어도 말뿐일지언정 민주주의를 거부하지 않았다는 점에서 시민적 민족주의는 헤게모니 담론이었다고 할 수 있다. 따라서 종족적 민족주의가 가진 배제적이고 억압적인 성격과 시민적 민족주의가 가진 민주주의와 연대의 성격은 대단히 복합적으로 결합되어 있었고 그런 의미에서 해방 이후의 과정은 대단히 역동적인 과정일 수밖에 없었다.

분단체제의 형성 과정 역시 한국 민족주의의 역동성을 반영한다. 주지하다시피 저항 민족주의의 핵심은 독립국가 건설이다. 그러나 불행하게도 대한민국의 수립은 한편으로 독립국가 형성이라는 근대 민족주의의 이상을 만족시키면서도 다른 한편으로는 통일독립국가 형성이라는 새로운 과제, 즉 통일 민족주의라는 새로운 민족주의 혹은 민족주의적 동력을 낳는 것이기도 했다. 이러한 통일 민족주의는 한편으로 '성공'으로 생긴 민족주의면서 동시에 '실패'에 기인하는 민족주의라는 이중적 성격을 갖는 것이고, 이는 한국 민족주의에 역동성을 부여하는 것이라 할 수 있다.

성공으로서의 민족주의, 즉 대한민국의 형성은 민족주의에 또 다른 과제를 부여하는 것이기도 했다. 즉 근대 민족주의의 또 다른 과제, 즉 산업화와 민주화라는 과제를 현실적 과제로 제시하는 함의를 갖고 있었다. 전후 1950~1960년대는 이 두 가지 과제를 실현하기 위한 역동적인 민족주의 담론 혹은 민족정체성 형성 과정이었고, 이것은 산업화 민족주의로 귀결된다.

산업화 과정에 있어 민족주의의 역할은 흔히 무시된다. 그런데 세계사에서 살펴보면 민족적 정체성의 형성 없이 산업화를 이룬 나라들은 없다. 선진국이야 그렇다고 하더라도 후발 산업화국가들을 보면 예외 없이 민족적 통일성의 확보가 산업화에 결정적인 역할을 했다. 후발 산업화의 선두주자였던 독일과 일본이 그렇다. 또한 아프리카 국가들이 여전히 경제적 어려움을 겪고 있는 것, 라틴아메리카의 여러 나라보다 한국이 산업화에 성공할 수 있었던 것, 그리고 최근에 중국이 급속한 산업화에 성공할 수 있었던 원인도 바로 이러한 민족적 통일성의 확보에 있었다. 그리고 이것은 역으로 산업화 민족주의가 형성되었다는 것을 의미한다.

산업화 민족주의는 민족 동질성이란 측면에서 종족적 민족주의의 성격에 힘입은 바 크지만 다른 한편 우리 사회가 급속한 산업화와 함께 빠른 민주화를 이룬 것 역시 민족주의에 힘입었다고 할 수 있다. 민족주의의 핵심인 '우리의식'의 전제가 되는 신분제의 해방이 만들어낸 평등주의적 사고는 '나도 잘살 수 있다'는 생각을 만들어냈고, 이것이야말로 산업화의 핵심동력이 되었다. 또한 한국의 민족주의는 출발점에서부터 평등주의와 함께 민주주의, 연대의 정신을 가진 시민적 민족주의가 내장되어 있었기 때문에 한국 사회는 분단과 전쟁에도 불구하고 4.19혁명을 만들어낼 수 있었고, 결국 1987년의 민주화를 이루어낼 수 있었던 것이다.

민족주의는 담론구성체임과 동시에 근현대사회의 핵심적인 동력을 만들어낸 행위양식이다. 저항 민족주의로 출발한 한국의 민족주의는 저항의 동력인 동시에 건설의 동력이며, 내적 억압의 논리인 동시에 평등성의 원천이었다. 이렇게 한국 민족주의는 어느 하나로 정의될 수 없는 다양한 역동적 성격을 지니고 있었다고 하겠다.

(4) 1980년대 이후 민족주의의 전개와 전망

현대적 의미에서 민족주의의 과제를 독립국가 건설, 산업화, 민주화라고 한다면, 1980년대 이후의 한국 민족주의는 그 민족주의적 과제를 완수했다고 할 수 있다. 비록 분단으로 인해 완전한 독립국가, 즉 통일독립국가는 건설하지 못했지만, 남한에서나마 전 세계적으로 드물게 산업화와 민주화를 동시에 성취한 국가가 되었기 때문이다.

1990년대 이후의 민족주의는 바로 이러한 자신감이 표출된 민족주의이고, 이러한 자신감은 1990년대의 준비기를 거쳐 2000년대에 본격적으로 발흥하기 시작했다. 1990년대에 맞본 경제적 풍요, 다양한 대중문화의 폭발, 그리고 빠른 디지털 문화의 보급으로 사람들, 특히 젊은 사람들은 자신을 새로운 사람으로 인식하기 시작했다. 이러한 인식은 2002년 월드컵의 붉은 악마 응원을 통해 전 세계에 다이내믹 코리안,

즉 '역동적 한국인'이라는 이미지를 만들게 되었다. 동시에 발생한 '한류'라는 한국 대중문화의 확산은 한국에 대한 인식을 가난하고 못살던 나라에서 최첨단의 정보기술과 열정적인 사람들이 사는 나라로 변모시켰고 사람들은 그러한 변화된 위상을 인식하고 즐길 뿐 아니라 스스로에 대한 자존감을 갖게 되었다.

물질적 풍요가 이루어지고 정치적·문화적 자신감을 느끼게 되면, 민족주의에 관한 생각도 변화할 수밖에 없다. 그것은 한편으로 단군을 신성시하면서 민족의 역사적 원형과 뿌리를 찾으려는 극우 민족주의적 형태를 띨 수도 있고, 다른 한편으로는 세계화시대라는 조건에서 민족보다는 세계시민을 추구하는 방향을 취할 수도 있다. 그러나 민족주의 변화의 방향은 기존의 큰 흐름의 연장선에 있을 수밖에 없을 것이다.

현재 한국의 민족주의는 두 개의 흐름이 서로 혼재하면서 경합하는 상황이라 할 수 있다. 한편으로 종족적 민족주의의 연장선에서 경제적 성공을 지속하려는 경제 민족주의, 다른 한편으로는 시민적 민족주의의 연장선에서 문화적 다양성을 확대하려는 보편적 민족주의가 그것이다.

전자는 여전히 한민족이라는 종족을 기본적인 생존의 단위로 전제하고, 세계화라는 무한경쟁의 바다에서 한국이라는 배가 생존하기 위해서는 여전히 집단적 단결이 필요하고, 나아가 적극적인 세계 공략이 필요하다고 주장한다. '경제영토의 확장'과 같은 담론은 이러한 종족적 민족주의 담론을 잘 보여준다.

경제 민족주의가 경제 문제에만 머문다면 현실적으로 크게 문제가 되지는 않지만, 그것이 인종주의적 문제와 결부된다면 문제가 될 수 있다. 서구에서 난민 문제로 인해 인종혐오가 나타난 것처럼 외국인에 대한 '혐오'가 일부 세력을 중심으로 퍼져나가는 것은 우려할 만한 현상이라 할 수 있다. 외국인을 비롯한 소수자와 사회적 약자에 대한 '혐오'에 기반한 민족주의가 한국 사회의 주류가 될 가능성은 낮지만, 이러한 경향에 대해 경계를 멈추지는 말아야 한다.

보편적 민족주의는 다른 식의 자존감을 보여준다. 우리가 더이상 원조를 받는 후진국이 아니라는 점에서는 전자과 같은 자부심을 공유하지만, 이들은 우리의 정체성만큼 타자의 정체성도 존중해야 한다고 주장한다. 특히 우리 사회가 다문화사회가 되면서 이들은 보편주의적 관점에서 외국인들을 포용하면서도 다른 한편 우리의 것, 우리의 삶에 긍정적인 시선을 보낸다. 한편으로는 소녀상을 지키기 위해 시위를 하면서도, 다른 한편으로는 러시아 국적으로 금메달을 딴 안현수를 아낌없이 축하해주는 젊은이들에게 민족은 소중한 것이지만 절대선(善)은 아닌 그 어떤 것이다.

현재 한국의 민족주의는 경제 민족주의와 보편적 민족주의가 경쟁하고 있다. 그리고 미래의 민족주의는 지금 우리가 어떤 민족주의를 선택, 생산하느냐에 따라 결정될 것이다. 적어도 당분간 민족주의가 해체되는 일은 벌어지지 않겠지만 분명한 것은 정보화, 세계화로 인해 한국의 민족주의가 과거보다 더 '혼종적(hybrid)'이게 될 것이라는 점이다. 우리의 먹거리면서 또한 외국에서 온 '짜장면'처럼 우리의 정체성 역시 우리의 것이면서 우리의 것이 아닌 '혼종적'인 것이 될 것이고, 따라서 우리의 행위양식 역시 새롭게 구성될 것이다.

미래의 민족주의를 예상하기는 쉽지 않다. 하지만, 시민적 민족주의를 초기부터 발전시켜온 한국 민족주의의 역사가 미래 민족주의의 뿌리가 된다면, 한국의 민족주의는 인류의 보편적 인권을 더 중요시하는 민족주의로 발전할 것이다. 또한, 한국인의 정체성은 개성과 다양성에 기초한 새로운 '혼종'을 형성할 것이다. 그리고 이러한 민족주의는 '따로 또 같이' 잘사는 한국을 만들어내게 될 것이다.

4. 실용주의: 현세주의에서 실리주의로

근현대 한국사회에서 표출된 한국인의 역동성을 이해하는 데에 실용주의는 어떤 의미를 지닐까? 한국인의 어떤 모습이 실용주의로 불리고 또 설명될 수 있을까? 현재의 시각에서 보면 사실 실용주의와 동떨어진 삶을 찾기가 쉽지 않고, 일상적 삶 자체가 실용주의적이라고 말할 수도 있다. 물론 자본주의 사회에서의 물질주의나 이기주의에 매몰되거나 소외된 삶에 대해 성찰하고 대안적인 삶을 살아가기 위해 종교적인 이상을 추구하거나 이상적인 공동체를 추구하는 이념들이 존재하기는 하지만, 대부분의 종교가 현세적, 물질적 만족이나 실질적 효용을 도외시하지 못하는 현실은 실용주의가 현대사회의 지배적인 이념이자 행위양식이 되었음을 보여준다.

그런데 역사적으로 보면 늘 물질적 생존이 중요한 목표이긴 했지만, 그렇다고 실용주의가 항상 우세한 이념/행위양식으로 존재했던 것은 아니다. 중세 유럽에서는 기독교가 지배적인 이념/행위양식이었고, 한국의 조선시대에는 유교, 성리학이 지배적인 이념/행위양식이었다. 모두 신성한 힘, 원리, 명분, 도리와 같은 추상적 이념이 구체적 삶을 지배하고 있었다. 이러한 이념은 지배자들의 통치 이데올로기이기도 했다. 그런데 이성과 과학이 대항 원리로 등장하고 피지배 대중들이 합리적이고 실용적인 삶을 추구하게 되면서, 실용주의는 현대성의 이념이자 행위양식으로 널리 확산되기 시작했다.

한국 근현대 사회가 시작되었던 조선후기 역시 이러한 전환이 나타난 시기였다. 서구문물의 영향을 받으면서 실용주의는 명분과 도리를 내세워 민중의 삶을 착취해온 지배 세력에 대항하는 이념이자 행위양식이 되었다. 이런 점에서 실용주의는 근현대 한국사회의 역동성을 이해하는

데 중요한 이념 및 행위양식 중 하나라고 할 수 있다.

그렇지만 역사적 과정에서 실용주의가 어떤 통일된 이념 및 행위양식으로 존재했다고 볼 수는 없다. 실용주의는 지배 세력과 피지배 세력 간의 갈등, 또 이들 내부의 다양한 집단 간의 갈등 속에서 다양한 형태로 변형되고 의미가 변화되어 왔다. 그래서 근현대 한국사회에서 실용주의를 통해 표출된 다양한 한국인의 역동성을 이해하려면, 실용주의가 역사적 상황 속에서 어떻게 출현하고 어떤 변화를 겪어왔는지를 이해할 필요가 있겠다.

(1) 실용주의의 개념적 이해

실용주의는 철학적인 이론에서 일상적 삶의 태도에 이르기까지 다양한 수준에서 사용되는 용어로, 맥락에 따라 때로는 긍정적인 의미로 사용되고 때로는 부정적인 의미로 사용된다. 그래서 실용주의는 다의적인 용어이다. 철학에서 프래그머티즘(pragmatism)은 실천 또는 실행을 통해 어떤 명제의 진위를 가리고자 하는 인식론적 입장을 의미하는데, 이는 결국 추상적 원칙이나 이상론보다는 구체적 실행이나 현실적 계산에 입각해 사태를 합리적으로 해결해나가는 것을 중요시하는 실용적 태도를 지지하는 이념이 된다. 이에 따라 혹자는 실용주의를 기업가의 철학으로 이해하기도 한다.

19세기 미국에서 프래그머티즘, 즉 실용주의가 철학 조류로서 처음 등장했을 때, 몇몇 명망 있는 철학자들도 실용주의를 이런 식으로 이해하기도 했다. 러셀(Bertrand Russell)은 미국 상업주의의 설익은 표현이라고 폄하했고, 야스퍼스(Karl Jaspers)는 싸구려 낙관주의라고 조롱하였다. 한마디로 그들에게 실용주의는 진지하게 연구할 가치가 있는 철학이나 세계관은 아니었다. 사실 실용주의는 애초에 세계관을 적극적으로 표방하지 않았다. 실용주의는 그 어원으로 보더라도 그 자체로 어떤 정치이념을 추구하는 것이 아니었다. 철학사에서 실용주의가 진리를 추구하는 인식론에서 비롯하였다면, 정치사에서 실용주의는 효용성과 효율성을 가치와 목적으로 지향한다. 그래서 실용주의는 실용주의자들이 표방하듯이 인식이나 사고의 방법으로 받아들여지는 경우가 많다.

철학사를 보더라도, 현대 실용주의의 창시자 퍼스(Charles S. Peirce, 1839-1914)는 실용주의를 오래된 사유 방식이라고 하였고, 제임스(William James)는 자신의 저서 『실용주의』에 '오래된 사유 방식의 새로운 이름'이라는 부제를 붙였다. 실용주의, 즉 프래그머티즘이라는 용어는 퍼스가 처음으로 사용하였는데, 프래그머티즘은 행동을 뜻하는 헬라어 프라그마(pragma)에서 나왔으며, 실천(practice)이나 실제적인(practical)과 같은 영어 단어도 바로 이 헬라어와 같은 어원을 가진다. 그리고 미국의 프래그머티즘은 칸트의 경험적, 실험적 인식론에 등장하는 독일어 프라그마티슈(pragmatisch)에서 기원한다. 실용주의는 지행합일의 실천성을 강조한다. 그래서 진리는 실험과 실천을 통해 증명되고 검증되어야 한다고 본다. 실천과 행동에 대한 강조는 탐구 활동과 습관을 중시하는 것으로 이어진다. 퍼스에게 탐구란 의심에서 벗어나 믿음을 획득하는 것이며, 믿음이란 행위를 인도하는 습관을 형성케 하는 것이다. 그래서 듀이는 탐구를 유기체가 환경과 상호 교섭하는 과정으로 본다.

실용, 현실적 효용을 추구하는 과정을 강조하는 미국의 실용주의는 현대적 합리성과 맥이 닿아있다. 프래그머티즘은 인간이 능동적, 실천적 존재라는 믿음에 기초하고 있고, 또한 세계는 미완성이고 인간이 경험을 통해 만들어 가는 것이며, 이러한 미완성의 세계는 인간이 성장하는 마당이라는 인식을 전제로 한다. 나아가 프래그머티즘은 정치적 자유와 경제적 평등, 그리고 개인의 사적인 완성이라는 가치를 실현하기 위해 잘못된 관습이나 제도, 수구적 세력에 맞서 연대하고 실천할 것을 요구한다. 그래서 미국에서는 실용주의가 다원주의적 민주주의를 지향하는 개혁주의적 철학으로 널리 평가되고 있다.

한국에서는 미국이 낳은 현대철학의 한 사조인 프래그머티즘을 실용주의라 번역한다. 서구와 한국에서 실용주의는 일반적으로 '실용성을 중시하는 사상'으로 정의되는데, 여기서 실용성이란 실제적인 쓰임새가 넓거나 많다는 것을 의미한다. 국어사전에서 '실용(實用)'은 "실제로 쓰거나 쓰임, 실생활에 쓰이다."로 정의된다. 그런데 이런 실용의 의미는 맥락에 따라 달라질 수 있는데, 무엇보다도 한국 근현대사에서 그 의미의 변화를 발견할 수 있다.

우선 조선시대 말 실학에서는 성리학이 중시했던 추상적인 명분과 도리에서 벗어나 실사구시와 이용후생을 지향하는 이념이자 행위양식으로서의 실용주의를 발견할 수 있다. 그런데 자본주의 시장경제가 발달하면서 확산해 온 실용주의에서는 수단과 방법을 가리지 않고 실리(實利)를 얻으려고 하는 실리주의의 모습을 발견하게 된다. 이때 실용은 실생활에 이득이 된다는 의미를 지니며, 이렇게 실질적인 효용, 효율, 이득을 따지는 것은 곧 실리주의가 된다.

그래서 이 책에서는 실용주의를 명분이나 체면을 거부하고 실질과 현실을 우선시하는 '실용성'의 의미와 실리 또는 세속적 이익을 추구하는 '속물성'의 의미 양자를 포괄하는 개념으로 사용할 것이다. 이것은 실용주의가 역사적 과정에서 어떤 의미의 변천을 겪게 되는지를 이해하는 데에도 도움을 준다. 이념이자 행위양식으로서의 실용주의는 현실에서 긍정적인 의미와 부정적인 의미를 모두 담고 있으면서, 역사적 맥락에 따라 양자가 서로 복잡하게 교차한다. 그래서 실용주의가 시기에 따라 어떤 모습으로 나타나는지를 이해하는 것이 중요하다.

근현대사에서 이념과 행위 양식의 실용주의적 전환을 개념적으로 이해하려면, 실용주의가 어떤 이념이나 행위 양식에 대응하는 것인지를 파악해야 한다. 그것은 무엇보다도 민중들이 양반을 중심으로 한 지배세력의 이데올로기인 유교적 원칙주의나 명분론을 배격하려는 요구와 맞물려 있다. 물론 한편에서는 여전히 유교적 원칙과 명분을 중시하는 세력이 존재해왔지만, 민중들 사이에서는 경제적 빈곤에서 벗어나고 일상적 삶을 실질적으로 개선하기 위해서는 실용과 실리를 추구해야 한다는 사고가 점차 지배하게 되었는데, 이러한 과정을 실용주의적 전환으로 이해할 수 있다.

한국사회에서 사회적으로 명분이나 도리를 중시하는 원칙주의나 근본주의가 점차 약화되어 왔음을 보여주는 하나의 예는 종교현상에서 발견할 수 있다. 현대 한국사회를 보면, 인구의 다수가 종교를 가지고 또 다양한 종교들이 존재하고 있음에도 종교 간의 충돌이 드물고 갈등도 그리 심각하지 않다. 이처럼 원칙에 대한 융통성 또는 교조주의에 대한 부정적 태도는 비단 종교의 영역에서만 아니라 한국인의 사회적 삶에 두루 존재하는 일반적 특징으로 보인다.

탁석산(2008)에 따르면 한국인의 실용주의는 현세주의, 인생주의, 허무주의의 세 요소로 구성되는데, 그것은 내세를 믿지 않으며 이승에서의 한 번뿐인 삶을 위하여 무엇이든 받아들이고 어떤 변화에도 적응하는 태도로 정의된다. 그래서 한편으로 영적-정신적 삶에 대한 불신, 다른 한편으로 현세의 풍부함, 우연성, 비결정성에 대한 개방성을 포함하는 것으로 나타난다고 말한다.

한편 원칙과 전통을 고수하기 위하여 변화에 저항하기보다 현실의 변화를 적극적으로 수용하면서 실질적인 이득을 얻으려는 실용주의적 태도의 확산은 한국사회의 경제성장을 이끈 중요한 동력의 하나로 작용해 왔다. 이런 점에서 실용주의는 역동적 한국인을 형성하는 데 기여한 이념이자 행위양식이라고 할 수 있다. 역동성이 단지 저항을 통해서만 분출되는 것이 아니라 적극적 적응 과정에서도 표출된다고 볼 때, 실용주의의 역동성은 적응적 역동성에 속한다고 하겠다.

지금까지의 개념적 논의를 정리해 보면, 근현대 한국사회에서 실용주의가 출현하고 발전해온 맥락을 이해하기 위해 '현세적 실용주의'와 '실리적 실용주의'를 구분해 볼 필요가 있다. '현세적 실용주의'는 원칙주의, 교조주의, 명분 등에 대비되는 구체적이고 현실적인 효용을 중시하는 이념 및 행위양식으로서, 조선시대 선비들의 공리론적 담론을 비판하며 이용후생이나 실사구시를 주장했던 실학의 흐름이 그 전형이라고 볼 수 있다. 중국의 등소평이 마르크스주의 이념을 중시했던 이전의 지도자들을 비판하면서 주장했던 '흑묘백묘론'—검은 고양이든 흰 고양이든 쥐만 잘 잡으면 된다—이나, "호랑이를 잡으려면 호랑이 소굴에 들어가야 한다."는 속담도 이런 의미의 실용주의를 보여주는 것들이다.

한편 '실리적 실용주의'는 기본적으로 '현세적 실용주의'에서 출발하지만 실질적 이익을 최대화하는 것을 행위의 기준으로 삼는 이념이자 행위양식을 의미한다고 할 수 있다. 이것은 실리라는 목표를 얻기 위해 가장 효율적이고 효과적 수난을 찾고자 하는 의도가 깔려 있는 실용주의이다. 이런 면에서 보면 '실리적 실용주의'는 결과지상주의 같은 태도들과도 연관되어 있다.

이처럼 실용주의는 시대적 맥락에 따라 서로 다른 유형으로 구분해 볼 수 있으며, 또한 누구에 의해 어떻게 실천되었느냐에 따라 그 효과도 긍정적으로 평가할 수도 있고 부정적으로 평가할 수도 있다. 물론 실용주의는 이념, 사상, 철학이라기보다는 실용성을 추구하는 일상적인 태도나 행동의 성향에 붙여진 이름에 불과하다고 평가받기도 한다.[238] 그렇지만 어떤 상황에서는 특정 집단이나 사회의 지배적인 가치관이나 세계관으로 작동하기도 한다는 점에서 이념이자 행위양식으로 접근할 필요가 있다.

(2) 실용주의의 보편성과 한국적 특수성

현대성의 중요한 이념이나 가치 중 하나가 합리주의라고 한다면, 실용주의는 실용적 합리성을 추구했다는 점에서 현대성의 목록에 포함시킬 수 있다. 근현대 유럽에서는 경험주의적 전통의 영향 속에서 경제적, 물질적 실용성의 추구가 확산되었고 이것이 과학기술과 자본주의 시장경제의 발달로 이어졌다고 할 수 있는데, 이런 점에서 실용주의는 현대사회의 물질적 발전을 끌어온 중요한 현대적 이념이자 행위양식이었다. 그렇지만 각 나라에 실용주의가 어떻게 실현되었는지는 자연적, 사회적 조건과 역사적 맥락의 차이에 따라 다른데, 이런 점에서 나라마다 가진 실용주의의 특수성에 주목하지 않으면 안 된다.

우리가 한국사회 실용주의를 이해하려고 할 때, 먼저 짚고 넘어가야 할 지점이 있는데, 그것은 실용주의가 근대 이후의 산물인가, 아니면 그보다 오래전부터 우리의 삶에 내재해 있던 것인가 하는 점이다. 그런데 이에 대해 분명하게 대답하기란 쉽지 않다. 조선후기에 실용을 추구하는 사회적 경향이 나타난 것은 분명하지만, 이것은 직접적으로든 간접적으로든 서구문물의 영향을 받은 것이었다. 그래서 근현대 한국사회 실용주의에 대한 이해는 서구열강의 침략을 전후해 유입된 현대적 문물

---

238. 김동식, 2008, 「실용주의란 어떤 사상인가?」, 철학문화연구소, 『계간 철학과 현실』, 36쪽.

과 조선 후기 사회변동 속에서 내부로부터 표출된 실용의 지향이 서로 만나고 융합하는 과정에서 실용주의가 형성되고 또 발전했다는 점에서 출발할 필요가 있다.

그런데 안타깝게도 한국 근현대사회에서 실용주의가 어떤 방식으로 출현하였고 또 어떤 사회적 영향을 미쳤는지에 대한 체계적인 연구는 매우 부족하다. 근현대 한국인의 '국민성' 또는 '민족성'을 발견하는 데에 집중한 초기 한국학 저작들에서 실용주의를 언급한 경우를 찾아보기 어렵다.[239] 그래서 실용주의 철학과 이론적 쟁점에 대한 분석이나, 최근의 이명박 정권 실용주의와 그 정책에 대한 평가와 실용주의 행정학의 적용에 관한 논의들이 실용주의와 관련된 연구의 대부분을 차지한다. 실용주의 철학이나 이론과 관련해서는 주로 조선후기 실학사상을 다루고 있는데, 실학의 현대적 의미[240], 미국 실용주의와 한국실학사상의 비교연구[241], 한국실학사상과 근현대 철학에서 실용주의[242] 등을 주제로 하고 있다. 따라서 한국 실용주의에 관한 연구는 실학사상과 그 현실적 영향에 관한 논의에서 시작하지 않을 수 없다.

한국 근현대사, 특히 근대 초기에 실용주의가 어떤 사회적 의미를 지니면서 사회에 영향을 미치게 되었는지를 이해하려면, 실용주의의 발전을 끌어낸 문화적 배경부터 살펴볼 필요가 있다. 조선시대는 양반들의 지배적인 이념이지 문화인 성리학이 발달하면서 명분과 체면을 중시하는 경향이 강했다. 이것은 신분제도를 유지하면서 위계서열을 정당화하기 위한 강력한 지배이데올로기로 작동하였다. 평민들과 천민들은 물질

---

239. 윤태림, 앞의 책; 임동권, 앞의 책; 이규태, 앞의 책, 1983; 이부영 외, 앞의 책 등이 대표적이다.
240. 정해창, 2006, 「실용주의 부활」, 『철학과 현실』 제68호.
241. 유명걸, 2005, 「미국 실용주의와 한국 실학사상 비교연구」, 『汎韓哲學』 제37집.
242. 권인호, 2010, 「한국 실학사상과 근현대철학에서 실용주의」, 『동서사상』 제8집.

적, 경제적 생산을 위한 노동을 실질적으로 담당했지만, 그들은 어떤 인간적 존중도 받기 어려웠다. 그런데 조선후기로 오면서 농민을 비롯한 하층민들에 대한 양반들의 차별과 수탈이 심화되자, 이에 저항하며 분배의 개선과 신분차별의 철폐를 요구하는 아래로부터의 반란들이 광범하게 분출되기 시작했다.

실학의 등장은 이러한 시대 상황을 배경으로 한다. 실학은 16세기 중엽 이후에 유학 내부에서 성리학의 한계(관념화·내성화·허학화)를 극복하고자 했던 시도라는 점에서 실용주의 이념을 내포하고 있었다. 이것은 성리학의 명분주의에 맞서 현세주의(secularism)를 추구했다. 실학의 이용후생이라는 이념은, 학문과 지식이라는 것은 인간을 더욱 사람답게 하고(正德; 修己), 이를 통해 천하 만민을 이롭게 하려는(利用厚生; 治人) 것으로 실용주의적 요소가 큰 것으로 평가된다. 물론 실학은 역사 속에서 살아남아 성공적인 결실을 얻지는 못했지만, 사회적으로 다양하게 파급되어 국학운동, 개화운동 등의 기반형성에 도움을 주었다. 이런 점에서 '현세적 실용주의'를 지향한 실학의 발달은 명분에 집착하는 원칙주의나 근본주의에서 벗어나려는 사회적 흐름을 만들어냈다고 할 수 있다. 한편 서구열강들의 침략과 개입에 따라 서구문물의 유입이 늘어난 것도 성리학적 명분 추구에서 벗어나 실용적인 이득을 추구하고 물질적 삶을 개선하려는 이념이나 행위양식의 확산에 큰 영향을 미쳤다.

실질적인 삶을 개선함으로써 민중들의 고통스러운 현실을 극복하고자 한 최제우의 동학 역시 실용주의에 바탕을 둔 신분차별 철폐운동이자 이념이었다. 동학은 '인간이 곧 하늘이다.'라는 인내천 사상을 통해 신분해방과 인간평등을 주장하는 동시에, 실질적인 생산노동을 하는 농민들에게 곡식 등 생산물이 공평하게 배분되어야 함을 강조하였다.

개화파 역시 조선의 운명을 타개하기 위해 실용적인 경제제도의 확립을 통한 부국강병을 주장하였다. 이것은 실학파의 주장과도 유사하다. 그런데 이와 함께 서구의 민주적 정치체제의 도입을 주장했다는 점에서 서구지향적인 성격을 띠고 있었다. 그런데 개화파가 추구한 실용주의는 일찍 서구문물을 받아들여 현대화를 시작했던 일본에 의지하려는 경향을 보이면서 제국주의 세력에 이용당하는 결과를 낳았다.

송재룡은 현대화에 대한 한국인들의 태도 변화는 구한말 열강들의 침입에서부터 시작된 것이라고 본다.[243] 외부의 강력한 충격에 대하여 스스로를 지키지 못한 무력감의 경험에서 열등감과 자포자기의 심정이 생겨났고, 이것이 곧 사회변화에 대한 긍정으로 이어졌다는 것이다. 이런 관점에서 보면 결국 변화에 대한 긍정은 주체적인 개방성보다는 대세의 추종을 의미한다. 말하자면 거역할 수 없는 서구적 현대성의 힘에 대한 체념과 굴복이라는 것이다. 이처럼 한국의 실용주의는 근현대 격변기에 서구 물질문명의 여과 없는 도입과 전통의 붕괴 과정에서 사회 적응의 산물로 새롭게 형성된 것으로서, 한국적 현대성의 시발, 현대성과 전통의 융합 과정과 분리될 수 없는 것이라 하겠다.[244]

이처럼 조선 후기부터 일제강점기에 이르기까지 한국 근현대사회의 실용주의는 외세의 개입이 심화되는 현실에서 양반 중심의 원칙주의, 명분 등이 지배하는 문화에 저항하며 현실적이고 실용적인 삶의 개선을 추구했다는 점에서 긍정적인 의미를 지니고 있으면서도, 외세에 대

---

243. 송재룡, 2013, 「한국인은 새로운 것에 개방적인가」, 김문조 외, 『한국인은 누구인가』, 21세기북스.
244. 물론 실리를 추구하는 성향은 근대 이전에도 찾아볼 수는 있을 것이다. 정수복은 개화기 이전 한국의 종교사상, 문화전통을 바탕으로 형성된 문화적 문법을 근본적 문법으로, 19세기 후반 서구의 근대성과 만나면서 형성된 문화적 문법을 식민지 체험과 전쟁 체험을 거치면서 그 구체적 형태를 갖춘 파생적 문법으로 구분하고 있다. 현세적 물질주의, 감정우선주의, 가족주의, 연고주의, 권위주의, 갈등회피주의(근본적 문법)에서도 실리 추구적 삶의 양식과 태도가 포착되고 있다(정수복, 앞의 책).

한 순응의 산물이었다는 점에서 부정적인 면도 지닌다고 하겠다.

한편 일제강점기를 거치면서 자본주의 시장경제가 점차 발달해가고 개인화된 소유와 시장경쟁이 확산되면서 실용주의는 점차 실리주의적인 성격을 더 강하게 띠게 되었다. 이승만 정권에서 한 농지개혁으로 생존을 위한 삶의 조건이 좀 더 평등해졌지만, 가난에서 벗어나 부를 형성하기 위한 생존경쟁은 더욱 치열해졌다. 일제 통치 세력과 지주로부터의 착취에 이어 한국전쟁을 겪으면서 가난에서 벗어나는 일이 급선무가 된 민중들은 생존이 최우선의 목표가 되었고, 이를 위해서는 수단과 방법을 가리지 않는 경쟁에 몰두하지 않을 수 없었다.

실리주의로서의 실용주의가 한국사회에서 확산된 데에는 박정희 정권에서 국가주도로 이루어진 급속한 경제성장의 영향이 크다고 할 수 있다. 박정희 정권은 공업화와 경제성장을 위해 근검절약과 근면, 성실을 내세우며 노동자들에게 저임금과 장시간 노동을 강제하였고, 일반 국민들도 장시간 노동을 당연시하며 게으름을 부도덕한 것으로 배척하였다. 국민들은 열심히 일해서 돈을 많이 모아 성공하고 출세하는 것을 최고의 목표로 삼았고, 이를 위해 수단과 방법을 가리지 않고 실리를 많이 챙기는 것을 '능력'으로 생각했다. 한 푼이라도 더 모으기 위해 시간을 쪼개가며 일을 했고, 이것은 사람들에게 뭐든지 빨리빨리 하려는 성향을 체화하도록 했다. 실제로 외국인들이 한국에 와서 가장 많이 듣는 단어가 '빨리빨리'라고 하는데, 이것은 한국인이 빨리빨리 문화에 익숙해있음을 말해준다.

강준만은 경쟁과 속도가 숭배받는 세상을 한 세대 이상 살아온 데다 추가적인 요인들이 가세하면서 한국인에게 잠재돼 있던 빨리빨리 체질이 유감없이 드러났다고 말한다.[245] 주강현은 '빨리빨리'를 '집단적 신

---

245. 강준만은 '빨리빨리'에는 '체질'과 '조건' 둘 다 중요하다고 말한다. 그는 빨리빨

명'의 관점에서 분석하면서 그것이 신명으로 일을 처리하는 한국인들의 부정적 측면이 누적된 결과라고 본다.[246] 그리고 "쇠뿔도 단김에 빼라." 는 말로 대변되는 즉흥성이 미친 영향에 주목하는 시각도 있다.[247] 이처럼 다수의 학자들은 '빨리빨리'라는 한국인의 행위양식은 오랜 역사를 가진 전통적인 국민성이라기보다는 근현대사회의 발달 과정에서 형성된 우연적, 일시적 국민성임을 보여주고 있다.

예를 들면, 개화기에 조선을 다녀간 서양인들이 남긴 기록 중에는 한국인들의 '게으름'과 '느림'을 지적하는 글들이 많았다. 그렇다면 어떤 계기가 한국인들이 급하게 살아가도록 한 것일까? 박영규는 "조금만 더 빨리 세상에 눈을 떴더라면, 조금만 더 빨리 서구의 발전된 문화를 받아들이고 부국강병에 힘썼더라면 결코 이 지경에 처하지는 않았을 것을"이라는 한과 눈물과 비통함이 우리의 '빨리빨리' 의식을 만들어냈다고 주장한다.[248] 일제 식민통치의 경험과 상처가 '빨리빨리' 의식을 강화하는 계기가 되었다는 것이다. 이런 맥락에서 '빨리빨리'는 "어떤 나라의 국민성 따위와는 아무 상관이 없이 산업화의 정도에 의한 것"이라는 주장도 있다.[249] 그리고 '빨리빨리'의 원인을 한국이 '노동중독 사회'라는 점에서 찾기도 한다.[250] 이러한 주장들은 '빨리빨리' 의식과 문화가 한국 근현대 사회의 특수한 조건이 만들어낸, 일시적으로 형성된 국민성임을 말해준다.

리의 구조적 동인으로 1) 일극주의, 2) 군사주의, 3) 수출주의, 4) 평등주의, 5) 각개약진주의를 들고 있다(강준만, 2010, 「'빨리빨리'의 문화정치학」, 한국지역언론학회, 『언론과학연구』 10권 3호, 53-54쪽).
246. 주강현, 2002, 『레드 신드롬과 히딩크 신화』, 중앙M&B, 196쪽.
247. 정수복, 앞의 책, 167-168쪽.
248. 박영규, 2000, 『특별한 한국인』, 웅진닷컴, 62쪽.
249. 박홍규, "'빨리빨리'의 나라", 『경향신문』, 2007.06.15.
250. 강수돌, '노동중독의 덫과 황우', 『경향신문』, 2006.01.20.

해방 이후 자본주의 시장경제가 도입되고 1960년대부터 경제발전이 이루어지는 과정에서, 실용주의는 실리주의의 요소가 강화되면서 긍정과 부정의 양면적 성격이 점점 뚜렷하게 드러나기 시작했다. 한편으로는 실용적이고 현실적인 목표를 달성하기 위해 합리적이고 효과적인 수단을 이용해 적극적으로 행동하는 태도로 표출되면서, 전후 복구와 경제성장에 긍정적인 요인으로 작용하였다. 하지만 다른 한편으로는 생존과 물질적 만족을 삶의 최고 가치로 삼게 되면서 현세적 물질주의를 강화하고, 나아가 실리를 추구하는 이기적 경쟁의 강화에 큰 영향을 미쳤다.[251] 먹고 사는 경쟁에 몰두하면서 공동체적 삶의 가치를 소홀히 하기 십상이었고, 황금만능주의와 출세지향주의로 인해 과정보다 결과가 중시되면서 가치전도 현상이 확산되기 시작했다. 근면, 속도, 출세, 부의 축적이 지배적인 가치가 되면서, 실리를 추구하는 현세적 물질주의가 실용주의의 지배적인 가치가 되었다.

실리를 중요시하는 실용주의의 확산은, 경쟁을 부추기면서 공동체에 부정적인 영향을 미치는 문화의 확산으로 이어진다. 원칙, 정의, 공정 등 공적인 가치보다는 편의, 인정, 연고 등 사적인 가치가 우선하는 사회풍토가 만연하게 되면서, 질서와 안정을 내세워 불공정한 현실을 정당화하고 갈등을 회피하려는 경향들이 지배집단에 의해 강요되거나[252] '반지성주의'가 확산되는 경향이 심화되기도 하였다. 이처럼 무조건적 갈등회피, 반지성주의, 비합리주의는 수단과 방법을 가리지 않는 실리추구를 정당화하면서 기득권 세력이 저항 세력을 억누르는 논리로 이용되었다. 이런 점에서 실리 중심의 실용주의는 한편으로는 이기적 경쟁을 강화하고 다른 한편으로는 수단과 방법을 가리지 않는 불공정과 비합리

---

251. 정수복, 앞의 책, 110쪽.
252. 정수복, 같은 책, 154-155쪽.

주의 문화를 확산시킴으로써 사회의 공정성과 합리성을 발전시키는 데 부정적인 영향을 미치게 되었다.

이처럼 실용주의의 한국적 특수성을 이해하려면, 근현대 한국사회에서 실용주의가 초기에 원칙 및 명분에 대한 저항과 실용적 가치를 추구하는 이념 및 행동양식으로 출현하였다가, 이후에 점차 수단과 방법을 가리지 않는 무조건적 실리를 추구하는 이념 및 행동양식으로 전환되어온 과정이 근현대 한국사회의 시대적 조건의 변화와 맞물려 있다는 점에 주목하는 것이 중요하다고 하겠다.

(3) 실용주의와 한국인의 역동성

실용주의는 역사적 맥락에 따라 현실에 저항하는 이념 및 행위 양식으로 표출되기도 하고 또 현실에 적응하는 이념 및 행위 양식으로 표출되기도 한다. 그래서 때로는 저항적 역동성의 원천이 되기도 하였고, 또 때로는 적응적 역동성의 원천이 되기도 하였다. 한국 근현대사를 보더라도, 한국인의 실용주의 또는 이에 내포된 실리주의는 현실에 대한 저항과 적응의 과정에서 다양한 역동성을 보여주었다. 물론 실용주의가 저항의 에너지가 되는 경우는 그리 흔하지는 않다. 특히 근현대 사회로 오면서 실용주의는 현대성의 중요한 이념이 되있기에 기존 사회체계에 통합되어있는 원리이자 행위양식으로 작동하는 것이 일반적이다. 그래서 실용주의의 저항적 역동성은 주로 전통사회로부터 근현대 사회로 전환되는 과정에서 표출되었다.

한국 사회에서도 실용주의는 주로 조선 후기, 개화기에 전통적인 성리학적 명분과 원칙의 논리에 맞서 현실과 실용의 논리를 실천하고자 한 실학파, 동학, 개화파 등의 행위를 통해 실행되었는데, 이들은 기득권을 지키고자 한 양반들의 성리학적 명분과 원칙주의에 맞서 '현세적 실용주의'를 저항의 이념으로 내세웠다. 그래서 이들이 보여준 실용주의의 역동성은 저항적 역동성이었다고 할 수 있다.

한편 서구 열강의 침략과 일제의 식민지배 시대에 신분해방과 계급해방을 지향했던 사회주의 세력들이 민족해방을 추구한 민족주의 세력들과의 연대를 모색한 것도 원칙주의, 교조주의보다 현실주의, 실용주의를 추구한 결과라고 할 수 있다. 임시정부에 사회주의자들이 참여하고 신간회를 통해 사회주의 세력과 민족주의 세력의 연대가 이루어진 것은 식민지배 하에서 민족해방이 계급해방의 중요한 선결과제임을 인정한 실용주의적 판단의 결과였다고 할 수 있다.

이처럼 실용주의는 특정 집단이나 세력이 자신들의 목적과 목표를 달성하기 위해 추구한 현실적인 전략이었다. 그런데 실용주의가 이처럼 긍정적인 의미로만 작용한 것은 아니었고, 해방 이후 자주독립국가 건설에서 정치적 주도권을 장악한 이승만 중심의 친미반공주의 보수우파 세력은 실용주의를 내세워 중요한 민족적 과제인 친일파 청산을 무산시키고자 했다. 보수우파 세력은 색깔론, 공과론, 망각론, 범부 피해론(또는 호구책론), 직분충실론(또는 희생론), 순교자론, 연좌제의 부활, 국론분열론, 정치적 음해론 등의 궤변들을 내세워 친일파 청산을 가로막았다. 특히 공과론(功過論), 범부 피해론, 직분 충실론, 국론분열론은, 이들이 지닌 실용주의적 호소력에 힘입어 많은 대중에게 수용될 수 있었다. 예를 들어 공과론은 비록 한때 친일을 했더라도 민족에게 끼친 공로가 많으니 그 사람을 한꺼번에 매도해서는 안 된다는 주장이고, 범부 피해론은 강압적 권력에 의해 어쩔 수 없이 친일을 했기 때문에 연약한 개인(범부)이 이를 감당하기엔 무리였다는 주장이다. 그리고 직분 충실론은 직업활동에서 윤리성을 떼어냄으로써 기득권을 영속화하고 과거사에 대해 책임

을 면하려는 욕구를 가리고 있었다.253

실용주의를 내세워 잘못된 과거를 정당화하고자 한 이런 주장들은 이후에 불법적, 편법적 실리추구 행위를 변명하는 데 유용한 논리를 제공했다. 나아가 한국전쟁과 반공규율사회를 거치면서 실용은 생존을 위한 실리추구의 문제로 받아들여지면서 점차 일상적인 삶의 원리로 정착해 갔다. 무엇보다도 원칙과 법규를 지키면 당장 배를 곯아야 하는 상황에서 명분과 도덕은 약화될 수밖에 없었고, 실용주의는 이러한 상황에서 수단과 방법을 가리지 않고 실리를 추구하는 행위를 정당화해주는 중요한 논리였다.

급속한 경제성장을 추구했던 박정희 정권 시기에는 실용주의가 더욱 더 노골적인 실리주의의 모습을 띠게 되었다. 실리를 중요시하는 실용주의 행위양식은 이익을 더 빨리, 더 많이 얻는 것을 추구한다. 그래서 한국사회의 '빨리빨리 문화'는 경쟁 속에서 더 많이 일하고 더 빨리 자본을 축적해서 더 빨리 경제성장을 이루도록 추동하는 힘이었다.254 그런데 이것은 부정적으로만 볼 것은 아니다. 물론 '실리적 실용주의'의 확산은 긴 노동시간으로 노동자들의 삶을 고통스럽게 했고, 치열한 생존경쟁 속에서 사람들이 물질만능주의, 이기주의 심성에 매몰되도록 하는 부정적인 영향을 미치기도 했지만, 동시에 국가적으로나 개인적으로나 역동적인 변화 속에서 급속한 경제성장을 이룰 수 있게 하는 긍정적 힘이 되기도 했다.

한국전쟁 직후 외국의 원조를 받던 가난한 나라가 불과 몇십 년 만에 이토록 급격한 성장을 이룰 수 있었던 것은 바로 빨리빨리 문화가 있었기에 가능했다고 해도 과언이 아니다. 빨리빨리 문화는 한편으로는 국

---

253. 손병관, "'친일파 청산'이 야당 음해 정치 음모?', 『오마이뉴스』, 2002.08.14.
254. 강준만, 2010, 앞의 글, 53-54쪽.

가가 급속한 경제성장을 추구하는 과정에서 국민에게 강요한 지배 이데올로기이기도 했지만, 다른 한편으로는 국민들이 치열한 경쟁 속에서 살아남기 위한 생존 이데올로기이기도 했다. 빨리빨리 문화는 한국인의 빠른 의사결정과 실행력으로 이어져 급속한 경제발전을 이루게 하는 힘이 되었으며, 이것은 속도가 경쟁력이었던 시대에 경제적 성공에 기여하는 훌륭한 장점이 되었다.[255]

그리고 실리를 추구하기 위해 물불을 가리지 않는 적극성은 경제발전 초기에 한국 대기업의 경영자들이 국내외 시장개척에 저돌적으로 뛰어들고, 노동자들이 해외 공사 현장 파견에 헌신적으로 참여하고, 세계시장의 열악한 환경에서도 수출을 늘리기 위해 패기 있게 덤벼들게 한 정신적, 심리적 바탕이 되었다. 그래서 흔히 '한강의 기적'이라고 불리는 경제성장의 신화는, 실리를 적극적으로 추구하여 최대한의 이익을 얻으려는 실용주의 행위양식을 체화해온 한국인들의 역동성이 이루어낸 성과라고 얘기된다.

5.16군사쿠데타를 통해 집권한 박정희는 자본주의적 공업화를 통해 급속한 경제성장을 이루어 가난한 민중들의 마음을 얻으려고 했다. 그래서 실용주의는 필수불가결한 이념이자 행위양식이 되었다. 실용주의적 실리추구를 뒷받침하기 위해 박정희가 내세운 논리는 조국근대화와 민족중흥이었다. 박정희는 근대화를 '반봉건 반식민지적 잔재로부터 겨레를 해방시키는 것', '가난으로부터 겨레를 해방시켜 경제적 자립을 이룩하는 것', '건전한 민주주의의 재건'이라고 주장했다. 그는 조국 근대화를 구체적인 수치와 지표(수출목표, 수출액)로 제시함으로써 대중들을 경제성장에 동원하고자 하였다.[256] 이런 맥락에서 박정희 정권은 1969

---
255. 배우리, 2012, 『신드롬을 읽다』, 미래를 소유하는 사람들, 250쪽.
256. 김석근, 2012, 「성공한 쿠데타, 위로부터의 혁명, 그리고 5·16」, 『한국동양정치사

년에 『가정의례준칙』을 공포하였는데, 이것은 관혼상제의 의례를 간소화하는 등 허례허식을 없애 생활을 합리화함으로써 조국근대화에 매진하게 하려는 의도로 시행된 것이었다. "정녕 우리는 예부터 동방예의지국이라는 이름 아래 일상생활에서조차 남의 이목과 체면을 두려워한 나머지, 오랫동안 허례허식에 얽매여왔습니다."라는 말에서 알 수 있듯이, 조국 근대화를 앞세운 박정희의 실용주의는 명분과 도리를 강조해 온 유교적 전통문화와의 단절을 추구하는 '현세적 실용주의'를 담고 있었다.

또한 박정희의 실용주의는 '선 성장, 후 분배'라는 국가적 실리를 우선시하는 '실리적 실용주의'도 내포하고 있었는데, 이것은 대중들이 일상 속에서 추구했던 실리적 실용주의와 결합하여 압축성장을 가져올 수 있었다.[257] 하지만 이러한 실용주의는 정치적 권위주의·반공주의 통치를 정

상사연구』제11권 1호.
257. 박정희 정권의 조국근대화론에 따른 압축성장은 동원의 효율적인 추진체인 국가가 견인차가 되었기에 가능했다. 국가주도의 경제발전으로 한국경제는 1961년~80년에 연평균 8.5%의 경제성장을 기록하여 국민총생산은 약 4배로 커졌으며, 1인당 국민소득은 1962년 87달러에서 1981년 791달러로 거의 10배가 늘어났다. 수출은 4천만 달러에서 약 210억 달러로 늘어났다. 한국은 신흥공업국 대열에 올라서게 되었고 20여 년간의 고도성장의 결과 대부분의 국민은 빈곤에서 탈출할 수 있었다. 그리고 공업화 과정에서 생긴 일자리는 연간 50만여 명의 농촌의 과잉 인구를 흡수함으로써 농촌의 잠재적 실업을 크게 줄일 수 있었다. 급속한 공업화로 산업구조도 농업 중심에서 경공업 중심으로 재편되어 국민총생산 중 농업 부문 비중은 1955년 43.9%에서 1983년 14%로 줄어든 반면 제조업 비중은 같은 기간에 11.4%에서 28%로 상승하였다. 또한 공업구조도 1970년대 초까지 경공업 중심에서 1970년대 후반 이후 중화학공업 중심으로 고도화되었다. 이러한 20~30년간에 이룩한 급속한 공업화는 선진국에서는 백 년 이상 걸려 달성된 것이었다. 취업구조도 1963년에는 농림어업 종사자가 63%이고 광공업 종사자는 7%에 불과했는데 20년이 채 지나지 않은 1985년에는 농림어업 부문과 광공업 부문 종사자의 비중이 같아졌다. 공업사회로 이어진 것이다. 영국에서 농업 취업 인구와 제조업 취업 인구의 구성비가 7:1에서 1:1로 같아지기까지 걸린 기간이 1751년에서 1850년 초로 대략 70년이 걸린 것과 비교하면 얼마나 빠른 속도였는지 알 수 있다(장상환, 2008, 「박정희 정권 조국근대화론

당화하는 기반으로 이용되면서, 국가와 자본의 유착(정경유착), 노동억압, 불평등한 분배를 낳게 되었다. 그리고 시민 대중의 실리적 실용주의 지향은 이기적 경쟁을 부추겨 부동산 투기, 부정부패 등 사회 병폐들을 확산시키는 결과도 낳았다. 이것은 자본주의 시장경제의 발달 속에서 실리적 실용주의를 추구한 역동성이 어떻게 부정적인 사회적 결과로 이어질 수 있는지를 보여주는 예이다. 이러한 실용주의의 극단적 지향은 개인적 소유의 절대화, 부동산을 비롯한 각종 투기를 통한 시세차익의 극단적 추구로 나타날 때 사회의 공정성을 심각하게 훼손하여 공동체의 공익과 공공선을 침해하게 된다. 이 경우에 주어진 현실에 적응하여 적극적으로 실리를 추구하는 실용주의는 적응적 역동성으로 표출된다고 할 수 있는데, 이러한 역동성은 단순히 긍정적이라고만 보기 어렵다.

실리적 실용주의는 사회정책이나 사회제도 속에서 추구될 수도 있고, 개인의 생존전략 속에서 추구될 수도 있다. 사회제도 속에서 추구되는 실용주의는 사회발전을 가져올 수 있다. 그렇지만 이것이 부당한 지배에 정당성을 부여하기 위한 수단으로 이용되면 지배이데올로기로 전락할 수 있다..[258] 한편 개인의 생존전략 속에서 추구되는 실용주의는 사회에 역동성을 불어넣는 원천이 될 수 있다. 하지만 생존경쟁이 공정한 규칙으로 뒷받침되지 않을 때 실리적 실용주의는 이기적 실리 추구의 극대

의 공과」, 『내일을 여는 역사』 제34호, 41-45쪽).
258. '근대주의(modernism) 없는 근대화' 과정에서 성장한 주변부 지식인들과 학생들이 느낀 극도의 절망감과 지적 빈곤은 국가사회주의를 비정상 국가의 대안으로 수용하는 배경이 됐다. 저항담론은 정치적인 것(the political)을 제도적 질서로 국한시켜서 새로운 주류 담론의 헤게모니적 지위를 전유하고 소수자를 배제하고자 한 이론적 산물이었다. 운동조직에서 차이와 반(反)정치, 비국가적 실천 강조는 분열의 전조이자 도전으로 간주되었다. 실리추구형 운동은 국가권력에 대항하는 상징정치의 과정에서 민족주의(내지 국가주의)와 공모를 통해 소수성의 정치를 제약하고 억압하였다. 이창언, 2009, 「한국학생운동의 급진화에 관한 연구: 1980년대 급진 이념의 형성과 분화를 중심으로」, 고려대학교 사회학과 박사 학위논문.

화로 나아가면서 사회의 공정성을 해치는 부정적 효과를 낳기 쉽다.

한국 사회에서 실용주의는 시기에 따라 원칙, 명분, 교조주의에 반대하며 현세적, 현실적 실용을 추구하는 이념이자 행위 양식으로 표출되기도 하였고, 물질적 실리를 적극적으로 추구하는 이념이자 행위양식으로 표출되기도 하였다. 그리고 실용주의의 역동성은 사회제도나 사회정책 속에서 표출되기도 하였고, 개인적인 생존전략 속에서 표출되기도 하였다. 그런데 그 역동성은 사회적 조건과 맥락에 따라 긍정적인 힘이 되기도 했고, 또 부정적인 힘이 되기도 했다. 그래서 근현대 한국 사회에서 다양한 모습으로 출현한 실용주의를 전체적으로 조망하면서 복합적인 의미를 드러내는 작업은, 한국사회 실용주의의 역동성을 해명하는 데에 지적 이정표를 제공할 수 있을 것이다.

(4) 1980년대 이후 실용주의의 전개와 전망

근현대 한국사회 100년의 역사에서 실용주의가 어떤 영향을 끼쳤고, 또 이 과정에서 다른 이념들과 어떤 영향을 주고받았는지를 이해하는 것은, 이후 한국사회에서 실용주의가 어떠한 경로를 밟게 되었고 또 장차 어디로 나아갈 것인지를 가늠하고 전망하는 데 중요한 근거를 제공해준다.

1980년 이전 국가 주도의 급속한 경제성장 과정에서 국가는 노동자들의 집합적 요구를 억압함으로써 분배의 개선을 위한 제도적, 정책적 노력을 하지 않았다. 이에 따라 생존경쟁을 해야 했던 민중들은 개인주의적 경쟁에 내몰렸고, 이것은 확실히 실리적 실용주의가 사회의 지배적인 이념이자 행위 양식이 되도록 했다. 이러한 흐름은 1980년 이후에도 크게 변하지 않았다. 박정희 유신정권에 이어 민중들의 민주화 요구를 짓밟고 쿠데타로 권력을 장악한 전두환 군부세력은 다시 군사정권을 세움으로써 제도적, 정책적 분배개선을 가로막았다. 정치적 자유가 억압된 상황에서 개인들은 경제적 생존경쟁에 몰두할 수밖에 없었고, 이에 따라 부동산 투기, 주식투자 등을 통한 개인적 축적 경쟁, 자녀의 출세를 위한 사교육 경쟁은 점점 더 치열해져 갔다. 이것은 실리적 실용주의가 점점 더 확산되는 것을 의미했다.

박정희 정권에서 국가에 의해 적극적으로 추구되었던 실리적 실용주의는 전두환 정권에서도 그대로 이어졌다. 이처럼 국가발전을 내세워 정부와 기득권 세력에 의해 적극적으로 추구된 실리적 실용주의는 단지 국가의 전략에만 국한된 것은 아니다. 이들에 저항하는 반정부 세력이나 비판 세력들 역시 분배개혁이라는 실리적 실용주의를 추구했다. 예를 들어, 물질적 분배의 개선을 추구하는 노동자들이나 민중들, 노동조합을 비롯한 사회운동 집단들은 전통적으로 성장주의 자체를 부정하지는 않았으며, 성장의 과실을 공평하게 분배할 것을 요구하였다. 노동운동에 대한 탄압으로 인해 불가피한 면도 있었지만, 노동자들의 투쟁 목표가 주로 기업 중심의 임금 인상과 노동조건 개선에 맞춰지면서 실리적 실용주의는 노동운동이 집단이기주의를 강화하는 데 영향을 미쳤다. 이처럼 국가는 근대화론을 내세워 경제성장을 추구하였고, 사회운동 세력은 대중노선을 내세워 경제성장과 함께 대중의 물질적 개선을 적극적으로 강조하였다.[259] 이에 따라 실리적 실용주의는 양자가 공유

---

259. 대중노선은 1980년대 중후반 전대협의 노선이었다. 이 노선은 대중의 이익을 철저히 옹호하고, 대중의 자주적 지향과 요구를 반영, 결집시키며 대중의 창조적인 지혜와 힘을 발휘시켜 모든 문제를 풀어나가는 의식·실천적 행위로 정의된다. 이 노선은 대중화를 위해 첫째, 투쟁 주체의 문제, 둘째, 정치투쟁과 대중의 계층적 요구의 결합에 대한 문제, 셋째, 작은 실천으로부터 큰 실천의 결합문제에 많은 관심을 기울이기도 했다.

하는 이념이자 행위 양식이 되었다.

　조국근대화와 개인적 성공을 향한 강한 '열망의 시대'를 거치면서, 민주화운동, 민중운동 세력 역시 저항과 함께 적응의 가치를 기득권 세력과 공유하게 되었다. 이러한 저항 세력의 실용주의는 한편으로는 민주화와 사회개혁에서 대중참여를 끌어내는 동력으로 작용하였지만, 다른 한편으로는 국가주의, 성장주의, 민족주의 담론을 넘어서는 효과적인 대항 담론을 발전시켜나가고 또 새로운 가치를 추구해나가는 데 걸림돌로 작용하게 되었다.

　1980년대 이후 세계화가 진행되고 국가개입 축소와 노동시장 유연화를 내세운 자본주의의 신자유주의적 형태가 우세해지면서, 한국사회에서는 개인주의적 경쟁이 점차 심화해갔다. 수평적 정권교체가 이루어져 탈권위주의 정권이 등장하였지만, 외환위기 이후 강화된 신자유주의는 고용불안과 취약한 복지 속에서 개인들을 이기적 경쟁으로 내몰았다. 또한 경제적 불평등이 심화되면서 물질주의적 경향도 커졌다. 이처럼 한편에서는 개인들의 이기주의적인 실리적 실용주의 경향이 점점 강화되는 동안, 사회적으로는 환경문제가 점차 심각한 사회문제로 부상하였고, 이기주의적 실리 경쟁으로 인해 공공성이 약화되어갔다. 물질주의 경향이 강화되면서 생태적 가치를 지키고 환경오염을 줄이려는 노력이 외면당했고, 집단이기주의, 지역이기주의, 부동산 투기, 사교육 경쟁 등 이기적인 소득경쟁과 교육경쟁 속에서 공공성이 후퇴하고 공정성이 훼손되어갔다.

　물론 한국사회에서 실용주의가 앞으로도 이기적 실리주의 경향을 강화해나갈 것이라고 단정하기는 어렵다. 기후변화와 환경위기는 성장주의와 물질주의에 대한 성찰로 이어질 수도 있다. 또한 시민대중이 개인주의적 실리 경쟁이 모두에게 성공을 가져다주기 어려울 뿐만 아니라 그 부작용으로 인해 공공성과 공정성이 훼손될 수 있다는 점을 인식하게 되면, 공정성과 정의, 평등을 요구하는 목소리가 더 높아질 수도 있기 때문이다. 따라서 생태위기, 개인주의적 경쟁의 폐해, 공정성의 훼손, 사회불평등의 심화 등이 중요한 사회문제로 부상하고 있는 오늘날 한국 사회에서, 실용주의의 실리주의적 성격이 더 강화될 것인지 아니면 약화될 것인지는 시민대중들이 이들 사회문제에 대해 어떤 인식을 하고, 또 어떤 정치적 선택을 하느냐에 달려있다.

  실용주의가 한국인들에게 긍정적인 역동성을 불러일으키려면, 무엇보다도 개인주의적 실리가 아닌 '공동체적 실용주의'(공공성, 거버넌스)의 가치를 확산시키는 일이 중요하다. 이를 위해 국가는 모든 것을 시장경쟁에 맡겨 개인들이 '실리적 실용주의'를 추구하는 데 몰두하도록 내버려 두어서는 안 되며, 공동체의 발전을 위해 공정성, 공공성, 공공선을 지향하는 공적, 제도적 실용주의를 발전시켜 나갈 필요가 있다. 이것은 공정성과 공공성을 확보할 수 있는 민주적 국가 운영을 위해, 민주적 리더십과 공공거버넌스 체계를 구축하는 정책과 제도를 구현함으로써 가능할 것이다. 특히 공공거버넌스는 공적 의사결정에 시민참여의 문을 확대함으로써 참여민주주의를 발전시켜 나가는 기반이 될 것이다. 또한, 시민사회에서는 시민성을 회복할 수 있도록 민주시민교육을 강화하고, 이를 통해 시민들 간의 갈등과 분쟁을 해소하고 협력과 연대가 확산될 수 있도록 함께 노력해나가야 할 것이다.

  오늘날 세상은 끊임없는 실천과 부단한 창조를 요구하는 시대가 되고 있다. 이것은 단순히 개인의 힘만으로 이룰 수 있는 것이 아니며, 국가의 공적 지원과 함께 시민들 간의 협력과 연대를 통해 성취해나갈 수 있다. '공동체적 실용주의' 자율, 창조성, 실천성이 네크워크, 협업과 조화를 이루는 가운데 구체적인 문제를 해결하고 실효를 얻게 되는 것을 지향한다. 이처럼 공동체적 가치와 결합된 실용주의는, 신자유주의 시대가 낳은 실리적 실용주의의 딜레마를 넘어서 공공선의 가치를 구현하는 유용한 행동철학이자 행위양식이 될 수 있을 것이다.

　1980년대 민주화운동, 1990년대~2000년대 시민운동, 2000년대 이후 남북관계 개선과 세대 전환에 따라 반공주의 논리의 영향이 약화되고, 또 정치적 극한대결보다는 협치(거버넌스) 논의가 확산되면서, 상대 세력을 빨갱이, 친북, 종북 등으로 몰아가는 색깔론 주장도 점차 약화되었다. 그러나 코드니, 네 편이니 내 편이니 하면서 정치적 공격을 위해 합리적 기준 없이 편을 가르는 진영(陣營)논리는 여전히 한국사회의 소통을 가로막는 벽으로 작용하고 있다. 이러한 상황에서 실용주의는 현실적 관점에서 시대의 변화와 문화적 차이를 인식할 수 있게 해주며, 그럼으로써 다양한 입장에서 사회세계를 바라볼 수 있도록 안내할 수 있다. 실용주의는 사회를 선험적 원칙에 따라 재단하기보다는 구체적 실천을 통해 가능한 사회적 결과를 예측하려고 함으로써, 자기 이해를 증진시키고 또 합리적인 행동의 기준을 끌어낼 수 있도록 해준다. 이 과정에서 개인들이 지나치게 실리적 실용주의를 추구하는 것은 공익의 실현과 공동체의 발전을 방해하게 된다. 따라서 앞으로 실용주의가 공동책임의 윤리에 바탕을 둔 현실적인 문화적, 제도적 혁신을 추구함으로써, 사람들이 서로 협력하며 살아가는 공동체사회의 형성에 기여할 수 있게 된다면, 그 역동성은 더욱 긍정적인 에너지로 남게 될 것이다.

5. 평등주의: 평등주의와 서열주의의 대결

"너만 잘 났냐? 나도 잘 났다"라는 말이 있다. 오랫동안 차별받고 무시당해온 사람들의 마음속에 담겨있는, 동등함을 인정받고 싶어 하는 평등의식과 남에게 뒤지기 싫어하는 경쟁 심리를 잘 보여주는 말이다. 이 말속에는 한편으로는 지위나 계급에 따른 차별과 불평등에 대한 거부감이, 다른 한편으로는 성공하거나 출세한 사람들이 자랑하고 뻐기는 모습에 대한 질투심과 경쟁심 등이 모두 녹아들어 있다. 자기보다 더 출세한 사람이나 더 잘 사는 사람에 대한 동경심이, 동시에 나도 출세해서 그렇게 되어야겠다는 경쟁심과 공존하는 것이다.

이처럼 불평등과 차별이 존재하는 사회에서 사람들은 일상적으로 양가적인 감정 속에서 살아가게 되는데, 이러한 가운데 자신도 다른 사람과 동등한 존재로서 동등한 대접을 받아야 하며 또 동등한 지위에 오를 수 있다는 개인적 자존심이나 기대는 사람들이 평등을 지향하고 요구하게 되는 근원적 심성이나 태도라고 말할 수 있다.

그런데 이처럼 평등을 지향하는 심성을 곧바로 평등주의라고 말하기는 어렵다. 개인적 지위상승의 추구처럼 단지 사적인 평등 지향 심성이나 행위를 평등주의라고 말한다면, 불평등한 사회를 만들거나 유지하는 데 기능하는 심성이나 행위마저도 평등주의라고 불러야 하는 모순적 상황에 놓일 수 있기 때문이다. 개인적인 성공과 출세를 지향하는 행위는 평등을 지향하는 심성에서 시작되는 것일 수는 있지만, 그것이 곧 평등한 사회를 만들어야 한다는 의지나 지향을 담고 있는 것은 아니다. 평등을 추구하는 개인의 심성이나 일상의식은 개인적-사적 평등 지향 행위로 표출될 수도 있고, 평등한 사회를 만드는 데 기여하려는 시민행동이나 사회운동 같은 공적 평등 지향 행위로 표출될 수도 있다. 그래서 엄밀한 의미에서 평등주의는 후자로 한정할 필요가 있겠다.

"사촌이 땅을 사면 배가 아프다."라는 말도 평등 지향 심성에서 나오는 질투심이나 경쟁심을 보여준다. 그런데 이런 심리는 재산이나 소득의 획득 과정에서 사회적 규칙의 공정성에 대한 불신과 불만으로 이어지게 되면, 사회에 대한 비판적, 저항적 에너지로 전환될 수 있다. 그래서 이러한 불신과 불만이 공정하고 평등한 사회를 만들기 위한 개혁이나 혁명을 추구하는 평등주의 심성으로 발전할 수도 있는데, 이러한 심성이 논리적으로 체계화되면 곧 평등주의 사상이나 이념이 된다.

1880년대부터 100여 년에 걸친 시기에 한국사회는 개항과 식민지, 공업화, 도시화, 민주화 등 한국 역사상 가장 격심한 변화를 겪었는데, 이 과정에서 한국인과 한국사회는 그 역동성을 유감없이 보여주었다. 안정적인 신분사회의 모습을 보여왔던 조선시대는 후기로 접어들면서 상공업의 발달과 함께 서양 제국주의 세력의 군사외교적 침투와 서양문화의 유입 등으로 큰 변화를 겪게 된다. 권위주의적이고 위계서열적인 전통적 유교문화와 다른 현대적(서구적) 이념, 가치, 문화가 유입되면서 한국인들의 심성, 태도, 행위양식에 큰 변화가 나타나기 시작한 것이다. 그중에서도 특히 평등주의 사상의 유입은 신분제에 기초한 착취와 억압, 인격적 차별과 무시 등에 대한 불만이나 저항 의식과 결합하면서 피지배집단의 '저항적 역동성'을 고취시켰다.

근현대 한국사회의 평등주의는 전통적인 신분제적, 위계서열적 한국문화와 서구로부터 유입된 현대적인 문물, 자유주의적, 평등주의적 이념/심성들이 모순적으로 융합하는 과정에서 형성되고 또 발전한 것이라고 할 수 있다. 물론 이것은 조선시대 후기에 아래로부터 자생적으로 분출되었던 평등주의와 서구의 영향을 받은 현대적 평등주의가 상호작용하면서 융합하는 과정이기도 했다. 그리하여 식민지배 시기, 해방과 남한 단독정부 수립 시기, 이승만 정권에서 박정희 정권까지 이어지는 권위주의·반공주의 통치기를 거치면서 자본주의적 공업화와 민주주의의 왜곡된 전개가 이어지는 가운데, 한국사회의 평등주의는 다양한 양상으로 분화하면서 불균등 발전, 균열과 엇갈림, 모순과 딜레마를 겪어왔다.

근현대 한국사회에서 평등주의 심성이나 이념은 저항 행동, 민란, 사회운동, 시민행동 등을 통해 다양하게 표출되었다. 그런데 이처럼 평등주의가 지속적으로 발전해온 것처럼 보임에도 불구하고 현대 한국사회의 모습을 보면 사람들이 과연 평등을 지향하고 있고 또 서로 평등하다고 생각하고 있는지 의심스러울 때가 많다. 온갖 집단과 조직에서 이른바 '갑질'이 드러나고 있고, 일상생활에서도 위계서열을 중요시하는 문화가 사라지지 않고 있기 때문이다. 명시적인 제도적 불평등도 물론 존재하지만, 일상생활에서 문화적, 인격적 불평등이나 차별도 작동하고 있다. 그래서 한편에서는 평등주의가 발전해온 것처럼 보이지만, 다른 한편에서는 여전히 불평등과 차별, 특히 인격적 차별과 무시가 지속되고 있어서, 도대체 한국 사람들이 진정으로 평등주의를 추구해온 것인지, 또 그렇다면 어떤 평등을 추구해온 것인지를 묻지 않을 수 없는 것이다.

한국사회 평등주의의 독특한 현실을 이해하려면, 전통적인 위계서열주의 문화와 서구사회로부터 유입된 현대적인 평등주의 이념/가치가 융합되면서 평등주의가 어떻게 분화되고 변형되고 또 모순 속에서 불균등 발전을 이루게 되었는지를 이해할 필요가 있다. 그래서 평등주의와 위계서열주의가 모순적으로 공존해온 한국사회 평등주의의 고유한 특징을 구체적으로 살펴보려면 평등주의에 대한 분화된 개념들이 필요하다.

(1) 평등주의의 개념적 이해

세계적으로나 한국에서나 역사 속에서 불평등과 차별에 대한 불만과 저항은 끊임없이 분출되어왔다. 이러한 불만과 저항은 무엇보다도 인간으로서 기본적인 존엄성이나 마땅히 누려야 할 권리가 침해당한다는 생각이나 감정에 기인하는 것이다. 이러한 생각이나 감정은 모든 인간은 차별받지 않아야 하며 서로 평등하다는 사고로 발전하게 된다.

평등주의는 일반적으로 평등을 지향하는 태도, 성향, 사고, 이념, 행위양식 등을 일컫는다. 평등이 다양한 영역, 쟁점, 맥락에서 다양한 성격을 띠는 만큼 평등주의도 다양한 성격을 지닐 수 있다. 그래서 정치적 평등주의, 경제적 평등주의, 사회·문화적 평등주의, 계급 평등주의, 성 평등주의, 인종 평등주의 등 다양한 평등주의들이 존재한다. 그런데 이러한 평등주의들이 사회 속에 존재하는 방식은 크게 보아 이념의 형태와 심성의 형태로 나눠볼 수 있다. '이념(idea)으로서의 평등주의'와 '심성(mentality)으로서의 평등주의'의 구별은 평등주의의 이념들과 심성들이 서로 뒤섞이면서 다양한 차원에서 작동하는 현실을 이해하는 데 도움을 준다.

사람들은 일상적 삶에서 다양한 불평등과 차별을 경험하게 되는데, 이것은 평등주의 심성을 형성하는 원천이 된다. 그런데 개인들이 품은 이러한 일상적인 평등주의 심성은 불평등한 사회현실을 바꾸는 힘이 되기 어렵다. 사람들의 생각을 묶어주고 불평등에 대한 집합적인 저항을 끌어내려면 대중을 설득할 수 있는 좀 더 체계적인 사상과 논리가 형성되지 않으면 안 된다. 그래서 사회의 불평등과 차별에 불만을 가진 사람들 사이에서 평등주의 사상가가 나오고, 평등주의 사상이나 이념이 나온다.

근현대 유럽 사회에서는 봉건적 신분제도에 대한 불만과 저항의 과정에서 모든 개인의 인격적 동등함과 자유, 평등을 주장한 다양한 시민사회 사상이 등장하였고, 평등한 공동체를 추구하는 유토피아주의, 민주주의, 아나키즘, 사회주의, 공산주의, 사회민주주의, 포스트마르크스주의, 다원적 평등주의 등 다양한 평등주의 이념들이 지속하여 발전하였다. 한편 평등주의 심성은 일상적인 삶에서 불평등이나 차별행위에 저항하면서 평등을 추구하려는 심성이라고 할 수 있다. 신분제도하에서 천민들이 양반들의 인격적 차별과 무시에 반발하는 감정을 가지게 되고, 농민들이 과도한 조세 부담이나 소작료에 저항감을 가지게 되는 것들이 바로 평등주의 심성이다. 현대사회에서는 개인들이 지위 격차에 대해 불만을 품고 적극적으로 지위상승을 추구하는 심성 역시 평등주의 심성에서 출발한다.

민주주의가 발달한 현대사회에서는, 인격적 차별을 정당화해온 신분은 공식적으로 사라졌지만 불평등과 차별이 완전히 사라진 것은 아니다. 물론 민주주의가 사회적 평등의 진전을 가져다주었지만, 자본주의 시장경제의 발달은 새로운 불평등을 만들어냈다. 이처럼 불평등과 차별이 어느 시대 어느 곳에나 존재하는 일반적 현상이지만, 시대의 조건과 상황에 따라 그 형태나 양상이 달라진다. 이러한 불평등과 차별의 다양한 양상을 이해하려면 평등이나 평등주의에 대한 좀 더 세분화된 개념들이 필요하다.

<불평등의 다양한 영역과 쟁점>

사람들의 사회적 삶은 복합적이다. 그래서 불평등이나 차별도 다양한 영역에서 나타날 수 있다. 따라서 불평등과 차별을 좀 더 세밀하게 살펴

보려면, 다양한 영역을 구분하는 개념들이 필요한데, 사람들의 활동이 지닌 특성에 따라 일반적으로 경제, 정치, 사회·문화의 영역을 구분해볼 수 있다. 물질적 생존을 위한 재화나 서비스의 생산, 교환, 소비가 이루어지는 영역을 경제로, 사회적 의사결정 과정에서 권력이 형성되고 지배나 통치가 이루어지는 영역을 정치로, 사람들 사이의 인간관계와 일상적 생활양식이 형성되고 상호작용이 이루어지는 영역을 사회·문화로 나눠볼 수 있다.

이들 영역에서는 각각 부(재산)와 권력과 위신(명예)의 사회적 분배가 이루어지게 되는데, 이러한 분배가 불공정하게 이루어지는 것이 곧 불평등과 차별이다. 이것은 각각 경제 불평등, 정치 불평등, 사회·문화 불평등이라고 구분해볼 수 있다. 이런 불평등들은 서로 구분되기도 하지만 현실에서 서로 밀접히 연관되어 있고, 그러면서도 서로 불균등하게 나타나기도 한다. 민주주의의 발달은 정치적 불평등을 완화하지만, 자본주의의 발달은 경제 불평등을 심화한다. 한국사회의 경우처럼 권위주의와 같은 인격적 위계서열주의 문화의 존속은 민주주의의 발달에 따른 정치적 불평등의 완화에도 불구하고 사회·문화적 불평등은 완화되지 않는 불균등한 양상으로 이어지기도 한다. 그러므로 한 사회에서 평등이나 평등주의를 발전시키기 위해서는 다양한 불평등과 차별이 서로 어떤 영향을 주고받으며, 또 어떤 사회적 조건이 다양한 평등의 발전에 불균등성을 가져다주는지를 이해하는 것이 중요하다.

한편 불평등과 차별은 크게 사회적 영역에 따라 구분해볼 수도 있지만, 구체적인 쟁점에 따라 훨씬 다양한 불평등과 차별이 드러날 수 있다. 사회에는 오랫동안 중요한 차별로 다뤄왔던 신분차별이나 계급차별 외에도, 성차별, 나이(연령)차별, 인종차별, 소수자차별, 지역차별 등 다양한 차별과 불평등이 존재해왔는데, 이러한 차별과 불평등은 경제, 정치, 사회·

문화 영역들에 다양하게 걸쳐져 있다. 예를 들어 성차별은 일자리, 임금 등에서의 차별, 정치참여 기회에서의 차별, 가사노동이나 육아 부담에서의 차별, 인격적 무시 등 다양한 영역에서 다양한 양상으로 존재해왔다.

환경문제 역시 현대사회에서 불평등을 내포하는 쟁점이다. 기후변화와 같은 지구적 환경위기는 이제 특정 계급의 문제를 넘어서는 인류의 위기라는 사실을 보여주고 있지만, 다양한 환경피해를 회피할 기회는 여전히 계급에 따라 불평등하게 분배되어 있기 때문이다. 환경오염 지역을 벗어나 더 좋은 자연환경 속에서 생활할 기회, 더 좋은 먹거리를 누릴 기회는 확실히 자본가계급, 부유층에게 편중되어 있다. 그들이 더 많은 부를 얻고 더 많은 소비를 하면서 환경에 더 큰 피해를 입히고 있다고 하더라도 말이다.

이처럼 불평등과 차별은 다양한 영역에서 다양한 쟁점을 통해 이루어지는데, 여기서 주목해야 할 점은 이러한 차별이 인격적 무시나 모욕을 수반하기도 한다는 것이다. 사람들은 신분이 철폐되고 민주주의와 시민적 동등의식이 발달하면서 이제 인격적 차별과 불평등은 사라졌다고 생각하는 경향이 있다. 하지만 공식적인 신분은 사라졌다고 하더라도 여전히 인격적 차별과 무시가 수반되는 경우들이 존재한다. 소수자나 인종(종족)에 대한 차별의 경우 이 점이 좀 더 분명하게 드러난다. 신분제도의 철폐와 함께 탈신분제적-인격적 평등은 실현되었지만, 시민적-인격적 평등은 여전히 사회적 과제로 남아있는 셈이다. 시민자격(citizenship)의 법적·제도적 차별이 점차 사라지고 있다고 하더라도 시민사회에서 인격적 무시와 문화적 차별은 완전히 사라지지 않은 것이다. 특히 오랜 권위주의 통치와 나이와 성별에 따른 인격적 위계서열주의 문화의 영향이 강하게 남아있는 한국사회에서는, 시민으로서 인격적 동등함에 기초한 시민적-인격적 평등의식이 저발전된 상태에 머물러 있는

데, 이는 인격적 차별과 무시가 수반되는 인격적 서열주의와 차별주의의 확산을 낳았다.

이런 점에서 오늘날의 평등 문제는 '제도적·탈인격적 평등'과 '문화적·인격적 평등'을 구별하여 살펴볼 필요가 있다. 시민적 평등을 전제하는 민주주의 사회에서 존재하는 공식적 지위서열은 일반적으로 탈인격적 성격을 전제한다. 현대사회의 지위서열은 특정한 목적을 성취하기 위해 규정과 규칙에 따라 합리적으로 배열되어 주어진 지위에서 업무를 수행하는 공식적 인간관계의 형태를 띤다. 그래서 개인들은 마치 기계의 부품처럼 기계 전체의 작동을 위해 역할을 하는 공식적이고 탈인격적인 존재로 취급된다. 이처럼 인간적인 감정이 배제된 인간관계가 '탈인격적 관계'이다. 사물의 관계처럼 인격이 배제된 인간관계는 일반적으로 체계(system)로 불리는데, 여기서는 지위서열에 따른 어떤 비공식적, 감정적, 인격적 지배도 인정하지 않는다.

반면에 전통적인 위계서열은 비공식적, 사적이면서 감정적, 정서적 인간관계 속에서 형성되었다. 가족과 친족, 소규모 공동체에서의 인간관계는 친밀성을 바탕으로 하는 감정적, 정서적 관계가 일반적이었다. '인격적 관계'란 바로 이러한 인격체로서 개인들이 관계 맺는 것을 말한다. 이처럼 인격적 관계에 바탕을 둔 위계서열은 비공식적, 사적인 인간관계에서 감정적, 인격적 차별과 무시를 용인한다. 예를 들어 신분제도하에서는 신분서열에 따른 인격적 지배와 차별을 당연시하였고, 남성에 의한 여성의 인격적 지배도 정당화되었다. 한국사회의 경우, 나이와 성별에 따른 인격적 위계서열주의는 나이가 적은 사람이나 여성이 나이가 많은 사람이나 남성을 인격적으로 존중할 것을 요구하고, 반대의 경우에는 인격적으로 무시하는 것을 용인하는 인격차별의 문화를 형성하였다. 그래서 한국사회의 위계서열주의 문화의 특수한 조건을 이해하려면 탈인격적 평등과 인격적 평등, 제도적 평등과 문화적 평등을 구별하고 또 양자가 어떻게 맞물리고 있는지를 살펴보는 것이 중요하다.

<다양한 맥락 속의 평등과 불평등>

평등이나 불평등은 다양한 영역과 쟁점 속에서 구분해볼 수 있을 뿐만 아니라 사회적 삶이 유지되고 또 변화해가는 과정의 다양한 맥락에 따라서도 구분해볼 수 있다. 터너(Bryan S. Turner)가 제시하는 유형들은 평등이나 불평등의 양상이 나타나는 다양한 맥락의 차이를 이해하는 데 도움을 준다.[260] 그는 불평등을 네 가지 기본 유형으로 구분하는데, 본체론적 평등(ontological equality), 기회의 평등, 조건의 평등, 결과의 평등이 그것들이다. '본체론적 평등'은 인격적 존엄성을 지닌 모든 개인의 인격적 평등을 의미한다. 이것은 신분제도하에서의 인격적 지배와 차별을 비판하면서 모든 개인의 인격적 동등함을 강조하는 형태의 평등이다.

본체론적 평등이 전제되는 현대사회에서도 불평등은 여전히 존재하고 있는데, 기회/조건/결과의 평등은 바로 현대사회가 안고 있는 불평등을 해소하기 위해서 제시되는 평등의 유형이라고 할 수 있다. 봉건제가 해체되고 자유주의 시민사회 사상이 등장하면서 모든 개인의 자유와 평등이 중요한 이념으로 등장하였는데, 모두에게 자유를 보장해야 한다는 이념은 무엇보다도 '기회의 평등'에 주목하였다. 자본주의 시장 사회에서 기회가 공평하게 주어져야 자유로운 경제활동을 통해 능력과 노력의 공정한 대가를 얻을 수 있게 된다는 것이다.

그런데 이러한 이념은 형식적인 기회가 공정하다고 하더라도 실제로

---

260. 선우현, 2012, 『평등』(비타 악티바 26), 책세상, 30-40쪽; Bryan S. Turner, 1986, *Equality*, Ellis Horwood.

그 기회를 실현하기 위한 사회적 조건이 공평하지 못하면 진정으로 평등하다고 볼 수 없다는 비판에 직면하게 된다. 그래서 진정한 평등의 실현을 위해서는 '조건의 평등'이 있어야 한다는 이념이 제시되었다. 부유층의 자녀가 사교육을 받을 기회가 더 많다거나, 자본을 많이 가진 사람과 적게 가진 사람이 시장에서 경쟁할 경우 전자가 더 유리하다는 점들을 보면, 조건의 불평등이 기회의 불평등으로 이어진다는 점을 쉽게 이해할 수 있다.

한편 현실적으로 기회나 조건의 평등이 실현되기 쉽지 않은 상황에서 생겨나는 불평등을 어떻게 해결할 수 있을 것인가도 중요한 질문으로 제기된다. 기회와 조건의 불평등은 결과의 불평등으로 나타날 수밖에 없는데, 이런 상황에서 평등을 실현할 수 있는 대안으로 제시되는 것이 바로 '결과의 평등'이다. 비록 기회와 조건의 불평등이 불가피하다고 하더라도 결과를 재조정하면 훨씬 더 평등해질 수 있다는 것이다. 유럽 복지국가의 조세정책과 재분배정책은 바로 '결과의 평등'이라는 이념을 반영하고 있다.

이처럼 사회적 맥락에 따라 평등이나 불평등은 다양한 양상으로 나타나고 또 조정될 수 있는데, 그렇다면 이러한 유형 분류가 평등이나 불평등을 이해하는 데 충분할까? 예를 들어 자본주의 사회에서 나타나는 불평등을 기회와 조건의 불평등으로 이해하는 것으로 충분할까? 비슷한 조건에서 비슷한 기회를 얻어 일하는 사람들이 서로 다른 보상을 받게 되었다면, 이것은 순전히 개인의 능력이나 노력의 차이에 따른 공정한 차이라고 말할 수 있을까?

만약 비슷한 능력의 사람들이 비슷한 조건의 기업에서 비슷한 노력을 들여 일했음에도 불구하고 서로 보상이 달라졌다면, 이것은 기업이 동일 노동에 대해 차별 보상을 한 것이라고 할 수 있다. 말하자면 기업마다 전체 이익에서 노동자들에게 배분한 양이 달라 보상의 차이가 나타날 수 있는 것이다. 반대로 기업들은 남길 수 있는 이윤의 양이 달라진다. 이런 과정이 기업의 생산활동 과정에서 반복적으로 일어날 경우, 이로 인한 불평등은 어떻게 정의할 수 있을까? 이처럼 기회도, 조건도, 결과도 아닌 반복되는 과정에서 누적되는 불평등은 '과정의 불평등'이라고 부를 수 있다. 자본주의 사회에서 자본에 의해 이루어지는 노동자에 대한 착취는 생산과정에서 반복되는 것인데, 이것 역시 '과정의 불평등'을 낳는다. 이것은 '분배 규칙'의 불공정으로 인해 반복 과정에서 누적되는 '과정의 불평등'이며, 자본주의 사회의 '빈익빈 부익부'를 낳는 근원적 요인이다.

이처럼 과정의 불평등에 주목하게 되면, 자본주의 사회에서는 단순히 재분배를 통해 결과의 불평등을 조정하는 것만으로는 불평등을 적극적으로 해결하기가 쉽지 않으며, 자본의 사적 소유와 착취, 나아가 시장 권력을 통한 시세차익 획득 등과 같은 자본주의의 불공정한 분배 규칙 자체를 바꿀 필요가 있다는 사실을 이해할 수 있게 된다.

'능력우선주의'(meritocracy)는 기회의 평등이나 부분적으로 조건의 평등이 주어진다면 경쟁 과정에서 개인의 능력이나 노력에 따른 격차는 공정한 격차로 인정할 수 있다고 주장한다. 하지만 이것은 자본주의 사회에서 조건의 불평등이 얼마나 큰 기회의 격차를 낳게 되고 또 과정의 불평등이 얼마나 큰 결과의 격차를 만들어내는지를 이해하지 못한다. 경쟁이 공정해지려면 최초의 조건이 평등해야 할 뿐만 아니라 능력이나 노력에 대한 보상도 공정해야 한다. 말하자면 분배의 규칙이 공정해야 경쟁이 공정해지는 것이다. 그래서 만약 분배의 규칙이 공정하다면 '결과의 불평등'은 그 자체로 받아들일 만하게 될 것이다. 물론 인본주의적 배려의 원칙에 따른 결과의 평등은 별도로 필요하겠지만 말이다.

(2) 평등주의의 보편성과 한국적 특수성

사람들은 불평등하다고 느낄 때나 다른 사람들로부터 차별을 받고 있다고 느낄 때면 누구나 거부감이나 저항감을 느끼게 마련이다. 신분제도하에서 비록 차별에 순응하며 살아가고 있다고 하더라도 인격적인 무시를 당하고 모욕감을 느끼게 되면 저항감을 느끼지 않을 수 없다. 이처럼 사람이면 누구나 인격적 존중을 바라면서 평등한 삶을 원한다는 점에서 평등주의는 보편성을 지닌다. 그래서 어느 사회에서나 평등을 추구하는 다양한 이념들이 형성되고 또 집합행동이나 사회운동이 출현하였다. 그런데 자연적, 사회적 조건들의 차이는 구체적인 불평등과 차별의 양상, 그리고 이에 저항하며 평등을 실천해온 방식들에 차이를 만들어낸다. 이런 점에서 평등주의의 역사는 사회마다 특수성을 띠지 않을 수 없다.

<평등주의의 사회적, 역사적 특수성 이해하기>

평등주의의 역사가 나라마다 지역마다 어떤 차이를 보이는지를 체계적으로 비교해보려면, 어떤 자연적, 사회적 조건들이 그 차이를 만들어내는지를 살펴보지 않으면 안 된다. 근현내 유럽에서 현대성의 발전은 과학적 사고, 합리적 이성의 발달과 함께 개인성의 발달에 힘입은 바 크다. 상공업과 시장경제의 발달은 사유재산을 축적한 도시 부르주아지층을 형성하기 시작했고, 이들은 중세의 봉건적 지배와 권위주의적인 종교적 질서에 대해 불만을 지니면서 인격적으로 동등한 시민으로서 모두가 자유롭고 평등한 삶을 요구하기 시작했다. 이에 따라 평등주의 이념과 심성이 점진적으로 발전하게 되었다. 평등주의는 정치적 평등만이

아니라 경제적 평등을 요구하는 흐름으로 이어졌는데, 부르주아지 중심의 자유주의 사상이 정치적 평등에 주목하면서 경제적 자유를 추구했다면 프롤레타리아트 중심의 사회주의 사상은 정치적 평등과 함께 경제적 평등을 적극적으로 추구하였다.

이처럼 자본주의가 발달하고 또 민주주의가 성장해온 유럽에서 평등주의는 유럽의 현대성을 구성하는 중요한 이념이자 심성이었다. 그런데 유럽 사회에서 발달해온 평등주의 문화는 유럽 나라들의 지리적 팽창 과정에서 비서구 사회에 다양한 방식으로 영향을 미치게 되었으며, 이것은 근현대 한국사회에서 평등주의의 확산에도 큰 영향을 미쳤다. 물론 당시에 자생적인 평등주의 이념이나 심성들도 생겨나고 있었는데, 특히 정부와 관리의 높은 세금과 착취로 인해 고통을 겪게 된 농민들은 반란을 일으키면서 자연스럽게 평등주의 심성을 품게 되었다. 그리고 이러한 평등주의 심성은 실학사상, 동학사상 등과 같이 평등주의 이념으로 형성되어갔는데, 이 과정에서 서구로부터 유입된 천주교의 평등사상이나 시민사회 사상 등의 영향을 받게 되었다.

서구사회든 한국사회든 평등주의는 모든 인간은 동등하다는 인격적 동등함을 추구해왔고 또 이러한 심성과 이념을 다양한 사회운동과 실천으로 표출해왔다는 점에서 보편성을 지닌다. 하지만 평등주의 심성과 이념이 형성되고 표출되어온 방식은 자연적, 사회적 조건과 상황에 따라 달라질 수밖에 없다. 따라서 나라마다 평등주의가 어떻게 발전해왔고 또 어떤 문제에 직면해있는지를 이해하려면, 그 나라의 자연적, 사회적 조건이 낳은 평등주의의 특수성을 살펴보지 않으면 안 된다.

서구사회에서 평등주의는 현대성의 중요한 이념이자 제도로 발전해왔지만, 그렇다고 해서 서구사회의 평등주의가 보편적이라고 할 수는 없다. 현대성은 서구사회의 맥락에서 형성된 사고나 행위의 패러다임일 뿐, 그것이 곧바로 보편성을 얻는 것은 아니기 때문이다. 그렇다고 하더라도 서구사회, 특히 유럽의 선진국들에서 좀 더 합리적인 사고와 과학적인 문명을 앞서 발전시켜온 것은 사실이며, 이에 따라 서양과 동양이 만나면서 서양의 현대성이 한국사회를 포함한 비서구사회의 전통적 사고나 행위 양식에 영향을 미친 것도 현실이다. 그러므로 비서구사회로서 한국사회의 평등주의 발전의 특수성은 서구적 현대성과 한국적 전통이 서로 어떻게 융합되어왔는지를 살펴봄으로써 제대로 이해할 수 있다.

한국사회 평등주의의 특수한 역사는 전통과 현대의 모순적 융합 과정으로 이해할 수 있다. 비교사회학의 관점에서 보면 한국사회는 서구사회와는 크게 다른 사회제도와 문화를 지닌 사회였다. 유럽의 제국주의 나라들이나 그 제도와 문화를 먼저 받아들인 일본으로부터 유입되고 또 강제로 이식된 서구의 사회제도 및 문화는 한국사회의 전통적 사회제도 및 문화와 융합되면서 충돌과 갈등을 빚지 않을 수 없었다. 이런 점에서 제도와 문화에서의 유사성과 차이를 낳는 한국사회의 특수한 자연적, 사회적, 역사적 조건들에 주목하지 않으면 안 된다. 지식사회학의 관점으로 보면, 특정한 시대의 세계관이나 이념, 사고방식, 감정과 같은 지식/의식 형태들은 그 시대의 사회적 존재 조건의 산물로 이해하는 것이 우선이다. 이런 관점에서, 평등주의 이념이나 심성에 대한 이해는 우선 이것들이 출현한 시대적, 사회적 배경에 대한 이해에서 출발할 필요가 있겠다.

<한국사회 평등주의의 특수성>

한국사회의 평등주의는 서구의 현대성과 한국의 전통이 서로 융합하는 과정에서 다양한 분화와 불균등 발전을 겪게 되었는데, 전통과 현대

성의 요소들이 때로는 서로 모순과 갈등을 낳고 또 때로는 결합상승 효과(synergy effects)를 낳으며 평등주의를 발전시키거나 후퇴시켜왔다. 그리고 이러한 고유한 역사적 맥락이 한국사회 평등주의의 특수성을 형성하게 되었다.

1880년 조선시대 말부터 시작된 한국인의 행위양식이나 태도 변화를 이해하려면 이러한 변화에 영향을 미친 다양한 대내외적 요인을 파악하는 것이 선행되어야 한다. 그래서 우선 전통사회의 물질적 조건들, 사회제도들, 이념과 일상의식 속에서 형성된 개인의 행위양식이나 태도들이 어떤 역사적 조건들의 변화(주요하게는 서구열강들의 침략과 서구적 사상/이념/종교의 유입과 이에 대한 사회적 대응) 속에서 어떤 변화를 겪게 되었는지를 설명하는 것이 필요하다. 이러한 다양한 요인이 서로 중첩되면서 서구사회에서 나타난 사회변동의 양상과는 다른 한국사회의 독특한 사회변동의 양상이 나타났다고 할 수 있겠다. 이를테면 전통적인 조선사회에서 권위주의적, 가부장적, (친족)집단주의적 위계서열 질서를 형성해 온 사회적 존재 조건들—신분제적 지배, 유교적, 가부장적 혈연공동체, 가족·연고주의, 농업공동체, 마을공동체 등—이 자본주의 시장경제의 발달, 신분제도의 해체, 서양 민주주의와 평등사상의 유입, 개인주의 문화의 유입 등 다양한 대내외적 요인에 의해 어떻게 제도적, 문화적 변형을 겪게 되는지를 이해할 필요가 있겠다.

신분제 사회였던 조선에서는 후기로 오면서 민중들이 신분차별, 폭정과 착취에 저항하여 수차례의 민란을 일으켰으며, 민란을 주도한 세력들은 권력을 장악하려고 시도하기도 하였고 지배층의 수습책을 수용하여 기존 질서로 복귀하기도 하였다.[261] 그렇지만 신분제는 점차 흔들

---

261. 조선후기의 대표적인 민란으로는 순조 11년(1811)~12년(1812)에 평안도에서 벌어진 홍경래의 난, 철종 13년(1862)의 임술민란, 고종 31년(1894)의 동학농민전쟁(동학

리고 있었고 서구열강들의 침략과 함께 유럽의 평등주의 사상과 문화가 유입되면서 신분차별에 대한 저항은 더욱 확산되었다. 세금제도의 문란과 지배층 관료와 양반의 횡포에 대항하여 농민들이 봉기한 임술민란(1862년)이 수습되는 과정에서 신분제는 점차 약화되어갔고, 농민들의 저항에 따른 세금제도의 개혁은 농업적 상품생산을 발달시키는 계기가 되기도 하였다. 그런 가운데 1880년대에 개항이 이루어지면서 일본, 청, 서구열강 등이 점차 조선의 시장을 경제적으로 지배하게 되었고, 이로 인해 농업적 상품생산경제도 점차 확산되었다. 이것은 자본주의 시장경제 발달의 토대가 되었다.

신분제 사회에서의 차별과 착취에 대한 불만이 민란으로 나타나고 점차 신분제도 자체에 대한 불만이 고조되면서 신분제의 철폐를 주장하는 사상이 형성되기 시작했는데, 이런 가운데 동학사상은 신분해방과 평등을 선언한 체계적인 사상으로 정립되었다. 그리고 이에 기초한 저항운동은 동학농민혁명으로 분출되었고, 조선의 신분제는 근본적으로 흔들리게 되었다. 서구열강의 침략은 서구의 군사 외교적, 경제적 지배와 함께 서구 사상과 문화의 유입을 가져왔는데, 자유와 평등의 이념을 내포한 서구 사상과 문화는 조선의 신분제도에 대한 불만과 저항의식을 형성하는 데 큰 기여를 하였다. 그런데 신분제의 해체는 토지의 사유화와 지주-소작 관계의 확산으로 이어지면서 새로운 경제적 불평등을 형성하게 되었다.

한국사회는 개항과 일본제국주의 시대를 거치면서 자본주의 시장경제 사회로 재편되었고, 해방 이후 남한에서 미군정의 통치와 이승만 세

혁명) 등을 들 수 있으며, 이러한 큰 민란들 사이에도 크고 작은 많은 변란과 민란이 발생하였다. 자세한 것은 김우철, 2010, 「철종 2년(1851) 李明燮 모반 사건의 성격」, 『한국사학보』 제40호, 2010, 183-184쪽을 참조하라.

력에 의해 주도된 단독정부의 수립은 자유주의와 반공주의 이념에 기초한 통치의 강화로 이어졌다. 물론 1917년 러시아혁명의 영향으로 일본제국주의에 대항하여 민족해방을 추구해온 항일투쟁 세력들 사이에 신분제로부터의 해방과 함께 재산의 평등을 추구하는 사회주의 이념이 도입되기 시작했고, 이에 따라 민족적 사회주의, 공산주의 등 다양한 스펙트럼의 사회주의 세력들이 형성되었다. 이들은 민족독립과 함께 신분제 철폐, 정치적 자유와 평등, 남녀평등, 재산의 평등한 분배 등을 해방의 이념으로 내세웠으며, 토지를 비롯한 사유재산의 보장 등 기득권을 유지하고자 한 보수적, 반공주의적 세력들과 대립했다. 그래서 신분제로부터 자본주의 시장경제로 사회체계가 변혁하는 과도기에 불평등과 차별의 문제는 치열한 사회적 갈등거리가 되지 않을 수 없었다.

한국전쟁을 거치면서 권위주의·반공주의 통치 속에서 평등주의 이념들이 억압되었다면, 이승만 정권과 부정부패에 저항한 4.19혁명 속에서 정치적 평등주의, 즉 민주주의의 가능성이 분출되기도 하였다. 하지만 박정희 군부세력이 쿠데타로 집권하면서 경제성장과 빈곤 해결로 취약한 정당성을 확보하려고 1962년부터 경제개발 5개년 계획을 적극적으로 추진하기 시작했다. 차관 도입을 비롯해 정부가 주도한 수출중심의 자본주의적 공업화는 급속한 경제성장을 가져왔다. 그런데 정부의 억압적 노동통제와 저곡가 정책으로 대기업들은 급속한 자본축적을 이루고 독점대기업으로 성장할 수 있었지만, 노동자들은 저임금 장시간노동으로 인해 고통을 받았고 농민들을 비롯한 기층민중들은 겨우 빈곤에서 벗어날 수 있을 정도가 되었다. 이처럼 자본주의 시장경제가 확산되면서 불평등이 점차 심화되어간 반면에 취약한 복지제도하에서 개인들 간의 생존경쟁은 더욱 치열해졌다.

한편 경제발전을 추구해야 했던 군사정권은 양질의 노동력을 확보하기 위해 공교육을 점차 확대하지 않을 수 없었는데, 개인들에게 교육은 계층상승 기회를 제공하는 평등의 중요한 수단으로 받아들여졌다. 하지만 현실적으로 계급·계층적 격차가 존재하고 교육을 통한 계층상승이 중요한 목표가 되면서 경쟁은 더욱 치열해졌고, 이에 따라 사교육 격차에 따른 교육불평등이 새로운 사회문제로 등장하게 되었다. 그리고 지위상승을 통한 평등의 실현이라는 개인주의적, 사적 평등 추구 전략은 불평등을 고착화하면서 점차 사회제도 개혁을 통한 사회적, 공적 평등주의가 실현되는 것을 방해하게 되었다.

한편 평등주의의 실현을 방해한 요인은 단순히 경제적, 정치적 제도 영역에서만 존재한 것은 아니었다. 신분제적, 유교적, 가부장적 전통 속에서 형성된 인격적 위계서열주의 문화는 신분제도가 철폐된 이후에도 살아남아 나이와 성별에 따른 인격적 위계서열주의로 존속되었다. 이것은 나이가 많은 사람이나 남성이 나이가 적은 사람이나 여성을 인격적으로 차별하거나 무시하는 행위를 정당화하는 문화적 근거가 되었다. 역사적으로 나이 차별과 성차별을 당연시해온 문화가 존속하면서 개인들 간의 인격적 동등함에 기초하는 서구사회와 같은 시민의식의 발달은 제약되었다. 이러한 한국사회의 특수한 문화적 조건은 현대적 평등주의, 특히 시민적 평등의식의 발달을 어렵게 했다. 신분차별의 철폐를 통해 신분제적 인격 차별에서는 벗어났지만 여전히 나이와 성별에 따른 위계서열주의는 인격 차별의 문화를 지속시켰다.

그리고 이러한 인격적 위계서열주의가 유지되도록 하는 데에는 존대법이 큰 영향을 미쳤다.[262] 나이나 성별의 차이에 따른 존댓말과 반말의 구별된 사용이 강조되면서 자연스럽게 위계서열이 매겨지고 또 내면화

---

262. 정준영, 1995, 「조선후기의 신분변동과 청자존대법 체계의 변화」, 서울대학교 대학원 사회학과 박사학위논문, 152-153쪽.

된 것이다. 상위자에 대한 존중과 복종의 문화는 모두가 시민으로서 동등한 인격을 지니고 있다고 생각하기 어렵게 했고, 학교를 비롯한 공적인 조직과 제도에서 위계서열을 자연스럽게 받아들이면서 인격적 위계서열주의 문화는 일상적으로 재생산되었다. 이처럼 인격적 위계서열주의 문화가 존속하면서 평등주의와 서열주의가 모순적으로 공존하도록 해온 것은 한국사회 평등주의 발달의 특수성을 설명해주는 중요한 요소이다. 자본주의의 불평등이 확대되어온 가운데서도 경제적·정치적 평등주의가 점진적으로 발달해왔다면, 문화적·인격적 평등주의는 인격적 위계서열주의로 인해 그 발달이 제약되었고 오히려 '갑질'과 같은 변형된 인격적 차별주의가 만연하게 되는 결과를 낳았다. 한편에서는 불평등에 반발하며 지위상승을 통한 상향적 평등 추구 의식이 확산되어 있으면서도, 동시에 자신보다 낮은 지위에 있는 사람들에 대해 차별을 정당화하려는 하향적 차별주의 의식이 공존하는 현실은 이러한 평등주의의 모순을 잘 보여준다.

이처럼 한국사회의 평등주의 발전의 특수성을 이해하려면 정치적, 경제적, 문화적 평등주의 간의 분화와 불균등 발전에 주목할 필요가 있으며, 특히 인격적 위계서열주의 문화로 인해 유럽 선진국들과 달리 시민적 동등함에 기초한 인격적 평등주의가 저발전 상태에 놓이게 되었다는 점에 주목해야 한다. 그리고 이러한 시민적·인격적 평등주의의 저발전에 큰 영향을 미쳐온 존대법의 존속에 대해서도 주목하지 않으면 안 된다. 시민적·인격적 평등주의의 저발전은 성차별, 나이차별, 소수자차별 등 다양한 인격적 차별과 무시의 문화를 잔존시켜 인격적 서열주의와 차별주의가 만연하는 데 영향을 주었다. 그리고 이러한 조건과 요소가 한편으로는 한국사회 평등주의의 발전을 제약하면서, 다른 한편으로는 역동성 분출의 원천이 되고 있다.

(3) 평등주의와 한국인의 역동성

평등주의는 불평등과 차별에 저항하는 행위양식이기 때문에 기본적으로 '저항적' 성격을 띤다고 볼 수 있다. 하지만 평등을 지향하는 행위가 모두 저항적인 것은 아니다. 앞서 우리는 역동성이 때로는 저항적이고 또 때로는 적응적이라는 점을 살펴보았다. 행위양식으로서 평등주의 역시 이러한 양면성을 지니고 있다. 평등을 지향하는 행위는 다른 사람과 평등해지기 위해 지위상승을 추구하는 모습으로 나타날 수 있는데, 이 경우에 평등주의는 '적응적 역동성'을 표출하게 된다. 사회규칙에 잘 적응함으로써 개인적 성취를 이루려는 행위이기 때문이다. 이것은 민란, 사회운동, 혁명 등에서 볼 수 있는 '저항적 역동성'과는 완전히 다른 모습이다. 이러한 평등주의의 양면성은 한국 근현대사에서도 그대로 나타난다.

1880년 조선 후기 개항기를 전후해서부터 한 세기 동안 불평등과 차별에 대한 아래로부터의 저항은 다양한 방식으로 표출되어왔다. 조선시대 신분차별에 대한 민중들의 저항이 오랫동안 지속되었고, 서구의 제도와 문화가 유입되기 시작하고 천주교, 시민사회 사상 등 다양한 평등주의 이념과 문화가 한국사회에 영향을 미치기 시작하면서 평등주의 의식은 널리 확산되어갔다. 그래서 조선시대에 권력에서 소외되었던 잔반(殘班)이니 중인들이 신분해방을 지지하는 개혁세력으로 등장하기도 하였고, 일제 식민지배 시기에는 백정들의 반란인 형평운동이 일어나고 또 신여성들의 성평등 의식이 고양되는 등 다양한 평등주의 흐름이 형성되기도 하였다.[263] 이와 함께 조선 후기 상공업과 시장경제의 발달은

---

263. 형평운동은 일제 강점기인 1923년 4월에 일어난 백정들의 저항운동으로, 조선 후기 신분제도의 철폐에도 불구하고 일상적 차별이 지속되자 이에 불만을 품은 백정들이 진주에서 '형평사'라는 조직을 결성하여 차별에 반대하는 조직적인 사회운동을 펼쳤다. 김의환, 1971, 「형평운동: 평등사회를 위하여」, 『한국현대사 8』, 청구문화사.

신흥 부유층을 중심으로 사유재산에 대한 권리 의식이 형성되게 하였고, 이는 신분차별 철폐와 시민으로서의 동등함을 주장하는 정치적 평등주의 의식 발달의 토양이 되었다.

자생적 기반을 가진 동학사상은 천주교의 영향을 받으면서 신분제도 철폐와 인간의 평등을 내세운 평등주의 사상으로 출현하였는데, 특히 신분차별에 불만을 품은 농민들을 중심으로 널리 전파되었다. 반면에 서구의 민주주의와 평등주의 사상에 영향을 받은 개화사상은 시민적 평등주의와 민주적 정치제도의 확립을 추구하였다. 그리고 제국주의 일본에 의해 식민화된 이후에는 민족해방운동과 함께 계급 평등을 주장한 사회주의 사상이 유입되어 확산되기 시작했는데, 사회주의 사상은 일제와 결탁한 지주들에게 착취당한 소작농민들이나 자본가들에게 착취당한 노동자들로부터 큰 지지를 받았다. 이에 따라 사회주의 이념은 해방 이후 남북분단에 따라 미군정이 남한을 통치하게 된 상황에서, 일본 식민통치 세력과 지주세력에 착취당해온 피지배 민중들이 선호하는 민족해방과 평등의 이념이 되었다. 하지만 미군정과 이승만 세력에 의한 자유주의·반공주의 통치는 사회주의 이념을 억압하였고, 이념 갈등 속에서 이승만 세력이 남한을 통치하는 세력으로 자리 잡게 되면서 사회주의를 비롯한 평등주의 이념들은 정치적으로 억압당하고 배제되었다.

이승만 정권의 권위주의적 통치와 부정부패에 대한 저항으로 민주화 운동이 확산되고 1960년 4.19혁명을 통해 이승만 정권이 붕괴되면서 정치적 평등주의, 즉 민주주의의 발전이 이루어질 기회를 얻었다. 하지만, 다음 해에 곧바로 박정희 군부세력이 쿠데타를 일으키고 군사정권을 세워 권위주의·반공주의 통치를 이어가게 되면서 민주주의와 함께 사회주의를 비롯한 다양한 평등주의 이념은 지속적인 탄압을 받게 되었다.

이처럼 평등주의의 저항적 역동성이 억눌린 반면에 적응적 역동성은 점차 확산되기 시작했다. 가난에서 벗어나기 위해 힘겨운 노력을 해온 민중들은 박정희 정권하에서 추진된 경제성장 전략의 영향으로 시장에서 경쟁을 통해 소득을 벌어들일 기회를 얻을 수 있었다. 공장이 늘어나면서 노동자로 고용될 기회도 늘어났고, 공교육이 확대되면서 교육을 통해 지위상승을 추구할 기회도 늘어났다. 하지만 노동자들은 정부의 대기업 중심의 급속한 성장전략에 따라 저임금 장시간 노동을 강요받았고 이로 인해 부를 형성하기가 쉽지 않았다. 그나마 교육이 가족의 성공을 위한 유일한 수단이 되면서 교육열이 높아져 교육경쟁은 더욱 치열해졌고, 이에 따라 사교육이 발달하기 시작했다. 그래서 교육경쟁에서 평등주의의 적응적 역동성이 표출되기 시작했는데, 지위상승을 통한 평등의 추구는 개인들이 추구할 수 있는 불가피한 평등 지향 행위전략이었다.

한국사회에서 사적 평등 지향 행위의 확산은 치열한 경쟁으로 이어지면서 적응적 역동성의 광범위한 표출을 낳았다. 이것은 공적 평등주의를 지향하는 사회개혁 행동이나 사회운동을 통한 저항적 역동성의 표출을 억압하는 결과를 가져왔다. 저항적 역동성이 기존 사회체계에 대해 불만을 품고 저항하는 과정에서 표출되는 것이라면, 적응적 역동성은 기존 사회체계의 규칙과 제도에 적극적으로 적응하여 성취를 추구하는 과정에서 표출되는 것이라고 할 수 있는데, 이런 점에서 사적 평등 지향 행위는 기존 사회체계에 대한 적극적 적응의 산물이었다.

박정희 정권의 자본주의적 공업화 전략에 따라 자본주의 경제발전이 본격화되면서 노동자들이 대량으로 형성되기 시작했는데, 이들은 정치적, 경제적으로 억압되고 착취당하면서 점차 불평등과 차별에 대해 저항하기 시작했고 노동조합을 통한 조직화를 추구하게 되었다. 그리고 1972년 유신독재를 통해 정치탄압이 심화되면서 정치적 민주화에 대한 요구도 더욱 강렬해졌다. 이에 따라 박정희 정권의 탄압도 더욱 강화되었지만, 실정에 따라 정치적 정당성의 약화와 함께 경제적 침체 및 분배의 악화가 나타나면서 정치적, 경제적 평등을 요구하는 저항적 역동성이 급격히 분출되었고, 이러한 상황에서 박정희가 측근에 의해 살해되면서 정권의 몰락을 맞이하게 되었다.

근현대 한국사회의 역사를 보면 평등주의는 한국인들의 역동성을 이끈 중요한 이념이자 심성이었다. 신분해방운동, 동학사상과 개화사상의 경제적, 정치적 평등주의운동, 천민들의 형평운동, 민족해방운동, 사회주의 계급해방운동, 민주주의운동, 노동운동 등은 저항적 역동성을 보여준 사회적, 공적 평등주의 운동이었다. 반면에 치열한 경쟁 속에서 개인적인 지위상승을 추구하는 과정에서 표출된 적응적 역동성은 사적 평등 지향 행위의 산물이었다. 이처럼 상반된 역동성의 표출은 한국사회의 평등주의 발전에 다양한 불균형과 모순, 갈등으로 이어졌다.

(4) 1980년대 이후 평등주의의 전개와 전망

1980년 이후 '서울의 봄' 시기에 정치적 평등주의로서 민주주의가 발달할 기회가 열렸지만, 전두환 군부세력의 쿠데타는 새로운 군사통치의 등장을 낳았다. 쿠데타에 반발한 전국적인 민주화 투쟁이 이루어졌지만, 광주항쟁을 총칼로 억누른 전두환 군부세력은 결국 개헌을 통해 군사정권을 세우는 길로 나아갔다. 이에 따라 정치적 평등주의는 다시 억압되었고, 경제적 평등주의 역시 미래가 불투명해졌다.

그런데 광주항쟁의 영향으로 민주화 투쟁이 지속되고 또 중공업화 과정에서 대량으로 형성된 노동자들이 노동조합을 결성해 조직적인 저항을 하기 시작하면서 정치적, 경제적 평등주의 이념들도 다양하게 발전하기 시작했다. 전두환 정권의 억압적인 통치하에서도 자본주의의 계급불평등과 국가의 계급성을 해명하기 위한 이론적 노력은 마르크스주의 이론을 비롯한 좌파 이론들의 도입으로 이어졌고, 이것은 사회주의의 평등주의 이념을 확산시키는 계기가 되었다. 이러한 평등주의 이념의 영향을 받은 학생운동과 민주화운동은 전두환 군사정권에 대한 저항을 더욱 강화해나갔고, 7년 단임이 끝나가던 1987년에 개헌논의를 불러일으키며 반독재 민주화 투쟁을 더욱 격렬하게 전개하였다. 그리고 이러한 노력은 결국 1987년 6월 항쟁으로 이어져 직선제 개헌을 통해 절차적 민주주의를 어느 정도 확보하는 결과를 얻게 되었다.

1987년 말 대통령 선거에서 야권분열로 군사독재정권의 후예인 노태우 정권이 집권하게 되었지만, 민주화의 흐름을 거역하기는 어려웠으며 시민사회의 자유화와 활성화가 이어지면서 평등주의의 흐름은 점점 더 확산되었다. 그런데 정치적 평등이 점진적으로 확대된 반면에, 경제적 평등은 쉽게 개선되지 못했다. 재벌대기업의 이익을 지원하는 신자유주의적 경제정책들이 확대되면서 계급불평등은 점점 더 확대되었지만, 복지제도를 비롯한 재분배정책은 답보상태를 벗어나지 못했다.

1997년 말 외환위기는 김대중 정권의 등장에 기여하였는데, 국제통화기금(IMF) 구제금융에 따른 신자유주의 정책을 수용한 김대중 정권은 탈권위주의를 통한 민주주의의 발전을 가져왔지만, 경제적 불평등은 오히려 심화시키는 결과를 낳았다. 비록 몇몇 복지정책의 도입으로 경제적 불평등을 개선하려고 하였지만 재벌대기업 중심의 경제구조를 강화하고 비정규직 노동자들이 늘어나도록 하면서 경제적 불평등을 더욱 심화하는 결과를 낳았다.

탈권위주의와 정치적 민주주의의 발전과 함께 신자유주의 시장경제에 따른 경제적 불평등의 확산이라는 평등주의의 불균등 발전 상황은 이후 노무현 정권에서도 지속다. 이후 이에 따른 불만 속에서 선택된 이명박 보수정권은 신자유주의 정책을 강화하여 불평등을 더 심화시키는 결과를 낳았고, 이어진 박근혜 보수정권은 권위주의적, 독단적 통치를 추구함으로써 민주주의마저 후퇴시키는 결과를 낳았다. 그리고 이러한 민주주의의 후퇴는 결국 국정농단 사태에 따른 박근혜 대통령의 탄핵이라는 충격적인 사건으로 이어졌다. 2016년 말 박근혜 정권의 국정농단이 폭로되면서 박근혜 대통령 탄핵을 요구하는 대규모의 촛불집회가 장기간 지속되었고, 이것은 결국 촛불혁명을 통한 정권교체로 이어졌다.

촛불혁명의 영향 속에서 탄생한 문재인 민주당정권은 정치적 평등과 경제적 평등의 확대를 약속하면서 탈권위주의적, 민주적 정치개혁을 지속적으로 추구하였고, 비정규직의 정규직화, 최저임금 상향, 소득주도성장 등 다양한 경제개혁 정책들을 추진하였다. 하지만 경제 분야에서는 그 성과가 명시적으로 나타나지 않고 노동정책에서는 미온적인 태도가 지속되면서 진보좌파 세력으로부터 비판을 받기에 이르렀다.

1980년 이후 정치적 평등은 보수정권과 개혁정권의 상호교체 속에서 후퇴와 전진을 반복하면서도 점진적으로 개선되어온 것으로 보인다. 하지만 경제적 평등의 성과는 분명하지 않다. 제도적 개혁을 통한 불평등 개선의 필요성에 대한 공감이 이루어져 왔지만, 재벌대기업에 편중된 분배구조의 개혁과 노동정책의 개혁이 이루어지지 못하고 또 복지정책 개혁의 효과에 대한 기대가 충분히 충족되지 못하면서 실질적인 불평등의 개선이 이루어지는지에 대해서는 여전히 논란이 지속되었다.

제도적 평등의 점진적인 개선에도 불구하고 문화적 평등은 여전히 중대한 장애물에 직면하고 있는 것 같다. 물론 문화적 평등의 개선 여부는 다양한 측면에서 살펴보아야 한다. 일반적으로 문화적 개방성과 다양성의 확대라는 면에서 문화적 평등은 점진적으로 발달해왔다고 할 수 있다. 특히 사회가 복잡화되고 다양한 사회적 쟁점들이 등장하면서 다양한 영역에서 평등이 실현되어야 한다는 요구가 분출해왔고, 이러한 요구의 분출은 다원적 평등주의의 확산에 기여하고 있다. 계급 평등주의는 물론이고 성 평등주의, 지역 평등주의, 소수자 평등주의, 인권 평등주의, 환경 평등주의 등 다양한 영역과 쟁점에서 평등의 요구들이 분출되고 또 시민적 평등의식이 확산되는 것은 평등주의의 발전에 긍정적인 모습임에 틀림없다.

그런데 '갑질'과 같은 인격적 서열주의와 차별주의가 여전히 만연하고 있다는 사실은 문화적·인격적 평등주의의 저발전을 보여주는 것인데, 그 뿌리에는 개개인들이 시민으로서의 동등의식을 지니기 어렵게 하는 한국사회 특유의 인격적 위계서열주의가 자리잡고 있다. 나이 위계서열주의와 성별 위계서열주의가 쉽게 사라지지 않으면서 다양한 평등주의의 확대가 제약당하고 있는데, 이것은 근현대 한국사회의 역사에서 민주주의를 비롯한 다양한 평등주의의 발전을 오랫동안 제약해온 요인이다.

존대법은 나이와 성별의 위계서열에 따라 존댓말과 반말을 구분하고 호칭이나 말투를 달리함으로써 위계서열을 강제해왔는데, 이러한 존대법의 내면화와 일상적 사용은 인격적 위계서열주의를 유지하고 존속시키는 제도적 힘이 되었다. 이러한 사실은 앞으로도 문화적·인격적 평등주의의 발전이 쉽게 진전되기 어려울 것이라는 전망을 하게 만든다. 나이에 따른 서열매기기 문화가 현대적 지위서열에서도 인격적 차별과 무시가 수반되는 데 영향을 미친다는 점은 특히 문화적·인격적 평등주의 발전의 전망을 어둡게 한다. 평등주의와 서열주의의 모순적 공존, 상향적 평등의식과 하향적 차별의식의 모순적 공존은 무엇보다도 인격적 위계서열주의의 산물이라고 할 수 있으며, 이것은 존대법을 통해 재생산되면서 인격적 차별과 무시를 정당화하고 있다. 나이에 따른 임금격차를 낳는 연공서열제 임금제도가 쉽게 바뀌지 않는 것도 그 뿌리에는 나이 위계서열주의가 있다. 정규직에 의한 비정규직의 인격적 차별과 무시가 용인되는 것도 결국 인격적 위계서열주의, 하향적 차별주의를 암묵적으로 수용하기 때문이다.

 이처럼 제도적·탈인격적 평등주의의 점진적 개선과 문화적·인격적 평등주의 저발전은 평등주의와 서열주의의 모순적 공존 속에서 평등주의 발전의 전망을 어둡게 하고 있다. 비록 정치적 평등주의, 즉 민주주의의 제도적 개선이나 경제제도 개혁에 의한 경제적 평등의 개선이 점진적으로 이루어지더라도, 인격적 위계서열주의 문화가 사라지지 않는 한, 그리고 존대법으로 인한 나이 차별로 시민적 동등의식의 형성이 방해받는 한, 일상생활의 민주주의와 평등주의는 정체상태에서 쉽게 벗어나지 못할 것이다. 그리고 이러한 문화적·인격적 평등주의의 저발전은 제도적·탈인격적 평등의 개선에도 부정적인 영향을 미칠 것이다. 이것은 한국사회 평등주의의 전반적인 발전을 위해서는 다양한 영역에서의 평등주의의 동시적 발전, 특히 시민적·인격적 평등주의의 발전이 적극적으로 이루어질 필요가 있음을 말해준다. 특히 존대법의 해체는 이러한 가능성의 실현에 중요한 시금석이 될 것이다.

V. '한국인의 역동성' 연구의 미래

지금 한국은 20세기 들어 세계 여러 나라 중에서 가장 역동적인 나라로 거론되고 있고, 한국인 역시 가장 역동적인 국민으로 지목되고 있다고 해도 과언이 아니다. 2000년대에 들어서면서 정부가 적극적으로 홍보해온 'Dynamic Korea(역동적인 한국)', 'Dynamic Korean(역동적 한국인)'이라는 슬로건은 외국인은 물론이고, 한국인들 스스로도 인정하는 중요한 자기표상이자 국민적 정체성으로 자리 잡은 듯하다. 앞서 보았듯이 개항 이후 일제강점기까지만 해도 일본인이나 서구인들의 한국인에 대한 인상은 게으르고 무기력하다는 것이었는데, 한 세기 만에 이렇게 세계적으로 가장 부지런하고 능동적인 국민으로 인정받게 되었다는 것은 놀라운 일이다.

그런데 지금까지 다섯 가지 행위양식을 통해 살펴본 것처럼, 이러한 한국인의 역동성이 갑자기 최근에 와서 생겨난 것만은 아니다. 비록 외국인으로부터 그리고 스스로 내린 그 평가가 긍정적으로 변한 것은 최근의 일이지만, 역동성 자체는 오랜 역사를 가지고 있었다. 그래서 한국인들은 19세기 말 이후 식민지배와 분단, 전쟁 등 수많은 역경을 딛고 나름의 현대화에 성공할 수 있었다. 개인적으로는 주어진 현실에서 실리를 얻고 성공하려는 노력이 있었고, 사회적으로는 서구 선진국들을 '따라잡기(catch-up)' 위한 필사적인 노력이 이루어진 결과였다. 경제성장을 이루기 위해 노력했을 뿐만 아니라 민주주의를 발전시키기 위해서도 노력해왔다. 이러한 과정이 다양한 역동성의 분출로 이어졌고, 그 성취의 결과가 결국 '역동적 한국인'에 대한 긍정적 자기인식으로 나타났다고 할 수 있다.

그런데 역동성의 분출은 단순히 전통적 이념, 제도, 문화를 현대적 이념, 제도, 문화로 대체하려고 함으로써 나타난 것은 아니다. 외세의 개입 속에서 전통과 현대성은 서로 복잡하게 얽혀 들어갔고, 다섯 가지 행위 양식을 통해서 보았듯이 양자는 모순적인 상황 속에서도 서로 융합되면서 다양한 방식으로 역동성을 표출해온 것이다. 전통과 현대의 융합 속에서 근현대 한국사회는 농업사회, 신분사회에서 자본주의, 민주주의 사회로의 전환이 이루어져 왔다. 이러한 역사적, 사회적 조건 속에서 각각의 행위양식은 내적으로 분화되고 균열하고 경합하고 접합되는 과정에서 때로는 '적응적 역동성'으로 또 때로는 '저항적 역동성'으로 표출되었다.

이 책은 총론으로서 '다이내믹 코리안'이라는 주제하에서 진행되는 전체 연구 과정을 개괄적으로 보여주고자 하였다. 전체 연구는 가족주의, 집단주의, 민족주의, 실용주의, 평등주의 등 다섯 가지 행위양식에 대한 개별적 연구를 포함하고 있다. 그 연구 결과는 독립된 책으로 출간된다.

총론에서 개괄적으로 소개한 '한국인의 역동성' 연구는 학술적으로 중요한 의의를 지닌다. 이 연구는 근현대 한국사회 변동의 복합적인 과정을 다섯 가지 행위양식을 통해 보여줌으로써, 사회변동 과정에 대한 종합적이고 체계적인 이해를 제공하고, 나아가 이를 통해 한국인의 역동성을 해명하기 위한 체계적 설명틀을 제공하는 데 크게 기여하고 있다. 이것은 무엇보다도 사회학적 성찰을 통해 한국인의 역동성에 대한 객관적 시각을 제공하고자 함으로써 가능한 것이었다.

사실 '한국인의 역동성'이라는 주제의 연구는 국가의 정치적 의도에 부응한다는 인상을 주기에 십상이다. 실제로 박정희 정권의 개발독재 이후 등장한 많은 한국인론이 정치권력이나 지배집단의 이해관계와 그들의 담론 전략에 부응하는 '관제적' 성격을 띠고 있었고, 이로 인해 한국인의 성격에 대한 객관적 평가와 비판적 성찰을 이루기가 쉽지 않았다. 국가나 기업 집단은 동원을 위한 전략적 필요 때문에 역동적 한국인을 일면적으로 미화하려는 경향이 있었고, 이에 대한 반발로 학계와 지식세계에서는 한국인을 서구 선진국 시민과 비교하여 폄하하거나 부정적으로 묘사하려는 경향도 있었다. 그래서 이들 모두 어느 쪽에서든 편향된 시선을 극복하지는 못했다.

이처럼 그동안 다양하게 제시되어온 한국인론 또는 한국인의 사회적 성격에 관한 논의들은, 주관적 인상에 기초하여 한국인의 역동성을 과소평가하거나 과도한 자기중심적 해석으로 인해 이것을 과대평가하는 방식으로 이루어진 경우가 많았다. 여기에는 외국인의 편향된 인상, 제국주의자의 시선, 오리엔탈리즘의 편견, 미화하거나 폄하하려는 정치적 의도, 민족주의적 시선의 과잉 등이 개입되어 있었으며, 이것들은 역사적 현실을 객관적으로 바라보려는 시각을 방해해왔다. 또한 많은 연구가 한국인의 역동성의 변천 과정을 역사적 과정에서 변화해온 사회적 조건들과 연관시켜 체계적으로 설명하는 데 한계를 지니고 있었다. 그래서 이 연구는 이전의 시선, 관점, 연구 방법의 한계를 넘어서, 객관적인 사회학적 분석을 통해 체계적인 설명을 제공하고자 했다는 점에서 의의가 크다.

또한 이 연구는 앞서 언급했듯이 근현대 한국사회의 변동을 '전통과 현대성의 모순적 융합'이라는 관점에서 바라봄으로써, 전통이나 현대성을 서로 분리되는 단순한 요소로 보려는 시각을 넘어서고 있다. 또한 전통이든 현대성이든 특정한 요소에만 주목하는 것이 아니라 다양한 요소들이 서로 융합되는 역사적, 사회적 맥락에도 주목함으로써 복합적인 설명을 제공하고 있다.

이처럼 사회변동과 역동성의 근원을 복합적인 역사적, 사회적 맥락 속에서 해명하고자 한 이 연구의 성과는, 앞으로의 관련 연구에 큰 디딤

돌 역할을 할 수 있을 것으로 기대한다. 이 연구에서는 다섯 가지 행위양식에 주목했지만, 앞으로 더 다양한 행위양식에 주목하는 연구가 이루어진다면 아마도 한국인의 역동성을 더욱 풍부하게 해명할 수 있을 것이다. 또한 우리의 연구는 근현대 한국사회의 역사적, 사회적 조건들에 기초하여 사회변동과 역동성을 설명함에 따라, 한국인의 역동성과 한국사회 발전의 미래를 전망하기 위한 객관적인 조건들과 요인들을 파악하는 데도 도움을 줄 것이다.

이제 마지막으로 그동안의 공동 작업 과정에서 떠올랐던 주목할 만한 논의 거리 두 가지를 제시해보고자 한다. 이것들은 앞으로 한국인의 역동성을 고찰하려고 할 때 충분히 참조할 만한 것들이다.

첫째는, 지금까지 한국인의 역동성 또는 한국사회의 역동적 발전에서 가족이나 가족주의가 가졌던 중요성과 관련된 것이다. 한국사회에서 가족주의는 사람들의 일상적 삶을 지배해온 실제적 행위양식이었다. 그런데 가족주의는 단지 실제의 지평에만 머물러 있었던 것이 아니라 더 큰 규모의 집단과 사회로 이어지면서 상상의 지평으로 확장되어왔다. 은유적으로 표현하자면, 가족주의가 제공해온 일종의 '가족적 상상(familial imagination)'이 다양한 사회관계를 이해하고 이끄는 데 동원되었던 것이다. 소규모 집단에서든 대규모 조직에서든 가족 간의 친밀성과 사랑이라는 정서적 관계가 다른 인간관계나 사회관계의 원형인 것처럼 다루어진 것이다. 그래서 각종 조직에서 '우리가 남이가!'라는 말이 구성원 간의 끈끈한 가족적 우애를 상징하는 언어로 사용되었고, 기업에서는 '우리는 한 가족'이라는 말로 기업주와 노동자 간의 협력을 끌어내고자 하였다. 그리고 이것은 집단이나 조직의 당연한 규범이자 구성 원리로 여겨졌다.

그런데 지금 한국사회는 세계적인 추세 속에서 개인주의가 발달하면서 전통적인 가족의 모습이 점점 쇠퇴해가고 있다. 근현대 한국사회에서 가족은 가난을 함께 극복하기 위한 치열한 생존경쟁의 단위였으며, 가족 밖에서 입었던 고통이나 심리적 상처를 위로받는 정서적 공동체였다. 그리고 이것이 가족주의의 역동성의 원천이었다. 그런데 이제 이런 가족을 기대하기가 점점 어려워지고 있다. 그렇다면 이제 우리는 이런 역할을 해온 가족을 포기해야 할까? 아니면 다른 인간관계나 사회관계 속에서 이런 역할을 찾고 또 새로운 역동성을 만들어나가야 할까?

사실 집단주의나 민족주의에서도 나타나고 있듯이 사람들은 더 큰 집단이나 조직 속에서도 가족에서 느꼈던 친밀성과 사랑을 이어가기를 원하는데, 그것은 흔히 유대나 연대로 표현된다. 이것은 앞서 언급한 '가족적 상상'의 표현이기도 하다. 그래서 현대사회의 분화와 복잡화 속에서도 가족이 지닌 긍정적 역할을 집단이나 사회로 확장시켜 나가는 것이 사회적으로 긍정적 역동성을 살려갈 수 있는 길이라고 상상해볼 수 있다. 물론 이것이 집단이나 조직, 나아가 사회를 사유화하거나 서열화하려는 경향에 맞서면서 말이다. 이런 점을 고려한다면, 사회 속에서 가족주의와 평등주의가 민주적으로 융합하는 모습을 상상하는 것도 필요하다고 하겠다.

둘째는, 역동성을 당연한 긍정적 가치로 보는 시각이 과연 타당한가 하는 점이다. '한국인의 역동성'을 대상으로 하는 우리의 연구에서는, 역동성을 당연히 긍정적인 가치로 전제하는 것처럼 보일 수 있다. 하지만 우리 연구의 결과물들을 읽어본다면 결코 그렇지 않다는 사실을 이해하게 될 것이다. 역동성은 시대적 요구이거나 시대의 산물일 수는 있지만, 그 자체로 긍정적이라고 단정할 수는 없다.

이런 점에서 '한국인의 역동성'을 무조건적으로 긍정하거나 심지어 찬양하는 것은 자칫 '시대착오적 생각'이 될 수 있다. 예를 들어, 우리가 현재 선진국이라고 말하는 사회에서 외견상으로 나타나는 '비역동성'을 게으르고 정체된 것으로 평가할 수 있느냐 하는 것이다. 이들의 탈물질주의, 탈성장주의, 탈노동, 여가 지향의 모습을 바라보는 물질주의, 성장주의, 근면, 금욕의 시선이 과연 바람직한지를 근본적으로 성찰할 필요가 있다. 이것은 '개발도상국'의 시선이며, 그 자체로 시대적 상황의 산물이라는 점을 생각하지 않으면 안 되는 것이다. 어떻게 보면 이것은 자본주의의 성장주의와 물질주의에 길들여진 시선일 수 있으며, 지배계급이나 기득권집단이 기대하는 시선일 수 있다.

세계 자본주의의 끊임없는 팽창과 현대인들의 소비주의적 삶의 확장이 가져다준 기후위기, 환경파괴, 경제적 양극화 등 인류생존의 위기 앞에서, 이제 역동성에 대한 새로운 시선을 만들어나가야 한다. 그것은 개인적 성공이나 물질적 풍요를 위한 역동성보다는 인간관계와 공동체적 연대의 회복을 위한 역동성이 되어야 한다. 그리고 이를 위한 사회적 해법을 찾아나가야 한다. 그래서 앞으로는 한국인의 역동성이 선진국의 물질문명을 수용하고 따라잡기 위한 수단이 아니라, 현대 세계의 인간학적 전환의 길을 찾아나가는 길잡이가 되도록 해야 한다. 이것이 아마도 서구적 현대성을 넘어 진정한 보편적 현대성을 찾아가는 길일 것이며, 우리의 연구가 이 길로 나아가는 데에 조금이나마 기여할 수 있기를 간절히 희망한다.

참고 문헌

<국내 문헌>

KBS·연세대학교. 1996. 『한국·중국·일본-국민의식조사 백서』.
강수택. 2004. 『모나디즘과 연대주의』. 한길사.
강인철. 2007. 「남한의 월남 개신교인들: 반공주의와 민주주의에 미친 차별적 영향」. 역사문제연구소 포츠담현대사연구소 국제학술대회 자료집. 『분단과 전쟁의 결과-한국과 독일의 비교』.
강준만. 2006. 『한국인 코드』. 인물과사상사.
_____. 2007. 『한국대중매체사』. 인물과사상사.
_____. 2010. 「'빨리빨리'의 문화정치학」. 한국지역언론학회. 『언론과학연구』 10권 3호.
강진철. 1987. 「정체성이론 비판」. 『한국사시민강좌』 제1집.
경향신문 특별취재팀. 2006. 『우리도 몰랐던 한국의 힘』. 한스미디어.
고영복. 2001. 『한국인의 성격』. 사회문화연구소출판부.
공보처. 1995. 『1995 정부여론조사 자료집』.
구자혁. 2012. 「현대성의 개성화, 탈분화 과정으로서의 소셜미디어의 부상: 정보화로의 사회변동과 정치적 '소비자'의 수평적 네트워킹」. 숭실대학교 사회과학연구소. 『사회과학논총』 제15집.
_____. 2018. 「한국적 꿈꾸기의 역설」. 박명규·김홍중 외. 『꿈의 사회학』. 다산출판사.
_____. 2020. 『한국인의 에너지, 집단주의』. 피어나.
권인호. 2010. 「한국 실학사상과 근현대철학에서 실용주의」. 『동서사상』 제8집.
권태준. 2006. 『한국의 세기 뛰어넘기』. 나남.
권태환·홍두승·설동훈. 2009. 『사회학의 이해』. 다산출판사.
김경동. 1993. 『한국인의 가치관과 사회의식』. 박영사.
김광억. 1983. 「현대사회와 전통문화: 한국인의 정치적 행위의 특징: 시론」. 한국문화인류학회. 『한국문화인류학』 15권.
_____. 1998. 「문화 다원화와 한국문화 정체성 확립을 위한 연구: 일제시기 토착 지식인의 민족문화 인식의 틀」. 서울대학교 비교문화연구소. 『비교문화연구』 4권.
_____. 2002. 「국가와 사회, 그리고 문화-가족과 종족연구를 위한 한국 인류학의 패러다임

모색」.『한국문화인류학』 32권 2호.
김기주. 2005.「동양철학, 과거와 미래-연구사 회고와 새로운 방법 모색:다카하시 도루 조선유학관의 의의와 특징-「이조유학사에 관한 주리파, 주기파의 발달」을 중심으로」. 동양철학연구회.『동양철학연구』 43권.
김도균. 2013.「한국의 자산기반 생활보장체계의 형성과 변형에 관한 연구-개발국가의 저축동원과 조세정치를 중심으로」. 서울대학교 대학원 사회학과 박사학위 논문.
김동성. 1995.『한국민족주의연구』. 오름.
김동식. 2008.「실용주의란 어떤 사상인가?」. 철학문화연구소.『계간 철학과 현실』.
김동춘. 2000.「한국의 근대성과 도덕의 위기」.『근대의 그늘: 한국의 근대성과 민족주의』. 당대.
_____. 2002.「유교와 한국의 가족주의: 가족주의는 유교적 가치의 산물인가?」.『경제와사회』 통권 55호.
김문조 외. 2013.『한국인은 누구인가』. 21세기북스.
김석근. 2012.「성공한 쿠데타, 위로부터의 혁명, 그리고 5·16」.『한국동양정치사상사연구』 제11권 1호.
김성례. 1990.「무속전통의 담론분석-해체와 전망-」.『한국문화인류학』 22호.
_____. 2012.「일제 시대 무속담론의 형성과 식민지적 재현의 정치학」.『한국 무속학』 제24집.
김승태. 2012.「식민권력과 종교」. 한국기독교역사연구소.
김용구. 1985.「국제화시대의 민족의식 정립을 위한 연구: 서양 선교사들이 본 한국인상」. 서울대학교 국제문제연구소.『국제문제연구』 9권 1호.
김용옥. 1995.「해제: 배움을 희구하는 조선의 젊은이들에게 고함」. 마루야먀 마사오.『일본정치사상사연구』. 김석근 옮김. 통나무.
_____. 1986.『일본인과 한국인의 의식구조』. 한길사.
김우철. 2010.「철종 2년(1851) 李明燮 모반 사건의 성격」.『한국사학보』 제40호.
김은영·구자혁·최윤영. 2014.『차별과 연대: 집단, 열광, 미디어의 사회심리학』. 나경.
김의환. 1971.「형평운동: 평등사회를 위하여」.『한국현대사 8』. 청구문화사.
김재은. 1987.『한국인의 의식과 행동양식』(한국문화연구원 한국문화총서 12). 이화여자대학교 출판부.
김정인. 2017.『독립을 꿈꾸는 민주주의: 민주주의 개념으로 독립운동사를 새로 쓰다』. 책과함께.
김창현. 2002.『한일소설형성사: 자본이 이상을 몰아내다』. 책세상.
김태길. 1986.『소설에 나타난 한국인의 가치관 2』. 문음사.
_____. 2001.『유교적 전통과 현대한국』. 철학과현실사.

김형효. 1985. 『韓國精神史의 現在的 認識』. 高麗苑.
_____. 1997. 「열광주의와 「추상의 정신」」. 『형성과 창조 4: 한국문화에 있어서 이상주의와 열광주의』. 한국정신문화연구원.
남근우. 2013. 「일본인의 조선민속학과 식민주의」. 윤해동·이소마에 준이치. 『종교와 식민지 근대: 한국 종교의 내면화 정치화는 어떻게 진행되었나』. 책과함께.
독립신문 강독회. 2004. 『독립신문 다시 읽기』. 푸른역사.
민문홍. 1996. 「한국인의 사고방식」. 일상문화연구회 엮음. 『한국인의 일상문화』. 한울.
박신희. 2012. 「역동성, 열정과 희망의 또 다른 이름」. 주영하 외. 한국국학진흥원 편. 『한국인의 문화유전자』. 아모르문디.
박영규. 2000. 『특별한 한국인』. 웅진닷컴.
박영신. 1978. 『현대사회의 구조와 이론』. 일지사.
_____. 1983. 「한국사회발전론 서설」. 『한국사회 어디로 가고 있나』. 현대사회연구소.
_____. 1987. 『역사와 사회변동』. 민영사.
_____. 1990. 「한국의 전통종교 윤리와 자본주의」. 한국사회사연구회. 『한국의 종교와 사회변동』. 문학과지성사.
_____. 1995. 「우리 사회의 성찰적 인식」. 현상과인식.
박주원. 2004. 「근대적 '개인', '사회' 개념의 형성과 변화–한국 자유주의의 특성에 대하여」. 『역사비평』 통권67호. 역사비평사.
박현수. 1998. 「한국문화에 대한 일제의 시각」. 서울대학교 비교문화연구소. 『비교문화연구』 4호.
배용광·변시민. 1984. 『한국사회의 규범문화』. 한국정신문화연구원.
배우리. 2012. 『신드롬을 읽다』. 미래를 소유하는 사람들.
배한철. 2015. 『한국사 스크랩』. 서해문집.
비판사회학회 엮음. 2014. 『사회학』. 한울.
_____. 2018. 『사회학, 비판적 사회읽기』. 한울아카데미.
서동진. 2009. 『자유의 의지 자기계발의 의지–신자유주의 한국사회에서 자기 계발하는 주체의 탄생』. 돌베개.
선우현. 2012. 『평등』(비타 악티바 26). 책세상.
손진태. 1948. 『조선민족문화의 연구』. 을유문화사.
_____. 2002. 『우리의 민속과 역사』(남창 손진태 선생 유고집 2). 고려대학교 박물관.
송석원. 2012. 「제국의 시선이 포섭한 조선민족성」. 이선이 외 지음. 『동아시아 근대 한국인론의 지형』. 소명출판.
송석하. 1963. 『조선민속고』. 일신사.

송재룡. 2002. 「가족주의와 한국사회의 삶의 유형-두 언어의 게임 사이에서」. 한국인문사회과학원. 『현상과 인식』 통권 86호.
_____. 2013. 「한국인은 새로운 것에 개방적인가」. 김문조 외. 『한국인은 누구인가』. 21세기북스.
송호근. 2003. 『한국, 무슨 일이 일어나고 있나』. 삼성경제연구소.
신경아. 2013. 「시장화된 개인화와 복지욕구」. 『경제와 사회』 통권 98호.
신기욱. 2009. 『한국민족주의의 계보와 정치』. 이진준 옮김. 창비.
신수진. 1998. 「한국의 가족주의 전통과 그 변화」. 이화여자대학교 박사학위논문.
신주백. 2000. 「1910년대 일본의 조선통치와 조선주둔 일본군」. 『한국사연구』 109호.
심희찬. 2013. 「방법으로서 최남선-보편성을 정초하는 식민지」. 윤해동·이소마에 준이치. 『종교와 식민지 근대: 한국 종교의 내면화 정치화는 어떻게 진행되었나』. 책과함께.
아산고희기념출판위원회. 1986. 『아산 정주영 연설문집』. 삼성출판사.
안재홍. 1983. 「한국과 한국인」. 안재홍선집간행위원회 편. 『민세안재홍 선집2』. 지식산업사.
양현아. 2011. 『한국 가족법 읽기』. 창비.
오세철. 1981. 『문화와 사회심리이론』. 박영사.
오영수. 1960. 『메아리』. 백수사.
유명걸. 2005. 「미국 실용주의와 한국 실학사상 비교연구」. 『汎韓哲學』 제37집.
유선용. 2009. 「근대적 대중의 형성과 문화의 전환」. 『언론과사회』 17권 1호.
유용태. 2001. 「집단주의는 아시아 문화인가」. 『경제와 사회』.
윤승준. 2002. 「20세기 초 한국을 소재로 한 영문소설-『한국의 미국 소녀』와 『이화』에 비친 한국과 서양의 상호 이해를 중심으로」. 성균관대학교 대동문화연구원. 『대동문화연구』 41권.
윤태림. 1970. 『韓國人』. 현암사.
이건창. 2008. 『당의통략』. 이근호 옮김. 지만지고전천줄.
이광규. 1975. 『한국가족의 구조분석』. 일지사.
이규태. 1983. 『한국인의 의식구조』. 신원문화사.
이기백. 1961. 『국사신론』. 일조각.
_____. 1987. 「반도적 성격론 비판」. 『한국사시민강좌』 제1집.
이만갑. 1989. 「가족제도 연구의 몇가지 문제점」. 한림대학교 아시아문제연구소. 『아시아문화』 5.
이명호. 2013. 「가족 관련 분석적 개념의 재구성: 가족주의에서 가족중심주의로」. 『사상과 문화연구』 28집.
이부영·차재호·황필호. 1984. 『한국인의 성격』. 한국정신문화연구원.

이선이. 2012. 「근대 한국과 일본의 조선민족성 논의」. 이선이 외 지음. 『동아시아 근대 한국 인론의 지형』. 소명출판.
이시재 외. 2001. 『일본의 도시사회』. 서울대 출판부.
이시재·이종구·장화경. 2005. 『현대일본: 사회학으로 풀어본』. 일조각.
이어령. 1963. 『흙 속에 저 바람 속에』. 현암사.
이어령 외. 2010. 『인문학 콘서트 2』. 이숲.
이용희. 1975. 「한국민족주의의 제문제」. 이용희 외. 『한국의 민족주의』. 한국일보사.
이원재. 2007. 『한국경제 하이에나를 죽여라』. 더난출판.
이정식. 2003. 『구한말의 개혁, 독립투사 서재필』. 서울대학교출판부.
이정훈. 1993. 「한국 노동문화의 특징에 관한 연구」. 단국대학교 박사학위논문.
이창언. 2009. 「한국학생운동의 급진화에 관한 연구: 1980년대 급진 이념의 형성과 분화를 중심으로」. 고려대학교 사회학과 박사 학위논문.
이태진. 1987. 「당파성론 비판」. 『한국사시민강좌』 제1집.
이호영. 2008. 「온라인 문화수용자와 새로운 문화권력」. 김상배 편. 『인터넷 권력의 해부』. 한울.
이효재. 1979. 『전환기에 선 가족주의』. 고려대학교. 『高大文化』 19.
임동권. 1979. 「民俗學的 側面에서 본 國民性」. 『國民倫理研究』 제8호.
임지현. 1999. 『민족주의는 반역이다: 신화와 허무의 민족주의 담론을 넘어서』. 소나무.
임희섭. 1983. 「산업화과정의 한국사회에 있어서의 새로운 가치체계 연구 서설」. 『산업사회와 대중문화, 下』. 한국정신문화연구원.
장경섭. 2001. 「가족이념의 우발적 다원성: 압축적 근대성과 한국가족, 정신문화연구」. 『정신문화연구』. 24권 2호.
장규수. 2013. 『한류와 아시아류』. 커뮤니케이션북스.
장상환. 2008. 「박정희 정권 조국근대화론의 공과」. 『내일을 여는 역사』 제34호.
_____. 2011. 「공보다 과가 큰 박정희식 개발독재」. 민주평화복지포럼 『5.16 우리에게 무엇인가-박정희 시대의 실증적 평가』.
장윤식. 2001. 「인격윤리와 한국사회」. 석현호 외. 『현대 한국사회 성격논쟁: 식민지, 계급, 인격윤리』. 전통과현대.
전경수. 2004. 「식민지주의에서 점령지주의로」. 한국문화인류학회. 『한국문화인류학』.
전대호. 2016. 『철학은 뿔이다: 어느 헤겔주의자의 우리 철학 뒤집어 읽기』. 북인더갭.
전미경. 2005. 『근대 계몽기 가족론과 국민생산 프로젝트』. 소명출판.
정수복. 2007. 『한국인의 문화적 문법』. 생각의나무.
정영태. 2015. 「동아시아 사회의 집단주의 연구에 대한 비판적 고찰: 관계중심 집단주의론의 관점에서」.『동아시아 3국의 사회변동과 갈등관리: 한국, 일본, 중국』. 소명출판.
정일성. 2007.『야나기 무네요시의 두 얼굴』. 지식산업사.
정준영. 1995.「조선후기의 신분변동과 청자존대법 체계의 변화」. 서울대학교 대학원 사회학과 박사학위논문.
정태석. 2002.『사회이론의 구성』. 한울.
정해창. 2006.「실용주의 부활」.『철학과 현실』제68호.
조영래. 1991.『전태일 평전』. 돌배게.
조희연. 2010.『동원된 근대화』. 후마니타스.
주강현. 2002.『레드 신드롬과 히딩크 신화』. 중앙M&B.
최강민. 2011.「1920년대 민족주의자들의 우리민족성 인식」. 이선이 외 지음.『동아시아 근대 한국인론의 지형』. 소명출판
최기영. 2004.「매켄지-한국인의 독립의지를 세계에 알린 서양인」.『한국사 시민강좌』34. 일조각.
최길성. 1991.『한국인의 한』. 예진.
최봉영. 1994a.『한국인의 사회적 성격 I』. 느티나무.
_____. 1994b.『한국인의 사회적 성격 II』. 느티나무.
_____. 1997.『한국문화의 성격』. 사계절.
_____. 2002.『본과 보기 문화이론』. 지식산업사.
_____. 2005.『한국 사회의 차별과 억압』. 지식산업사.
_____. 2012.『한국인에게 나는 누구인가』. 지식산업사.
최상진. 2011.『한국인의 심리학』. 학지사.
최재석. 1965.『한국인의 사회적 성격』. 개문사.
_____. 1982.『현대가족연구』. 일지사.
_____. 1983.『한국가족제도사연구』. 일지사.
_____. 1994.『한국인의 사회적 성격』. 현음사.
현실문화연구 편집부 편. 1993.『신세대: 네 멋대로 해라』. 현실문화연구.
황산덕. 1959.「반도에 있어서 제신의 변모-종교와 우리민족성」.『사상계』제73호.
황성모. 1990.「일제하 지식인의 사회사」.『일제 식민통치와 사회구조의 변화』. 정신문화연구원.

그레고리 헨더슨(Henderson, Gregory). 2000.『소용돌이의 한국정치』. 박행웅·이종삼 옮김. 한울.

그리피스, W. E.(W. E. Griffis) 1999. 『은자의 나라 한국』. 신복룡 옮김. 집문당.
님 웨일즈(Wales, Nym). 1980. 『아리랑』. 이태규 옮김. 언어문화사.
다까하시 도루(高橋亨). 2010. 『식민지 조선인을 논하다』. 구인모 옮김. 동국대학교 출판부.
데이비드 리스먼(Riesman, David). 2008. 『고독한 군중』. 이상률 옮김. 문예출판사.
루돌프 차벨(Zabel, Rudolf). 2009. 『독일인 부부의 한국 신혼여행 1904: 저널리스트 차벨, 러일전쟁과 한국을 기록하다』. 이상희 옮김. 살림출판사.
루이스 하츠(Hartz, Louis). 2012. 『미국 자유주의 전통』. 백창재·정하용 옮김. 나남.
릴리어스 호톤 언더우드(Underwood, L. H.) 1999. 『상투의 나라』. 신복룡·최순근 옮김. 집문당.
_____. 2008. 『언더우드 부인의 조선 견문록』. 김철 옮김. 이숲.
마루야마 마사오(丸山眞男). 1995. 『일본 정치사상사연구』. 김석근 옮김. 통나무.
매켄지, F. A. (F. A. McKenzie). 1999a. 『대한제국의 비극』. 신복룡 옮김. 일조각.
_____. 1999b. 『한국의 독립운동』. 신복룡 옮김. 일조각.
미나미 히로시(南博). 2002. 『일본적 自我』. 서정완 옮김. 소화.
미하일 알렉산드로비치 포지오(Поджио, Михаил Александрович). 2010. 『러시아 외교관이 바라본 근대 한국』. 이재훈 옮김. 동북아역사재단.
베네딕트 앤더슨(Anderson, Benedict). 2018. 『상상된 공동체』. 서지원 옮김. 길.
새비지-랜도어, A. H.(A. H. Savage-Landor). 1999. 『고요한 아침의 나라 조선』. 신복룡·장우영 옮김. 집문당.
아끼바 다까시(秋葉隆). 1987. 『조선무속의 현지연구』. 계명대학교출판부.
앤서니 D. 스미스(Smith, Anthony D.) 2012. 『민족주의란 무엇인가』. 강철구 옮김. 용의숲.
야나기 무네요시(柳宗悅). 1985. 『조선과 예술』. 범우사.
얼레인 아일런드(Ireland, Alleyne). 2008. 『일본의 한국통치에 관한 세밀한 보고서』. 김윤경 옮김. 살림.
에드워드 사이드(Said, Edward). 2015. 『오리엔탈리즘』. 박홍규 옮김. 교보문고.
에드윈 O. 라이샤워(Edwin O. Reischauer). 1977. 『일본 근대화론』. 이광섭 옮김. 소화.
_____. 1979. 『더 제페니즈』. 문예춘추사(일역판).
에르네스트 르낭(Renan, Ernest). 2002. 『민족이란 무엇인가』. 신행선 옮김. 책세상.
에리히 프롬(Fromm, Erich). 2006. 『자유로부터의 도피』. 원창화 옮김. 홍신문화사.
에릭 홉스봄(Hobsbawm, Eric). 1994. 『1780년 이후의 민족과 민주주의』. 강명세 옮김. 창작과비평사.
위르겐 하버마스(Habermas, Jürgen). 2001. 『공론장의 구조변동』. 한승완 옮김. 나남.
윌리엄 아서 노블(Noble, William Arthur). 2011. 『이화』. 이현주 옮김. 넥서스CROSS.

이사벨라 버드 비숍(Bishop, Isabella Bird). 1994. 『한국과 그 이웃 나라들-백 년 전 한국의 모든 것』. 이인화 옮김. 살림.
이안 왓트(Watt, Ian). 2004. 『근대 개인주의 신화』. 이시연·강유나 옮김. 문학동네.
임마누엘 페스트라이쉬(Pastreich, Emanuel). 2013. 『한국인만 모르는 다른 대한민국』. 21세기북스.
잭 런던(London, Jack). 1995. 『잭 런던의 조선사람 엿보기: 1904년 러일전쟁 종군기』. 윤미기 옮김. 한울.
제프리 메이(May, Jeffrey). 1971. 「외국인이 본 한국의 도시문제 시리즈 (3): 한국 계획가의 가치관과 기법」. 한국도시행정협회. 『도시문제』 6권 3호.
제프리 존스(Jones, Jeffrey). 2000. 『나는 한국이 두렵다』. 중앙M&B.
쿠몬 슌뻬이(公文俊平). 1992. 「일본사회의 조직원리」. 하마구치 에슌·쿠몬 슌뻬이(濱口惠俊·公文俊平) 편저. 『일본인과 집단주의』. 황달기 옮김. 형설출판사.
페르디난트 퇴니에스(Tönnies, Ferdinand). 1990. 『정치적 낭만/ 공동사회와 이익사회』. 황성모 옮김. 삼성출판사.
피에르 부르디외(Bourdieu, Pierre). 1996. 『구별짓기(상/하)』. 최종철 옮김. 새물결.
하마구치 에슌(濱口惠俊). 1992. 「일본적 집단주의란?」. 하마구치 에슌·쿠몬 슌뻬이(濱口惠俊·公文俊平) 편저. 『일본인과 집단주의』. 황달기 옮김. 형설출판사.
헨리 젠킨스(Jenkins, Henry). 2008. 『팬, 블로거, 게이머: 참여문화에 대한 탐색』 정현진 옮김. 비즈앤비즈.
호머 헐버트(Hulbert, Homer Bezaleel). 1999. 『대한제국 멸망사』. 신복룡 옮김. 집문당.
후지타 쇼조(藤田省三). 2007. 『전향의 사상사적 연구』. 최종길 옮김. 논형.

『경향신문』. 2006/01/20. 강수돌, '노동중독의 덫과 황우'
『경향신문』. 2007/06/15. 박홍규, "'빨리빨리'의 나라'
『시민의 신문』. 660호 조사.
『연합인포텍스』. 2019/09/18. '1인가구 비중 가장 많아져…29.8% '나 혼자 산다''.
『오마이뉴스』. 2002/08/14. 손병관. "'친일파 청산'이 야당 음해 정치 음모?'.
『오마이뉴스』. 2010/10/27. 조정희. '이어령의 오류가 아니라 우리 전체의 오류다'.
『중앙일보』. 1969/05/08. 장명수. '어린이개발(4) 성격·태도 형성'.
『중앙일보』. 1971/02/17. S. M. 비노커. '한국인은 극동의 유태인'.
『중앙일보』. 1976/05/31. '동양의 「라틴」인'

『프레시안』. 2013/12/28. 이해영. "'동아시아론'과 진보: 몇 가지 테제'.
『한겨레』. 2007/09/28. 한승동. '야나기는 진정 조선 예술을 사랑했을까?'.

<외국 문헌>

川島武宜, 2000. 『日本社會の家族的構成』. 岩波書店.

Banfield, E.C. 1958, *The Moral Basis of a Backward Society*. New York: The Free Press.
Barnes, Annie M. 1905. *An America Girl in Korea*. The Penn Publishing Company.
Bond, M. H. 1988. *The Cross-Cultural Challenge to Social Psychology*. Beverly Hills, CA: Sage.
Bourdieu, Pierre. 1977. *Outline of Theory of Practice*. Cambridge University Press.
Bourdieu, Pierre. 1990. *The Logic of Practice*. Stanford University Press.
Calhoun, Craig. 1997. *Nationalism*. Minneapolis: University of Minnesota Press.
Chang, Kyung-Sup. 2014. "Individualization without individualism: Compressed modernity and obfuscated family crisis in East Asia." in Ochiai Emiko and Leo Aoi Hosoya(eds.). *Transformation of the Intimate and the Public in Asian Modernity*. Leiden: Brill.
Chung, Chong-Wha(ed.). 1995. "Introduction : Modern Korean Literature". *Modern Korean literature: An Anthology, 1908-65*. London: Kegan Paul International.
Hobsbaum, Eric. 1994. *The Age of Extremities: The Short Twentieth Century, 1914-1991*.London: Abacus Books.
Fukuyama, Francis, 1995. *Trust*, New York: Simon & Schuster.
Gellner, Ernest. 1964. *Thought and Change*. London: Weidenfeld & Nicolson.
Gellner, Ernest. 1983. *Nations and Nationalism*. Oxford: Blackwell.
Hobsbawm, Eric and Terence Ranger(eds.) 1983. *The Invention of Tradition*, Cambridge: Cambridge University Press.
Hofstede, G. 1980. *Culture's Consequences: International Differences in Work-related Values*. Beverly Hills: Sage.
Ingoldsby, Bron B. 1991. "The Latin American Family: Familism vs Machismo", *Journal of Comparative Family Studies* Vol.22, No.1.
Inkeles, Alex and David Horton Smith. 1974. *Becoming Modern: Individual Change in*

Six Developing Countries. Harvard University Press.

Kim, Dong-Choon. 2017. "A Permitted Haven in a Heartless World: Colleges and Churches in South Korea in the 1950s". *Journal of American-East Asian Relations* 24.

Lasch, Christopher. 1977. *Haven in a Heartless World: The Family Besieged*. New York: Basic Books.

Lerner, Daniel. 1966. *The Passing of Traditional Society*. Free Press.

Lukes, Steven. 1973. *Individualism*. Oxford: Basil Blackwell.

Mbembe, Achille. 2001. *On the Postcolony*. University of California Press.

Milbrath, Lester M. 1965. *Political Participation: How and Why Do People Get Involved in Politics?* Chicago, IL: Rand McNally & Company.

Nairn, Tom. 1975. "The Modern Janus". *New Left Review* I 94.

Trianadis, H. C. 1989. "The Self and Social Behavior in Differing Cultural Contexts". *Psychological Review* 96.

Turner, Bryan S. 1986. *Equality*. Ellis Horwood.

Watts, William, George R. Packard, Ralph N. Clough, and Robert B. Oxnam. 1979. *Japan, Korea, and China: American Perceptions and Policies*. Lexington, MA: D. C. Heath and Company.

Whyte Jr., William H. 1956. *The Organization Man*. NY: Dobleday Anchor Books.

이 도서의 국립중앙도서관 출판예정도서목록(CIP)은 서지정보유통지원시스템 홈페이지 (http://seoji.nl.go.kr)와 국가자료종합목록 구축시스템(http://kolis-net.nl.go.kr)에서 이용하실 수 있습니다. (CIP제어번호 : CIP2020027386)

역동적 한국인 총서 1 (민주주의연구소 총서 19)

역동적 한국인의 탄생
한국인의 5가지 에너지를 분석한다

© 김동춘, 구자혁, 오유석, 정태석, 김정훈, 이창언, 2020

초판 1쇄 발행 2020년 7월 20일

지은이	김동춘, 구자혁, 오유석, 정태석, 김정훈, 이창언
펴낸이	김명진
기획	성공회대학교 민주주의연구소 · 이건범
편집	이건범, 김명진, 조한솔 / 디자인 김정환 / 인쇄 재원프린팅

펴낸곳	도서출판 피어나
출판등록	2012년 11월 1일 제2012-000357호
주소	121-731 서울시 마포구 토정로 37길 46, 303호(도화동, 정우빌딩)
전화	02-702-5084 / 전송 02-6082-8855

ISBN 978-89-98408-30-5   93330
책값은 뒤표지에 있습니다.

* 이 책 내용의 전부 또는 일부를 재사용하려면 반드시 저작권자와 도서출판 피어나의 허락을 먼저 받아야 합니다.

** 이 저서는 2014년 대한민국 교육부와 한국학중앙연구원(한국학진흥사업단)의 한국학 총서 사업 지원을 받아 수행된 연구임(AKS-2014-KSS-1230002).